TESTIMONIANZE DI GUERRA DELL'ESTATE DEL 1944 A CASTEL FOCOGNANO (AREZZO)

LUCI E OMBRE DELLA GUERRA PARTIGIANA NELL'ARETINO CON PARTICOLARE RIFERIMENTO AL CASENTINO E AL MONTE PRATOMAGNO

Dai miei ricordi e dai documenti della monumentale relazione all'ANPI di Firenze di mio padre, maresciallo maggior Antonio Mattesini, comandante della Centrale "I" (Informazioni), del III Battaglione partigiani, 23ª Brigata "Pio Borri", poi "Licio Nencetti"

FRANCESCO MATTESINI

AUTORI

Francesco Mattesini, nato ad Arezzo il 14 aprile 1936, residente a Roma dall'estate 1951, ha prestato servizio, tra il febbraio 1958 e il luglio 1999, presso il IV Reparto dello Stato Maggiore dell'Esercito. Studioso ed esperto di guerra aeronavale, ricercatore abile e meticoloso, già attivo collaboratore del Giornale d'Italia per il quale ha curato la rubrica "Verità Storiche", ha scritto, svelando molti retroscena, numerosissimi articoli di carattere politico-militare su quotidiani e stampa specializzata, ed ha pubblicato, con editori privati, i volumi "La battaglia d'Inghilterra"; "Il giallo di Matapan"; "La battaglia aeronavale di mezzo agosto"; e con coautore, soltanto per la parte politica, il Prof. Alberto Santoni, "La partecipazione tedesca alla guerra aeronavale nel Mediterraneo", alla seconda edizione, (2005), di cui ha curato tutta la parte della ricerca, operativa, statistica e grafica. Nel 2019 Mattesini ha pubblicato "Luci e ombre degli aerosiluranti italiani Agosto 1940 -. Settembre 1943 e "La battaglia aeronavale di mezzo-agosto: Il concorso delle forze italo-tedesche all'operazione britannica "Pedestal. 10–15 agosto 1942". È socio da moltissimi anni della Società di Storia Militare (SISM) e della Associazione Italiana Documentazione Marittima Navale (AIDMEN), per le quali ha prodotto diversi saggi. Per Luca Cristini editore a oggi, ha al suo attivo quasi una decina di titoli.

Francesco Mattesini, *born in Arezzo (Italy) on April 14, 1936. He moved to Rome in July 1951. He served, as civilian employee, at the Italian Army General Staff, 4th Department, from 1959 to 2000. Collaborator of the Historical Offices of the Italian Military Navy and the Air Force Historical Office, for which 20 books and about 60 essays were produced. He is currently retired, always living in Rome.*

LICENSES COMMONS

This book may utilize part of material marked with license creative commons 3.0 or 4.0 (CC BY 4.0), (CC BY-ND 4.0), (CC BY-SA 4.0) or (CC0 1.0). We give appropriate attribution credit and indicate if change were made in the acknowledgments field. Our WTW books series utilize only fonts licensed under the SIL Open Font License or other free use license.

on the Cover: Peter McIntyre, Parachutists landing on Galatas, 20 May 1941 take from Flick: Archives reference: Ref: AAAC 898 NCWA 16 - AAAC 898 91 / NCWA 338 Both McIntyre's paintings, are from the Archives New Zealand War Art Collection,. release with license creative commons 2.0.

la gran parte parte delle immagini qui riprodotte provengono dagli archivi pubblici italiani di esercito, marina e aviazione, dove l'autore ha prestato servizio per tanti anni, o da fonti di libero utilizzo per raggiunto status di pubblico dominio. Related all the British navy or RAF image of the book the expiry of Crown Copyrights applies worldwide because: It is photograph taken prior to 1 June 1957 and/or It was published prior to 1970 and/or It is an artistic work other than a photograph or engraving (e.g. a painting) which was created prior to 1970

For a complete list of Soldiershop titles please contact Luca Cristini Editore on our website: www.soldiershop.com or www.cristinieditore.com. E-mail: info@soldiershop.com

A Rossana...la fedelissima compagna della mia vita
e la madre premurosa dei due miei figli Loretta e Mario.

STORIA

Titolo: **TESTIMONIANZE DI GUERRA DELL'ESTATE DEL 1944 A CASTEL FOCOGNANO (AREZZO)**
Code.: **SPS-064** Di Francesco Mattesini. ISBN code: 9788893276108 prima edizione giugno 2020
Cover & Art Design: Luca S. Cristini

Pubblicato da Luca Cristini Editore, via Orio, 35/4 - 24050 Zanica (BG) ITALY. www.soldiershop.com

Castel Focognano in immagine invernale. Sotto la chiesa San Giovanni Evangelista la torre medievale risalente all'anno 1000. Sotto il Paese scorre il torrente Soliggine, affluente di destra del Fiume Arno. Il capoluogo del Comune è Rassina.

Colonnello Giuseppe Cordero Lanza di Montezemolo, il primo organizzatore dei partigiani militari d'Italia ucciso a Roma alle Fosse Ardeatine e Medaglia d'Oro al Valor Militare

INTRODUZIONE

Dal duplice bombardamento di Arezzo del 2 Dicembre 1943 al trasferimento della mia famiglia a Castel Focognano

Parte del contenuto di questo libro è stato preceduto nel 2018 da un mio articolo postato nel Forum del sito Associazione Italiana Documentazione Marittima e Navale (AIDMEN), e successivamente da un ben più approfondito e documentato saggio postato nel sito Academia Edu dal titolo *"Testimonianze delle atrocità comuniste e naziste a Castelfocognano (Arezzo)"*. Il libro tratta della guerra partigiana nella Provincia di Arezzo tra il dicembre e l'agosto 1944, in particolare nella zona della Valle del Casentino e del Monte Pratomagno. E' una storia raccontata storicamente, ma anche come io, ragazzo di poco più di otto anni, l'ho vissuta con la mia famiglia a Castel Focognano (il Comune è a Rassina), dove eravamo sfollati da Arezzo dopo il duplice devastante bombardamento del 2 dicembre 1943.

L'ampia documentazione esistente, già trattata da protagonisti come i generali Siro Rossetti e Raffaello Sacconi e dall'avvocato Antonio Curina, è stata arricchita dal carteggio di mio padre, allora maresciallo di fanteria del Regio Esercito, già in servizio a Roma, dal luglio 1940 al 12 settembre 1943, al Servizio Informazioni Militare (SIM) dello Stato Maggiore Generale, come capo disegnatore del Comando Supremo,

Dopo gli avvenimenti dell'armistizio dell'Italia, e lo scioglimento del Comando Supremo il 12 settembre 1943, a seguito di un avventuroso viaggio per evitare di incontrare i tedeschi e cadere loro prigioniero, il giorno 16 mio padre rientrò ad Arezzo, dove aveva la famiglia. Portatosi alla macchia, per evitare di dover riprendere servizio in un Esercito, quello Repubblicano, che non era più il suo, essendo egli di fede monarchica, ricevette l'incarico di Capo Informazioni della 23ª Brigata Partigiani della Divisione "Arezzo", che mantenne fino all'arrivo delle truppe britanniche, il 24 agosto 1944.

Mio padre, che fu l'organizzatore e direttore tecnico della Compagnia "I" (Informazioni),[1] è il vero protagonista di quanto racconto. Morto a Roma all'ospedale del Celio il 18 settembre 1983, ha lasciato un importante carteggio particolarmente ricco di cartine sulle situazioni militari, rapporti informativi e dei vari partigiani, disposizioni operative, organico della Sezione Informazioni e della affiancata Compagnia "I", comandata da Libero Burroni. Il carteggio era servito nell'anno 1946 per compilare una monumentale relazione per l'Associazione Nazionale Partigiani d'Italia (ANPI) di Firenze. Vi sono descritti fatti di guerra alla macchia fino ai minimi particolari, con le sue esaltazioni e i suoi dolori.

---

[1] Ha scritto Raffaella Simonti, in *"27 Luglio 1944. Arrivo degli Alleati in Piazza Garibaldi. Loro [Ciuffenna] liberata"*: *"Il 3 dicembre 1943 viene costituito a Castel Focognano dal Comandante del Raggruppamento Nuclei Casentino Zona "A" un Nucleo Militare Clandestino di Informazioni Partigiane, sotto la direzione del Maresciallo di fanteria Antonio Mattesini. Lo scopo dell'operazione è "attingere esatte e dettagliate notizie sulle dislocazioni e movimenti militari delle forze avversarie e di proteggere gli sbandati, i ricercati e i renitenti alla leva nazifascista, rtiunendoli e inviandoli su richiesta del Comando di Raggruppamento ai reparti. La zona di azione prescelta si limita, nel dicembre '43 ad un raggio di 10 km da Castel Focognano. Nessun contatto con partiti politici"*.

***

Per quanto mi riguarda riportò, nel modo più sincero e senza esagerazioni, la mia testimonianza sul sistema di vita che facemmo a Castel Focognano ospiti del Signor Mattioli e di Zelinda Biondini, sorella di mia nonna Giuseppa, la madre di mio padre. La testimonianza è riferita alla permanenza della mia famiglia in quel bellissimo paese del medio Casentino, alle pendici del Pratomagno, e racconta quali erano le difficoltà economiche e alimentari che dovemmo affrontare per nove mesi, e tutti i miei ricordi di guerra, alcuni dei quali particolarmente drammatici.

Il trasferimento di mio padre e della sua famiglia ebbe inizio subito dopo il duplice bombardamento di Arezzo del 2 dicembre 1943, che ebbe un notevole effetto sulla popolazione civile, ma anche delle autorità che dovettero trovare altre sedi fuori dalla città. Fino ad allora Arezzo aveva subito un modesto bombardamento notturno il 12 novembre da parte di alcuni velivoli della Royal Air Force (RAF), contro la stazione e gli scali ferroviari, che però determinò distruzioni anche ad alcuni edifici nelle vicinanze dell'obiettivo.[2] Ma i successivi bombardamenti del 2 dicembre, il primo diurno, il secondo notturno, ebbero dal punto di vista distruttivo e traumatizzante ben altri effetti.

La prima incursione di una giornata molto fredda avvenne da parte di 67 bimotori B.26 Marauder, 33 del 319° Gruppo e 34 del 320° Gruppo, decollati da Decimomannu, scortati da 30 caccia P-38 del 1° Gruppo decollati da Monserrato, tutti della 12ª Air Force statunitense. La intera formazione d'attacco partita dalla Sardegna avrebbe dovuto essere di 101 velivoli ma tre B.26 e un P.38 per guasti meccanici dovettero rientrare alla base. I bombardieri portavano bombe da 227 chili (500 libbre) e tra le 11.25 e le 11.26 ne sganciarono 388, per un totale di 97 tonnellate, da una altezza di circa 3.200 metri, su obiettivi rappresentati dagli impianti ferroviari e dagli scali merci di Arezzo, e dal ponte ferroviario di Pescaiola, sul Canale Maestro della Chiana, che attaccato dal 319° Gruppo (colonnello Joseph R. Holzapple) non fu colpito. Anche il 320° Gruppo (colonnello Dolnald L. Gilbert) peccò in gran parte di precisione, colpendo in gran parte le zone limitrofe alla stazione, come i capannoni del Fabbricone, dove si costruiva materiale ferroviario compresi vagoni, che non era tra gli obiettivi da colpire, e zone che si trovavano molto più distanti. Bombe, a grappoli, caddero in via Garibaldi (lato di San Clemente) all'interno della Caserma dell'Esercito e del Distretto militare, vicino a quella della Milizia fascista, passate tutte alla Guardia Nazionale Repubblicana (GNR), sul carcere di San Benedetto e sull'ospizio della Pia Casa, su fabbricati civili in via XX Settembre ed in via delle Paniere, nonché fuori delle mura, in via Dovizi. Altre bombe disperse colpirono tra via Cavour e il vicolo del Marcianello, e presso la vicina chiesa di Santa Maria in Gradi, ove quel giorno mi trovavo nel palazzo accanto, dov'era la scuola dalle monache Figlie della Carità, dove frequentavo la seconda elementare.

---

[2] L'indomani mattina al bombardamento, con alcuni amici coetanei, andai curiosamente in giro per Arezzo a vedere i danni alla Stazione Ferroviaria (il tetto ricurvo sopra i binari era bucato in parecchi punti), e ai vari edifici della città che erano stati colpiti. Presso il cinema Politeama, che era vicino alla stazione, un intero palazzo, con un negozio di bigiotteria, era distrutto, e la gente rovistava tra le macerie alla ricerca di oggetti da recuperare. Ho ancora la visione di collanine di corallo rosso. A Saione, sulla Via Romana, vedemmo un'altra casa completamente distrutta, senza un muro sano.

Squadriglia di bombardieri statunitensi B. 26 "Marauder".

Il bombardamento comunque, come era nell'intendimento degli Alleati impegnati a distruggere le linee ferroviarie dell'Italia centrale per rendere difficile i collegamenti tedeschi con il fronte di Cassino, interruppe le comunicazioni fra nord e sud di Arezzo; e disturbò molto le ferrovie secondarie, per le vallate del Casentino, Valtiberina e Valdichiana, costringendo i treni ad uscire dalla Stazione Ferroviaria nella quale avevano i capolinea. Ma l'impatto più pauroso fu sul morale della gente e preoccupante per le devastazioni della città, dove si ebbero fortunatamente soltanto una sessantina di morti, ma anche moltissimi feriti. La maggior si trovavano intorno alla ferrovia ed al sottopassaggio, davanti al manicomio, ma ce ne furono anche lungo le mura, fra San Lorentino e San Clemente. Un uomo per l'esplosione di una bomba fu travolto dal crollo di un terrapieno al vicolo del Marcianello, dietro la piccola chiesa barocca di San Giuseppino (San Giuseppe del Chiavello), in Via del Saracino.[3]

Quest'ultima bomba sfiorò la nostra abitazione, cadendo sul palazzo vicino di destra, verso via del Saracino, ed esplose tra via Cavour e il Marcianello. L'esplosione abbatte il muro divisorio con la scala esterna, l'unica che portava al nostro appartamento al secondo piano, che fortunatamente non crollò, e riempì di macerie il sottostante giardino. Mio padre, portò mia madre e il mio fratellino terrorizzati, sotto lo stipite della porta della nostra camera, tenendoli abbracciati. Mia nonna Giuseppa Biondini, madre

---

[3] *Ibidem.*

di mio padre, che si trovava a salire la scala, fu raggiunta alla testa da qualche grosso detrito e entrata in casa ferita fu portata all'Ospedale Militare Santa Caterina, di via Garibaldi a circa 300 metri dalla nostra abitazione.

A scuola, quando suonò l'allarme aereo, tutti i ragazzi con le loro maestre delle varie classi elementari e dell'asilo (che io bambino avevo frequentato) stavano scendendo verso le cantine, che erano l'unico possibile rifugio, quando furono sorpresi dal bombardamento; e poiché una o più bombe erano cadute nella zona il fumo oscurò la luce del cielo, e tutti noi bambini, impauriti, cominciammo a strillare e a piangere. Fortunatamente rimanemmo tutti incolumi, e poco dopo cominciarono ad arrivare i genitori e parenti per prelevarci. Il primo, se ben ricordo fu mio zio Francesco Carloni, già sergente capopezzo del 3° Reggimento Contraereo dell'Esercito.[4] La prima cosa che vidi uscendo dalla porta della scuola fu quella penosa di un cavallo, che trainava un carrello, inginocchiato agonizzante nella piazza sul lato destro della chiesa di Santa Maria in Gradi, avendo la testa spaccata e coperta di sangue.

Poi nel proseguire verso casa, sebbene le abitazione di Via Cavour avessero le facciate intatte, trovai lungo la strada un'infinità di macerie, in gran parte provenienti dagli edifici colpiti nella parallela Via Garibaldi. Superato il portone della mia abitazione, al n. 126, ed entrato nel cortile interno ebbi la visione delle devastazioni che avevamo riportato. Poco dopo, accompagnata da mio padre arrivò mia nonna Giuseppa con la testa completamente fasciata. Sembrava avesse un turbante.

In un clima da tragedia, in serata le sirene annunciarono un altro allarme, e immediatamente scappammo in cantina. Prima di scendere in quel modesto rifugio, peraltro combaciante con la bottega di un fabbro che aveva per saldare bombole di acetilene, e quindi pericolosissime, mi ero procurato in una borsa, come avevo fatto in altri allarmi aerei, mettendovi un filone di pane e una bottiglia di acqua. E ciò in previsione di una lunga permanenza notturna in cantina, com'era accaduto in novembre nel primo bombardamento di Arezzo, e quando erano suonati successivi allarmi, non seguiti da sgancio di bombe. Il bombardamento diurno aveva interrotto le linee elettriche, e l'unica luce che avevamo era quella di una candela.[5] Mio zio, Francesco, che era abituato a quel tipo di attacco, venne in cantina, su richiesta insistente di mio padre, dopo aver visto dalla terrazza i bengala e i bagliori dello scoppio delle prime bombe.

---

[4] Mio zio Francesco, fratellastro di mio padre, era rimasto ferito tre volte nella sua attività di guerra in Africa Settentrionale iniziata in Libia nel luglio 1940 e continuata fino alla caduta della Tunisia, quando rimpatriò con la nave ospedale *Aquileia*, ultima nave a partire da Kelibia per l'Italia l'8 maggio 1943. Il suo imbarco avvenne per interessamento di mio padre presso il colonnello del Comando Supremo Cordero Lanza di Montezemolo.

[5] Mi ero già trovato in un rifugio in una cantina a Roma, nell'novembre-dicembre 1940, quando mio padre aveva voluto mia madre (incinta) e io che gli stessimo vicini affittando una camera in un appartamento di una signora anziana, che aveva una gallinella che mi diceva di non dovevo toccare, nel quartiere San Lorenzo, a Via dei Salentini. Vicino vi era allora la Sede del Comando Supremo, nel palazzo del Consiglio Superiore delle Ricerche, dove mio padre era in servizio. Ma si trattava di allarmi continui in un momento in cui gli obiettivi dei bombardieri della RAF erano rappresentati dai grandi centri urbani dell'Italia Settentrionale, in particolare Torino, Milano e Genova, oppure dai porti dell'Italia Meridionale, principalmente Napoli. Ma mio padre, preoccupato che anche la Capitale potesse essere bombardata, ci riportò ad Arezzo, dove a tre ore di treno da Roma vi era allora tranquillità assoluta. Nel frattempo avevo avuto un incidente in viale Pretoriano, di fronte all'entrata Principale del Ministero dell'Aeronautica, essendo stato investito da una bicicletta. Ma il tutto si limitò ad un ginocchio sinistro bendato per qualche giorno.

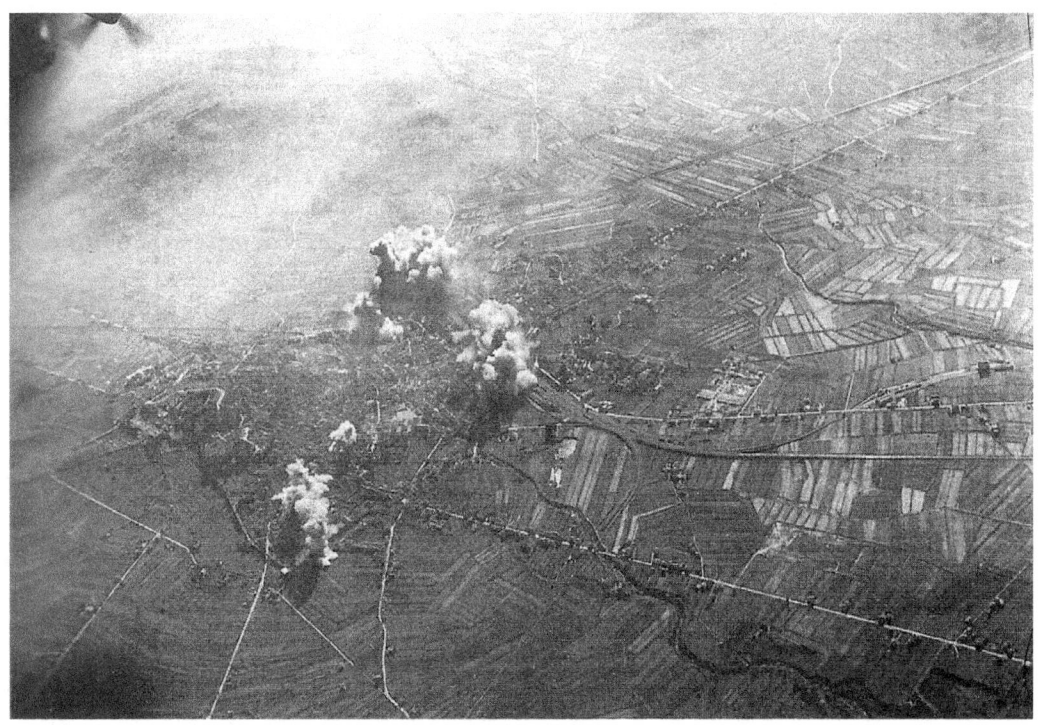

Bombardamento diurno di Arezzo del 2 dicembre 1943. Vi parteciparono 67 bombardieri statunitensi B. 26 "Marauder" dei Gruppi 319° e 320° che, dalle 11.25 alle 11.26, sganciarono 97 tonnellate di bombe dalla quota di circa 3.200 metri. Nella parte in basso del bombardamento si trovava la mia abitazione (via Cavour), che fu danneggiata, e mia nonna gravemente ferita alla testa da detriti delle macerie.

Il bombardamento serale, con cielo limpido e stellato, avvenne da parte di sedici velivoli bimotori Wellington dell'320° Stormo (Wings) della RAF, otto del 142° Squadrone ed otto del 150°, trasferiti dall'aeroporto di Oudna, 15 chilometri a sud di Tunisi, nell'aeroporto pugliese di Cerignola da dove decollarono con a bordo 31 tonnellate di bombe, di cui due da 1.800 chili e tutte le altre da 227 chili, e 128.000 volantini in lingua italiana, ripartiti 8.000 per ogni aereo.

Imbarco delle bombe da 500 libbre (227 chili) su un Wellington del 150° Squadron a Blinda, in Algeria nel 1943.

Bombardieriere Wellington del 142° Squadron della RAF, reparto che, assieme al 150° Squadron, partecipò al bombardamento di Arezzo della sera del 2 dicembre 1943

  L'attacco, alla luce di moltissimi bengala al fosforo e illuminanti di grande potenza che nei primi quindici minuti dell'incursione servirono per localizzare gli obiettivi, sempre rappresentati dalla stazione e dagli impianti ferroviari, iniziò verso le 22.00, e con gli aerei che si susseguivano distanziati uno dopo l'altro, fu lunghissimo, terribile e ancor più terrorizzante del primo, anche se non devastante e sanguinoso come quello. Le bombe si sentivano arrivare fischiando e la paura aumentava, sperando che non ci colpissero. Ad ogni esplosione il soffitto e le pareti si scuotevano, mentre da sotto la porta chiusa della cantina che dava nel cortile interno del palazzo, entrava sollevandosi polvere bianca. Sembrava che quel tipo di bombardamento non dovesse finire mai.

Nell'attacco serale una bomba colpì il Palazzo degli Albergotti, sede della Federazione Fascista Repubblicana di Arezzo.

Bombe, che avevano fallito l'obiettivo ferroviario, caddero sul cinema Politeama poco prima pieno di gente, al Palazzo della Federazione Fascista, alla Casa del Petrarca e sul vicini Prato affollato di fuggiaschi. Altre addirittura esplosero a chilometri di distanza, come nella frazione di San Polo, agli Orti Redi, fra il torrente Castro (Parata) e via Anconetana, nella macchia del Pisini, ed una delle due bombe da 1.800 chili, destinata a demolire la zona ferroviaria, per fortuna non esplose a Staggiano.

L'indomani, 3 dicembre, avvenne l'esodo. Fin dalle prime ore del mattino tutte le strade in uscita da Arezzo verso la campagna erano piene di gente in fuga, usando i più svariati mezzi di fortuna per trasportare mobili, materassi, vestiario e oggetti di vita quotidiana, mediante qualche camion adibito a servizi o autovetture, ma soprattutto carretti, calessi e barocci trainati da cavalli o spinti a mano. Vi erano persone in bicicletta, ma in particolare si camminava appiedati. La mia famiglia, con i genitori di mio padre, fece parte di quell'esodo, e avendo preso la Strada Statale n. 71 per il Casentino, l'affollamento in quella grande arteria era qualcosa di incredibile. Tutti dirigevano a nord per raggiungere una sistemazione alla meglio in ville, case coloniche, stalle, capannoni, soffitte, ovunque il più vicino o il più lontano.

Noi camminavamo, mentre mio nonno Ferdinando ("Nando"), con mio padre che spingeva, trainava il carretto con i nostri averi. Percorremmo in quel modo 12 chilometri, passando per Ponte alla Chiassa e Borgo a Giovi, prima di arrivare a destinazione a Castelnuovo (Subbiano), dove per una settimana fummo ospitati dai parenti di mia nonna, nativa del luogo, in una casa colonica, all'inizio del paese con due pagliai, sotto il bel castello quattrocentesco della Fioraia. Dall'aia della casa colonica il 5 dicembre assistetti da lontano alle esplosioni e colonne di fumo di un'altra incursione diurna su Arezzo effettuata questa volta da cacciabombardieri della 12ª Air Force statunitense.

Nel frattempo mio padre aveva proseguito per Castel Focognano, che doveva essere la nostra destinazione di sfollati, presso la sorella minore di mia nonna, Zelinda Biondini, sposata con il contadino Luigi Falsini ("Cencio"). Fortunatamente, nella stessa abitazione, molto grande, il signor Niccolai, padrone dell'edificio, ci concesse un suo piccolo appartamento al secondo piano, comprendente una grande camera, una cucina e un gabinetto, che fu occupata dalla mia famiglia, mentre invece i nonni, quando arrivarono, ebbero un posto in una stanza all'altra estremità del palazzo.

Fu proprio in questa sua visita a Castel Focognano che mio padre ebbe l'occasione di stabilire relazioni con altri ex militari, suoi conoscenti, e di cui poteva fidarsi, tutti ormai intenzionati a combattere i tedeschi.

Tornato ad Arezzo, mio padre affittò un camion per il trasporto a Castel Focognano (o Castelfocognano) della sua camera e del mio letto. Passando da Castelnuovo, nel camion prendemmo posto mia madre io e il mio fratellino, e in serata raggiungemmo la nostra nuova abitazione. I miei nonni, non essendoci posto sul camion, ci seguirono in un secondo tempo.

Il 2 gennaio 1944, arrivo da Arezzo, dove abitava in Via del Saracino 45, la sorella di mio Padre, Maria, una bravissima sarta, con il marito, Alessandro Bianchini infermiere dell'Ospedale Civile, e la loro figlia, la mia cuginetta Denna, di cinque anni. Anche a loro il Signor Niccolai, cedette un locale vicino al nostro, e da quel momento dovettero usare la nostra cucina e il nostro bagno. Eravamo diventati una famiglia di nove persone.

L'INIZIO E LA CONDOTTA DELLA GUERRA PARTIGIANA NEL CASENTINO

Organizzazione e compiti della 23ª Brigata della Divisione partigiana "Arezzo"

Come ho già detto nell'introduzione nel dicembre 1943 mio padre fu l'organizzatore e direttore tecnico della Compagnia partigiana "I" (Informazioni).[6] Questo reparto iniziò la sua attività il 15 aprile 1944 alle dipendenze del 3° Battaglione della 23ª Brigata partigiani "Pio Borri" (primo caduto della resistenza aretina a Molin di Bucchio l'11 novembre 1943), comandata dal tenente in servizio permanente effettivo Siro Rossetti, di Rassina, ma che assunse il grado di capitano, designato dal CPCA, il Comitato Provinciale di Concentrazione Antifascista di Arezzo, poi nel dopo guerra arrivato ad essere generale di divisione dell'Esercito italiano.

Sempre nel dopoguerra, il maresciallo maggiore Mattesini, già in pensione e nel 1983 nominato sottotenente per la sua attività di partigiano "badogliano" (con il nome di battaglia "Tonino"), essendo di fede monarchica, fece un'aggiunta alla sua monumentale relazione, scritta nel 1944-1945 per l'Associazione Nazionali Partigiani d'Italia (ANPI). In essa, nell'Allegato n. 11, si riporta quale fu l'attività svolta a Castel Focognano, ridente paese agricolo del fiorente Casentino, adagiato sulle pendici di un contrafforte del Monte Pratomagno, alle origini del torrente Soliggine, affluente di destra del Fiume Arno. La nuova breve relazione, datata 1974, si trova nella cartella personale di mio padre, che per motivi affettivi, ma soprattutto di ricordi, conservo gelosamente.

La parte introduttiva di mio padre, aggiunta alla relazione consegnata all'ANPI di Firenze nel 1945, da me riportata nel mio Saggio per il sito Internet **academia edu** *Testimonianze delle atrocità comuniste e naziste a Castelfocognano (Arezzo)*, è la seguente:

ATROCITA' NAZISTE IN TOSCANA NEL 1944

In Castel Focognano, dal 2 dicembre 1943, aveva sede una formazione patriottica denominata "Centrale Militare del Casentino", perché costituita prevalentemente da militari sbandati in seguito ai noti eventi bellici dell'8 settembre 1943; difatti era composta da: ufficiali, sottufficiali ed altri militari delle tre Forze Armate, carabinieri, pubblica sicurezza, vigili del fuoco, (ivi compreso l'Ufficiale allora comandante ad Arezzo) e da altre personalità come: medici, ingegneri, studenti,

---

[6] Ha scritto Raffaella Simonti, in *"27 Luglio 1944. Arrivo degli Alleati in Piazza Garibaldi. Loro* [Ciuffenna] *liberata"*: "*Il 3 dicembre 1943 viene costituito a Castel Focognano dal Comandante del Raggruppamento Nuclei Casentino Zona "A" un Nucleo Militare Clandestino di Informazioni Partigiane, sotto la direzione del Maresciallo di fanteria Antonio Mattesini. Lo scopo dell'operazione è "attingere esatte e dettagliate notizie sulle dislocazioni e movimenti militari delle forze avversarie e di proteggere gli sbandati, i ricercati e i renitenti alla leva nazifascista, rtiunendoli e inviandoli su richiesta del Comando di Raggruppamento ai reparti. La zona di azione prescelta si limita, nel dicembre '43 ad un raggio di 10 km da Castel Focognano. Nessun contatto con partiti politici*".

sacerdoti e monaci; vennero incorporati anche uomini e giovani di leva del luogo che non avevano aderito alle chiamate della Repubblica Sociale Italiana.

Lo scopo di questa formazione consisteva soprattutto sulla difesa, (in attesa di ricongiungersi ai comandi e reparti per porsi agli ordini del Governo Nazionale), e non sull'offesa, tanto da ottenere per la loro serietà e onestà l'ammirazione delle popolazioni, (apolitica ed indipendente da altre formazioni).

Entrarono a far parte della Brigata partigiani – 23ª Divisione "Arezzo" solo nell'ultima decade di giugno 1944, perché in maggioranza anch'essi operavano con gli stessi principi a scopo puramente patriottico per la difesa e l'integrità di quel tratto della linea "Gotica", affinché con la presenza di dette forze della resistenza non venisse fortificata dai tedeschi. Tutti questi reparti erano comandati da un valente capitano in SPE [Siro Rossetti], ottimo ed esperto ufficiale dell'Esercito, (ora generale), il quale inviò alla Centrale anche altri fidati elementi di rinforzo e protezione della stessa, che portò così i suoi effettivi a circa 120 uomini".

Il meraviglioso Pratomagno. Sullo sfondo le montagne dell'Alpe di Catenaia. Tra le due catene il fiume Arno.

Comandante responsabile dei partigiani del Casentino era il tenente Raffaello Sacconi (nome di battaglia capitano "Sandri"), nato a Cividale del Friuli (Udine) il 24 dicembre 1915 da genitori toscani. Dopo aver frequentato il corso allievi ufficiali partecipò nel 1941 alle operazioni di guerra in Jugoslavia. L'8 settembre 1943, al momento dell'armistizio, Sacconi si trovava in licenza a Bibbiena (presso il padre capostazione della linea ferroviaria Arezzo – Pratovecchio), dove iniziò a organizzare un reparto partigiano denominato "Gruppo Casentino", divenuto in seguito il 3° Battaglione "Licio Nencetti" della 23ª Brigata Garibaldina "Pio Borri", che tra il settembre 1943 e l'ottobre 1944 operò nei versanti orientali del Pratomagno; in particolare tra i paesi di Salutio, Carda, Castel Focognano, Bibbiena, Poppi, con base operativa, dal 4 marzo 1944, nella piccola frazione di Montebòrgnoli, nel comune di

Ortignano-Raggiolo, a 685 metri s.l.m., sotto il Poggio Civitella sul crinale che divide Ortignano dal comune di Castel Focognano.[7]

Montebòrgnoli era all'epoca un paese quasi sconosciuto, circondato da boschi di monumentali castagni, ma per la sua posizione dominante si prestava molto bene alla difesa e al controllo dei movimenti di uomini e mezzi giù nella vallata di Ortignano – Raggiolo, che porta nella valle dell'Arno tra Bibbiena e Poppi.

Il "Gruppo Casentino", poi 3° Battaglione, era un'unità apolitica, che portava come emblema la coccarda tricolore fornita dalle ragazze di Bibbiena, anche se, come precisò Sacconi, non fu mai imposta: alcuni partigiani preferirono la stella rossa, mentre la 4ª Compagnia "Volante" di Licio Nencetti aveva per emblema la bandiera rossa. La 4ª Compagnia, che dal 4 marzo si trovava sopra Carda e Calleta, venne collegata al 3° Battaglione, ma rimase autonoma nei suoi movimenti e operò spostandosi dal Casentino alla Valdichiana, fino al Senese.

---

[7] I gruppi partigiani in Casentino, organizzazione paramilitare al comando del tenente Raffaello Sacconi iniziò a prepararsi nel settembre 1943, immediatamente dopo la comunicazione dell'Armistizio dell'Italia con gli Alleati. Erano dislocati: a Bibbiena, al comando di Silvano Tei, Tullio Alterini, e Luigi Lastrucci; a Ortignano al comando di Giuseppe Versari e Pietro Nocentini; a Partina al comando di Salvatore Vecchioni; e a Ponina-Zenna al comando di Licio Nencetti. Alcuni ufficiali, poi destinati ad altri reparti, avevano partecipato fin dal 9 settembre alla raccolta di armi, e tra questi vi era il sottotenente Aldo Verdelli, che è stato il mio comandante di compagnia quando del novembre 1957 al febbraio 1958 ero in servizio militare di leva presso il 3° Battaglione del 7° Centro Addestramento Reclute (CAR) di Arezzo (il Comando del 7° CAR era a Siena), e che successivamente negli anni '70, diventato tenente colonnello, incontravo giornalmente essendo stato Verdelli destinato al Ministero della Difesa Esercito, dove io prestavo servizio allo Stato Maggiore (SME) come impiegato civile. Il 1° maggio 1944 Verdelli assunse il comando della nuova Compagnia Comando del 2° Battaglione della 23ª Brigata, di cui facevano parte gli ufficiali Arnoldo Funaro, Antonio Curina, Alfredo Occhini, Eugenio Calò, Luigi Valentini, Angelo Ricapito, Renato Mari, Ermete Romani, Giuseppe Romani e Enrico Romani. Cfr., Antonio Curina, *Fuochi sui monti dell'Appennino toscano*, p. 143.

Veduta parziale della frazione di Montebòrgnoli, nel comune di Ortignano – Raggiolo, dove aveva la sede di Comando il 3° Battaglione "Pio Borri" (poi "Licio Nencetti") del tenente Raffaello Sacconi (capitano "Sandri").

Montebòrgnoli oggi.

Nell'aprile 1944, quando la Centrale "I" cominciò a funzionare, due diverse Brigate operavano nel Pratomagno centrale e orientale. La 22ª Garibaldi "Lanciotto" (dedicata a Lanciotto Ballerini ufficiale dell'Esercito comandante della Formazione Garibaldi d'assalto "Lupi Neri" caduto a Campi Bisenzio il 3 gennaio 1944), comandata da Aligi Barducci ("Potente"), facente parte della resistenza fiorentina, si trovava come base a Montemignaio, mentre i distaccamenti "Sante Tani" e "Gruppo Casentino" della 23ª Brigata Garibaldina "Pio Borri" operavano lungo tutto il Pratomagno, dalla zona di Talla a quella di Ortignano e Raggiolo.

Vi era poi la 8ª Banda Autonoma di Raoul Ballocci, costituita da partigiani del Valdarno aretino, che non rispettavano le norme imposte dal Comando di Liberazione Nazionale (CLN) di Arezzo, di limitare le azioni a quel tanto da non sottoporre la popolazione civile a rappresaglie. Finita la guerra, per le atrocità commesse, Ballocci dovette fuggire in Cecoslovacchia, e rientrò nel Valdarno soltanto dopo l'amnistia di Palmiro Togliatti del 22 giugno 1946, diventando, come ex partigiano, un importante rappresentante, a livello locale, del Partito Comunista Italiano (PCI).

In una riunione del 12 aprile a Quarata era stato deciso di costituire nell'aretino il Comando unificato della 23ª Brigata "Pio Borri", che al comando del capitano Siro Rossetti fu ripartita in tre battaglioni, il 1° operante sull'Alpe di Catenaia, il 2° tra l'Alpe di Poti e il Monte Favalto, il 3° sul Pratomagno. A portare a termine l'organizzazione furono tre ufficiali dell'Esercito, il capitano Siro Rossetti, e i tenenti Aldo Donnini e Raffaello Sacconi, poi tutti e tre generali dell'Esercito, che io conoscevo personalmente. Il 3° Battaglione della 23ª Brigata "Pio Borri" di Sacconi, su una compagnia Informazioni e sette compagnie operative, mantenne la denominazione di "Gruppo Casentino" fino al 26 maggio, quando lo cambiò in Battaglione "Licio Nencetti", il ventunenne (nato nel 1923) comandante della 4° Squadrone "Volante", i cui componenti si erano autonominati "I Ribelli della Teppa", che, come vedremo, fu catturato sul Pratomagno e fucilato nella piazza di Talla.

Accanto alla 23ª Brigata si collocarono varie bande operanti nella provincia di Arezzo, ma in modo scarsamente coordinato, che alla fine, il 1° luglio 1944, vennero riunite nella nuova 24ª Brigata "Bande Esterne", inquadrata nella Divisione "Arezzo" del capitano Siro Rossetti, la cui bandiera era quella tricolore del 225° Reggimento Fanteria con lo stemma dei Savoia.[8] Nel complesso si trattava di oltre 1.300 partigiani, presumibilmente tutti armati, oltre ai numerosi collaboratori attivi nella provincia. Con questa intelligente organizzazione, mettendo a capo della 24ª Brigata "Bande Esterne" un ufficiale dell'Esercito, il capitano paracadutista Enzo Droandi si tentò, per quanto possibile di tener lontano dalla maggior parte della provincia di Arezzo le organizzazioni delle brigate comuniste "Garibaldi".

Ha scritto Antonio Curina, capo del Comitato di Concentrazione Antifascista (CPCA):[9]

---

[8] Ha scritto Enzo Droandi (capitano paracadutista e comandante della 24ª Brigata "Bande Estere"), senza essere stato smentito: *"Quando in primavera si costituì la Brigata «Pio Borri», «garibaldina» ma estranea alle «Garibaldi», non tutte le bande aderirono e le più delle affluite conservarono «la loro struttura (...) ed una parziale autonomia per cui l'unitarietà del comando (restò) solo un proposito"*. Cfr., *Storia Famiglia Droandi*, *Quel terribile gennaio del 1944 nell'aretino*, Internet.

[9] Antonio Curina, *Fuochi sui monti dell'Appennino toscano*, p. 142.

1° Maggio 1944: In seguito a disposizioni impartite dal C.P.I.N. di Arezzo il 3° btg. della XXIII brg "Pio Borri" viene così costituito: la 1ª banda diviene 1ª compagnia.; la 2ª banda, 2ª compagnia, la 3ª banda, 3ª compagnia; la 4ª banda, 4ª compagnia; la banda, 5ª compagnia di nuova formazione, è comandata da Vittorio Tellini, e la 5ª banda, diviene 6ª compagnia. E' evidente che inserendo le compagnie al posto delle bande si intese dare al battaglione la caratteristica di unità paramilitare. Questa organizzazione, con quanto possibile al comando di ufficiali, non poteva non disturbare le organizzazioni delle brigate Garibaldi.

E da questo momento, come vedremo, con l'arrivo dei comunisti fiorentini nel Casentino ebbero inizio i contrasti sulle modalità e la condotta della guerra partigiana, anche sotto l'egida dei comandi che i comunisti volevano fossero in loro mano; e iniziarono anche i guai per le popolazioni civili della vallata fino a quel momento rimaste indisturbate.

Ciò porto a dolorose rappresaglie. In questa guerra i fiorentini, operavano in zone che non li competevano dove non avevano parenti e amici, anche quelli che combattevano con i fascisti, e dove da entrambe le parte vi era, se possibile, un certo rispetto per la vita umana. Spesso ci si limitava a togliere le armi ai prigionieri e farli ritornare a casa dopo un rimprovero, e se vi erano fucilazioni (mai impiccagioni) queste erano ben motivate. Per voler approfondire queste verità sono disponibili i citati libri di tre ufficiali, Curina, Sacconi e Droandi, e le testimonianze scritte di mio padre.

Per i comunisti della "Sinigaglia", e in particolare del suo tragico distaccamento "Falerio Pucci" comandato dall'inquieto Angelo Gracci ("Gracco") e che includeva Sergio Farulli (nome di battaglia "Vladimiro"), vice comandante di plotone e ufficiale specialista delle requisizioni, tutto ciò non esisteva e i prigionieri di guerra spesso erano denudati e massacrati, com'è ampiamente dimostrato nel sito Internet *"Brigata Sinigaglia"*, con rivelazioni del suo Commissario politico Sirio Ungherelli.

Occorre comunque dire, per la Verità Storica, che la popolazione della provincia di Arezzo era all'epoca di circa 250.000 persone. Pertanto il numero di combattenti impegnati nella guerra di liberazione aretina, che includevano anche parecchi ex prigionieri di guerra di altre nazioni, appare molto modesto, cosi come altrettanto modesto fu il numero dei volontari o rispondenti alla leva nella Guardia Nazionale Repubblicana (GNR), e che in entrambi gli schieramenti, dopo le prime esperienze di guerra, si ebbero a verificare, per scoraggiamento o cambio di casacca, molte sedizioni. Il resto della popolazione aretina, tra cui tantissimi ufficiali delle Forze Armate del Regno, considerati nella Relazione dei partigiani del Casentino *"assenteisti ... incoscienti"* per *"vigliaccheria quasi generale"*,[10] preferì restare estranea, nascosta; anche se indubbiamente, in seguito alle errate rappresaglie dei nazi – fascisti la sua simpatia andò aumentando in favore dei partigiani, per poi esplodere gioiosa all'arrivo

---

[10] Nella *Relazione su l'attività svolta dal Comitato di Liberazione Nazionale, Sezione S – Zona del Casentino"*, è scritto: *"La mancanza di ufficiali nelle formazioni e la loro vigliaccheria quasi generale nel voler criticare e nel voler rifiutarsi a prendere contatto e vivere quella vita* [partigiana]*, è una delle realistiche e più gravi responsabilità di questa categoria, che grava su di loro assenteisti incoscienti"*. Nel suo libro, al riguardo di questa dura sentenza, il generale Sacconi ha scritto: *"Non condivido il giudizio espresso in maniera – mi sembra – alquanto sommaria, perché se è vero che molti ufficiali ignorarono la Resistenza, è anche vero che tanti vi parteciparono, con generoso sacrificio e entusiasmo"*. Cfr, Raffaello Sacconi, *Partigiani in Casentino e Val di Chiana*, p. 177.

degli anglo-americani perché, per simpatia più o meno sincera, vedevano la fine di un incubo, non immaginando la punizione che gli Alleati, nel trattato di pace del 1947 a Parigi, avrebbero riservato all'Italia.

Le autorità davanti alla Casa del Fascio di Rassina, dove è anche il Comune di Castel Focognano. Non conosco il periodo dell'immagine, forse di prima della guerra.

La popolazione di Rassina ad una Cerimonia, forse per un anniversario nazionale o avvenimento fascista.

Lo stesso accadeva, piaccio o no, in ogni paese del Comune di Castel Focognamo, qui siamo a Salutio.

La Camicie Nere di un battaglione di Rassina. Da sinistra in basso a sedere i primi due sono nell'ordine Luigi Ricci, detto "Gigiola", e Celli, quest'ultimo un nipote di mia nonna Giuseppa Biondini. Le quattro foto sono riprese dal libro *Castel Focognano obiettivo sul novecento* di Carla Nassini e Massimo Martinelli.

Non solo dal lato di un penoso sacrificio territoriale, come la perdita dell'Istria e della Dalmazia con la forzata evacuazione delle popolazioni italiane, ma anche con l'obbligo di una consistente riduzione delle Forze Armate e la consegna di parte delle unità della Flotta alle nazioni che avevano combattuto contro di noi: Francia, Jugoslavia, Grecia, Russia e anche alla Cina, che mantenne il possesso di alcune navi italiane che si trovavano a Shanghai. A quel momento eravamo ostaggio degli Alleati, dopo esserlo stato dei tedeschi.

La più grande immane tragedia della Storia d'Italia, che oggi si racconta essere stata *"guerra di liberazione"*, mentre in realtà, come molti storici importanti, con in primis, lo ripeto, il Professore Renzo De Felice, hanno sottolineato, facendo storcere il naso nei partiti della sinistra italiana, si trattò di *"guerra civile"*.

Il generale Sacconi ha riportato nel suo libro autobiografico, che un membro della "Volante" di Lucio Nencetti scrisse che la sua decisione e quella di tanti altri giovani di unirsi ai partigiani, era stata determinata dal fatto che:[11]

Il "Gruppo Casentino" nacque per iniziativa di un nucleo di giovani casentinesi che, interpreti della volontà popolare, si opposero per primi ai fascisti ed ai tedeschi, organizzando gruppi per la lotta armata. Attorno a questi sparuti nuclei si raggrupparono, sempre in maggior numero, volontari, che pur essendo cresciuti nel clima fascista, manifestavano un grande amore per la libertà, certamente ereditato dai padri. Tra i primi aderenti ci fu anche qualche giovane che, più che da ideale di libertà, fu spinto da spirito di avventura ma non resse ai primi disagi e si ritirò. Non mancò neppure l'opportunista, convinto di una immediata sconfitta dei tedeschi ma quando si rese conto che la guerra andava per le lunghe e che l'esito era ancora incerto, abbandonò la formazione a cui aveva aderito.

Altri, avendo obblighi di leva, preferirono arruolarsi nella formazione partigiana, anziché nella GNR. Se avessero potuto, certamente avrebbero preferito restare tranquilli, presso le proprie famiglie pur tuttavia restarono nella formazione fino al giorno della liberazione e si comportarono bene. Sarebbe ingiusto sottolineare la mancanza, in loro, di un ideale profondamente sentito. Erano così giovani che non avevano potuto conoscere il valore della libertà e tuttavia, nonostante avessero indossato la divisa di figli della lupa e di avanguardisti, avevano sentito il bisogno di rinunciare ad una vita comoda, ad una sicura paga, ad un comodo letto, per andare a vivere nei seccatoi, nei boschi coperti di neve, dove non sempre avrebbero trovato da mangiare e dove sarebbero stati braccati come banditi.

---

[11] Raffaello Sacconi, *Partigiani in Casentino e Val di Chiana*, pag. 6-7.

A sinistra, Il generale di divisione Siro Rossetti che, con il grado di tenente permanente effettivo (ma che aveva assunto il grado di capitano), era stato il Comandante della Brigata partigiani "Pio Borro" e poi della Divisione partigiani "Arezzo", costituitasi il 1° luglio 1944. A sinistra, il generale Raffaello Sacconi "Sandri") che, con il grado di tenente di complemento (poi nel dopoguerra effettivo), era stato il comandante del 3° Battaglione "Licio Nencetti".

Dopo la guerra a Sacconi fu riconosciuta la qualifica partigiana di comandante di brigata, e poi per merito di guerra da ufficiale di complemento divenne ufficiale in servizio permanente effettivo fino a raggiungere il grado di Generale. Io, che ho prestato servizio per quarantuno anni allo Stato Maggiore dell'Esercito (4° Reparto – Ufficio Servizi poi Programmi di Approvvigionamento e infine Mobilità Tattica) a iniziare dal 7 febbraio 1957, l'ho più volte incontrato assieme e altri ufficiali già appartenenti al 3° Battaglione "Licio Nencetti". Sulla sua attività bellica Sacconi scrisse l'importante e documentato libro *Partigiani in Casentino e Val di Chiana*, con esatta descrizione degli avvenimenti bellici, del quale una copia con dedica dette a mio padre. In esso sono citato anch'io (Mattesini Francesco Gianfranco), come "patriota", per la mia attività di portaordini, staffetta e vedetta (nome di battaglia "Franco").

RAFFAELLO SACCONI

PARTIGIANI IN CASENTINO E VAL DI CHIANA

2

ISRI

QUADERNI DELL'ISTITUTO STORICO DELLA RESISTENZA IN TOSCANA

LA NUOVA ITALIA

Le zone del Casentino controllate dal 3° Battaglione della Brigata partigiana "Arezzo". Disegno di Antonio Mattesini per la Relazione all'ANPI di Firenze

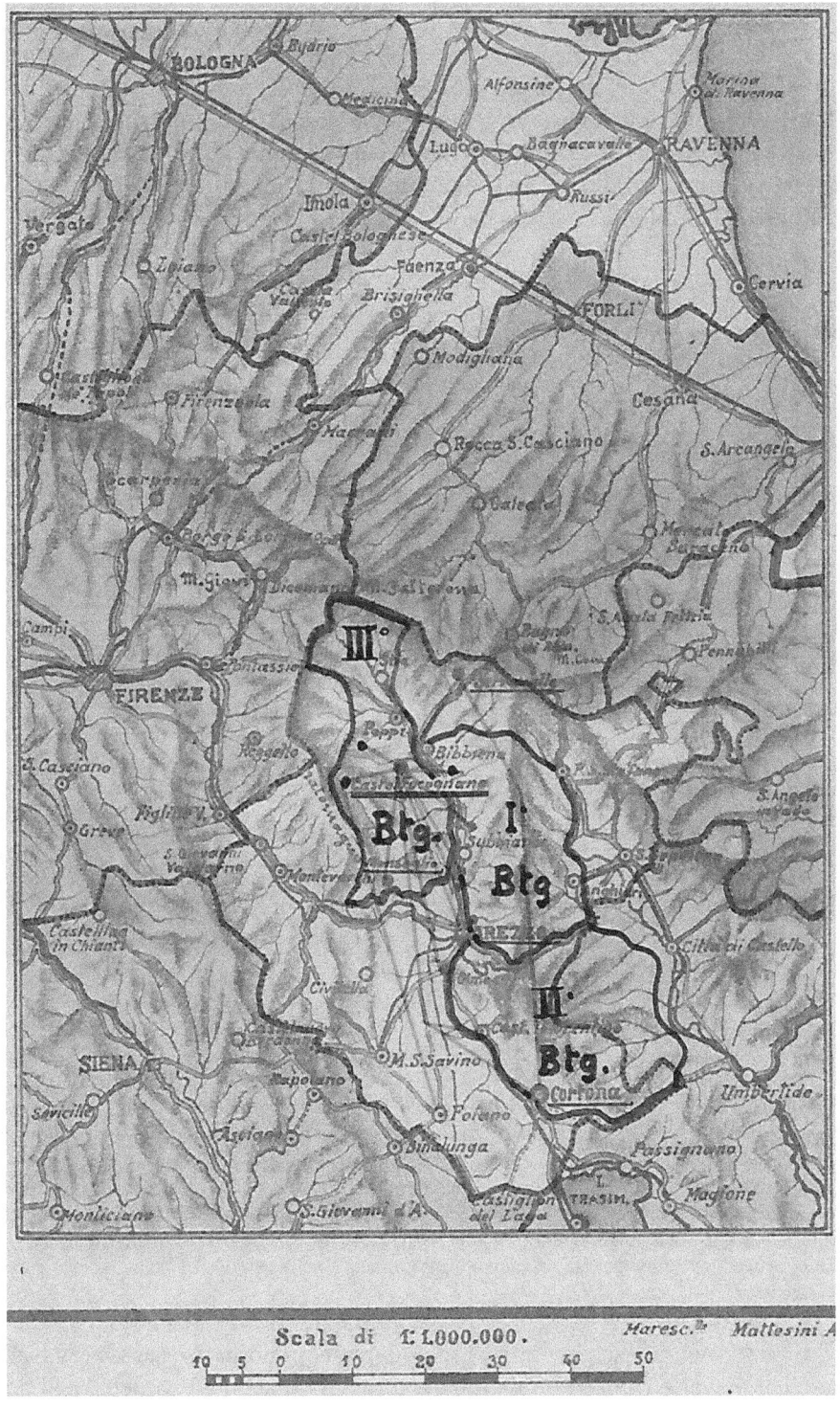

Limiti di Zona, nella provincia di Arezzo, della dislocazione dei tre battaglioni della 23ª Brigata "Pio Borri", e della Centrale Operazioni Partigiane del Casentino. Linee di collegamento più importanti della rete di informazioni della Centrale "I". Disegno di Antonio Mattesini nella sua relazione all'ANPI di Firenze.

Come ragazzo di otto anni e mezzo, nel muovermi nel paese di Castel Focognano e abitazioni vicine, non davo nell'occhio, e poiché sostavo sempre nella piazzetta della strada provinciale in direzione di Rassina, presso il Ponte del Condotto, spesso giocando con altri ragazzi coetanei (tra cui la mia futura consorte Rossana Malatesti) lungo il torrente al bordo della pineta, al primo accenno di avvistamento di tedeschi o di fascisti correvo a dare l'allarme, in modo che gli uomini, che tra il Giugno e l'agosto del 1944 durante la giornata non uscivano di casa, potessero nascondersi nei loro rifugi.

Rossana Malatesti nel giardino della sua casa ad Asmara dove il padre, Angelo, prestava servizio come meccanico presso l'Autocentro dell'Esercito. Dopo l'accordo, mediante la Croce Rossa, con il Governo britannico per il rimpatrio delle famiglie italiane, minacciate di violenze e di morte dagli eritrei e dagli etiopi, le donne i bambini minorenni, esclusi gli uomini che restarono in Africa Orientale, ebbero il permesso di rientrare in Italia. Rossana, assieme alla madre Lidia Fenci e ai fratelli Franco e Amleto, rimpatriarono, partendo da Massaua il 7 dicembre 1942 a bordo della motonave italiana *Giulio Cesare* che li sbarcò a Brindisi il 12 gennaio 1943, dopo aver compiuto il periplo dell'Africa, per evitare la zona di guerra dell'Egitto – Canale di Suez. Dopo un lungo viaggio in treno, fermandosi presso i parenti a Sutri (Viterbo), raggiunsero Bibbiena, restandovi presso la sorella del padre di Rossana, Angela Malatesti, da dove poi in seguito ai bombardamenti, il 13 gennaio 1944, si sarebbero trasferiti sfollati a Castel Focognano, avendo come abitazione un piccolo appartamento nella piazza del paese, presso i locali della scuola elementare.

Inoltre seguivo sempre mio padre durante i giorni in cui doveva andare a discutere con le varie formazioni partigiane o fuggire quando si sospettava si potessero svolgere i rastrellamenti, pericolo acuito dal fatto che i tedeschi lo ricercavano, poiché sapevano esservi a Castel Focognano un maresciallo alla macchia; e tornavamo a casa soltanto quando al tramonto vedevamo il segnale convenzionale del "*tutto libero*", un lenzuolo bianco, visibile dalle colline, messo da mia madre o da mia nonna alla finestra della nostra cucina, all'ultimo piano del grande palazzo della piazza del paese in cui abitavamo, di proprietà della famiglia Niccolai.

Il Decreto di "patriota" del 1° maggio 1948 (numero d'ordine 1476), di cui ho l'originale, e firmato dal Ministro della Difesa Cipriano Facchinetti. Inoltre mi fregio di due nastrini: quello di "Volontario per la Liberta" e quello della "Campagna d'Italia 1943-44" con una stelletta (vedi allegato).

Il capitano Aldo Verdelli, amico di mio padre, che all'epoca degli avvenimenti era sottotenente della 23 Brigata. Nel maggio 1944, assunse il comando della Compagnia comando del 2° Battaglione. L'immagine è dell'inizio del 1958, quando, tenendomi a braccetto, era il mio comandante ella 3ª Compagnia del 3° Battaglione del 7° Centro Addestramento Reclute (CAR) di Arezzo, durante il mio servizio militare di leva. Ci ritrovammo al Ministero Difesa Esercito negli anni '60, quando aveva il grado di tenente colonnello. Stando ad Arezzo avevo possibilità di potermi spostare in treno a Rassina per stare qualche ora con Rossana, la mia fidanzata, con regolare permesso del capitano Verdelli. La foto di Rossana, da me scattata a Rassina in un campo presso il Fiume Arno, è del 2 giugno 1957.

Secondo il documento *"Costituzione del Nucleo Clandestino d'informazioni di Castel Focognano – Arezzo"*, l'attività d'intelligence era nei suoi punti essenziali la seguente:[12]

Il Comandante del Raggruppamento Nuclei del Casentino Zona "A", costituiva il 3 dicembre 1943, in Castel Focognano, un Nucleo Militare Clandestino

---

[12] Carteggio Maresciallo Maggiore Antonio Mattesini.

d'Informazioni Partigiane sotto la Direzione del Maresciallo di fanteria in S.P.E., Mattesini Antonio (già appartenente al COMANDO SUPREMO – S.I.M., fino all'8 settembre 1943).

Lo scopo di questa organizzazione era di attingere esatte e dettagliate notizie sulla dislocazione e movimenti militari delle forze avversarie e di proteggere gli sbandati, i ricercati e i renitenti alla leva nazi-fascista, riunendoli e inviandoli su richiesta del Comando Raggruppamento ai reparti.

Data la segretezza del delicatissimo servizio da disimpegnare in territorio controllato dal nemico e in alcune circostanze in contatto col nemico stesso, il Capo del Nucleo, nell'incorporare informazioni, si atteneva esclusivamente nell'ammettere elementi ben conosciuti per serietà, segretezza ed astuzia, specie di quelle persone perseguitate o che qualcuno della loro famiglia e partenti fosse molestato dai nazi-fascisti i quali oltre all'interesse di un maggiore e più sicuro sviluppo dell'organizzazione, avevano anche quello personale. Difatti si è notato che i più anziani d'età e le donne in specie, nonché i ragazzi, sono sempre stati i più abilissimi informatori, in quanto indisturbati penetravano con facilità nei ritrovi e luoghi nemici attingendo le più sicure fonti militari.

Altro metodo adottato era quello di non incorporare alcuno quale attivo, se non prima (anche se conosciuto), non aveva dimostrato sicurezza ed attività per un certo periodo di tempo quale collaboratore, sotto sorveglianza, ad eccezione dei più intimi col Comandante del Nucleo Informazioni.

La zona prescelta per attingere informazioni, si limitò dal dicembre 1943, ad un raggio massimo di circa 10 Km, che man mano si sviluppo notevolmente ... nei mesi di dicembre 1943 e gennaio – febbraio 1944.

Il Nucleo dipendeva direttamente dal Comando Raggruppamento Nuclei del Casentino – Zona "A", ed operava solamente ed esclusivamente a scopo prettamente patriottico.

NESSUN CONTATTO CON PARTITI POLITICI, in quanto operava con massima segretezza, indipendentemente da oltre altra organizzazione non prettamente militare.

<u>*Si tenne apolitico per tutta la durata delle operazioni.*</u>

Con questo tipo di organizzazione, senza andare a ricercare il nemico per impegnarlo in qualsiasi contatto per non fare scoprire la centrale segreta, la Compagnia "I" oltre a fornire le preziosissime informazioni, ha evitato per mesi di trasformare Castel Focognano in un campo di ricerca e di combattimento dei partigiani contro i nazi-fascisti, e quindi evitò perdite umane tra la popolazione civile, dove invece si ebbero dolorose in altre località vicine dove operavano altre formazioni partigiane.[13]

---

[13] Il 10 marzo 1944 mio padre, maresciallo Antonio Mattesini capo della Centrale "I", fu in grado di trasmettere al Comando del 3° Battaglione, le seguenti notizie: *"Arezzo: il comando della Legione della GNR, agli ordini del col. Fabbri e dell'aiutante maggiore capitano Fiorentino, è sito in via Garibaldi. All'ufficio politico è addetto il ten. della milizia Emilio Vecoli, che con i Marescialli Abbatecola, Sorrentino e Pagliani provvede all'organizzazione dei rastrellamenti nella provincia. Il medico della legione della GNR è il ten. dott. Vettori. Alla caserma "Piave" è accantonato un battaglione della milizia, agli ordini del capitano Dei. - Strada in Casentino: nella zona di Strada, gli alleati hanno paracadutato un maresciallo radiotelegrafista della Marina, munito di stazione radio in collegamento con il comando alleato e con il comando supremo italiano (si tratta del maresciallo Bertini, il quale, dopo essersi portato nella zona di*

La chiesa di Castel Focognano con accanto l'abitazione del parroco Don Enrico Lachi. L'immagine è di prima del 1941, quando iniziarono i lavori di ristrutturazione della Chiesa. Da Carla Nassini e Massimo Martinelli, *Castel Focognano obiettivo sul novecento*.

Castelfocognano, sparisce dalla circolazione, senza che il comando della formazione possa mettersi in contatto con lui). – Rassina: Meo Biondi, ufficiale postale, ha indicato ai tedeschi (9 marzo) le zone occupate dai partigiani.

ZONE OPERATIVE D'INFORMAZIONE DEL NUCLEO

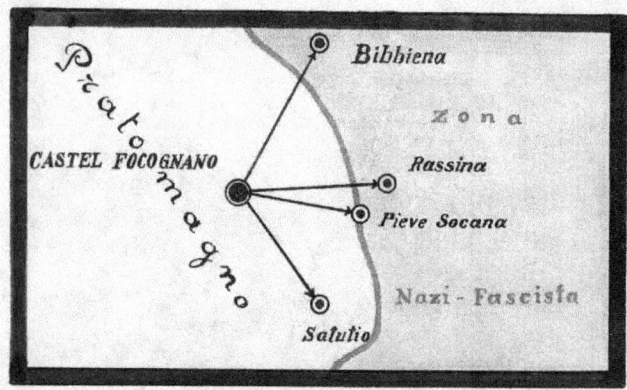

Dicembre 1943

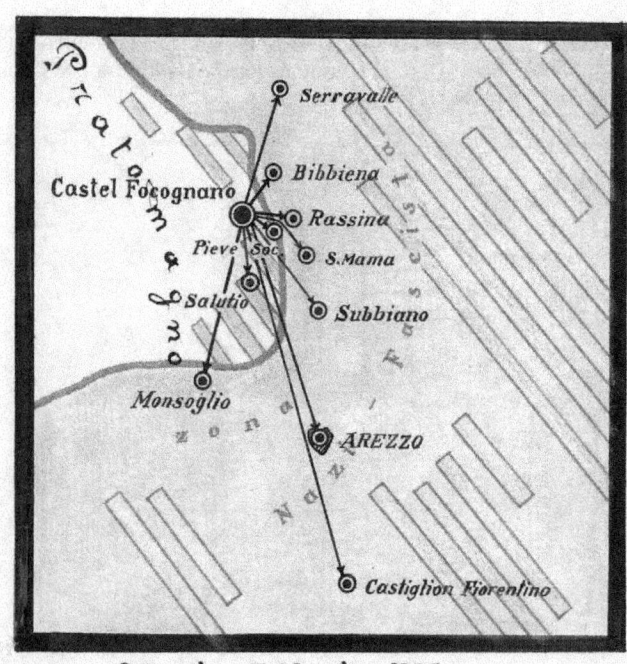

Gennaio – Febbraio 1944

Nucleo Informativo. Allegato A alla Relazione per l'ANPI sulla Centrale "I". Disegno di Antonio Mattesini.

A Tirana, gli albanesi acclamano all'Italia.

A destra di questa fotografia stampata da una rivista degli anni '40, il maresciallo capo Antonio Mattesini a Tirana durante il discorso del conte Galeazzo Ciano, Ministro degli Edsteri italiani, nell'aprile 1939. Si guarda le spalle non fidandosi degli albanesi che avevano già commesso agguati e uccisioni a soldati italiani. Era stato richiesto dallo Stato Maggiore dell'Esercito all'Istituto Geografico di Firenze, dove mio padre prestava servizio essendo ad un'ora di treno dalla famiglia ad Arezzo (e quindi pendolare), per disegnare i piani di sbarco in Albania. A causa dell'anticipo dell'inizio dell'operazione, fissata per il 7 aprile, dovette seguire a Brindisi il Generale Giovanni Messe, Comandante del Corpo di spedizione a Durazzo, dove completò i piani di sbarco durante la navigazione sulla nave comando *Barletta*. La nave fu soggetta ad una breve reazione con armi leggere da parte degli albanesi che cesso subito dopo la reazione d'artiglieria degli incrociatori pesanti italiani. La *Barletta* fu proceduta in porto per dar corso alla sbarco dalla torpediniera *Lupo*. Durante l'azione nemica mio padre si trovava sul ponte, e due militari che gli erano vicini furono colpiti e decedettero. Poi, sempre al seguito del generale Messe, partecipò alla rapida avanzata su Tirana, e alla conquista della caserma del Genio. Avendo ordinato ad un plotone di soldati di attaccare perché il loro tenente non si decideva a farlo, a mio padre furono lasciate come ricordo le mostrine dell'ufficiale di servizio e la grande bandiera rossa, con le aquile nere di quel reparto albanese, che si trovava appesa all'asta della bandiera sopra la porta d'entrata della caserma, e che nella nostra casa, in tempo di guerra, per scaldarci usavamo come coperta.

Primi di giugno 1940. Davanti ad Umberto di Savoia, Comandante del Gruppo Armate Ovest, sfila il 68° Reggimento di fanteria della Divisione "Friuli" per partecipare all'inizio delle operazioni contro la Francia. Nelle due immagini, mio padre, allora maresciallo capo, è il primo a destra dopo l'ufficiale con la bandiera.

A sinistra, il maresciallo maggiore Antonio Mattesini, a Roma, quando prima dell'8 settembre 1943, prestava servizio al SIM – Comando Supremo come Capo Disegnatore. Concorso che vinse il 28-30 luglio 1940, con una commissione che aveva per Presidente il generale Quirico Armellini e per mebri il generale di brigta Antonio Gandin e il tenente colonnello Cordero Lanza di Montezemolo. Divenne poi Comandante della Compagnia "I" (Informazioni) del 3° Battaglione partigiano "Pio Borri", 23ª Brigata – Divisione Garibaldina "Arezzo". A destra, nel 1940, la moglie, Maria Giovanna Cariaggi, con il figlio Francesco vestito da marinaio.

Purtroppo a guastare questo clima di relativa tranquillità ci penso, come vedremo, una formazione di partigiani autonomi comunisti, ossia di coloro che si sono fatti una pessima reputazione andando a prelevare e fucilare tutti quelli che non la pensavano come loro. Particolarmente feroce, costituita da uomini senza scrupolo veri tagliagole, era nell'aretino la banda di slavi evasi dal campo di concentramento di Anghiari, comandata da un personaggio chiamato il "Russo" di cui non si conosce il nome, e operante nella zona del Passo della Libbia, sulla strada Arezzo – Anghiari – San Sepolcro. Ma, anche i distaccamenti della 22ª Brigata comunista fiorentina "Lanciotto" (fusasi il 24 maggio 1941 con i raggruppamenti "Checcucci", "Romanelli", Fabbroni e "Lanciotto" agli ordini della Delegazione Toscana del Comando Generale delle Brigate Garibaldi), poi Brigata "Sinigallia", quanto a ferocia, come vedremo, avevano pochi avversari.

Il 15 aprile 1944, in seguito ad accordi presi da mio padre con il partigiano Libero Burroni, inviato dal Comandante del 3° Battaglione tenente Raffaello Sacconi a prendere possesso di Castel Focognano, fu costituita la Compagnia "I" di linea per la protezione della Centrale d'Informazioni (Quartier Generale). Il reparto fu organicamente costituito da un Comando di Compagnia composta da due Squadre ciascuno. Il comandante di compagnia era Libero Burroni, giovane ventenne di Arezzo di professione marmista, che per incarichi vari aveva a sua disposizione il partigiano Leo Boncompagni, di professione commesso, anch'esso ventenne di Arezzo, poi Ispettore delle Guardie Armate. I comandi di plotone 1° e 2° dipendevano rispettivamente dal maresciallo Antonio Mattesini, che aveva anche la direzione della Centrale d'Informazioni, e dal sottotenente Valdo Niccolai. Tutti questi reparti dipendevano dal 3° Battaglione, 23ª Brigata "Pio Borri". Furono costituiti punti di osservazione nelle più alte montagne della zona, e fu organizzato un servizio di guardia e di sorveglianza, attivo diurno e notturno, per non farsi sorprendere impreparati dal nemico.

Francesco Mattesini bambino con il nonno Ferdinando Carloni, secondo marito della nonna di Franco, Giuseppina Biondini. Entrambi erano di Borgo a Giovi (Arezzo), dove era nato mio padre il 28 agosto 1905. Il saluto romano era allora normale. Lo si faceva anche a scuola, e le famiglie e i parenti dei ragazzi, non avevano nulla da scandalizzarsi. Quando nel 1943 frequentavo la seconda classe elementare nella scuola privata delle monache presso la chiesa di Santa Maria in Gradi, durante una cerimonia fascista a cui partecipò il federale di Arezzo, Bruno Raul Torres, con il suo seguito, i miei familiari mi avevano comprato la divisa da balilla e il fucile giocattolo mod. 41. E i genitori di tutti i ragazzi della scuola applaudivano mentre fieramente, con il fucile a spalla, sfilavamo lungo una grande sala marciando avanti e indietro davanti al federale e ai parenti, perché erano contenti. Nessun alunno mancò a quella cerimonia che a noi bambini ci divertiva, senza capirne il significato politico.

La postazione fissa n. 1 era situata nella zona del Comando del Presidio (diretto da Libero Burroni) presso la scuola elementare di Castel Focognano; la n. 2 al poggio della Rina (q. 645); la n. 3 alle Fontaccie; la n. 4 nell'abitato di Rapille. In tal modo erano sorvegliate le provenienze nemiche da tutte le direzioni ed erano tenute d'occhio le varie vallate. Nelle norme fissate dal Comandante della Compagnia "I" era specificato:[14]

Tutte le novità riscontrate, verranno urgentemente comunicate al Comando del Presidio Centro d'Informazioni il quale a sua volta le comunicherà al Comando del 3° Btg.

La Centrale d'informazioni, che aveva il posto d'ascolto a mezzo radio telegrafico al seccatoio, 320 metri a nord ovest dell'abitato di Castel Focognano (sud di Guizzano), aveva a disposizione sei Sottocentri, rispettivamente dal n. 1 al n. 6, a Cortona, Arezzo, Monsoglio, Rassina, Carda e Serravalle. Di questi sei Sottocentri, il n. 5 (Carda) era indipendente, perché subito dopo la costituzione *"fu lasciato a disposizione di Licio Nencetti, per le informazioni a carattere politico"*.

Carda con i suoi fitti boschi sui contrafforti del Pratomagno centrale.

---

[14] Carteggio Maresciallo Maggiore Antonio Mattesini.

Carda oggi.

In totale la Compagnia "I" disponeva alla data del 15 aprile di 56 uomini, dei quali come attivi 38 uomini e 2 donne, e come collaboratori 13 uomini e 3 donne. L'armamento, piuttosto modesto, comprendeva: 11 pistole varie, 13 moschetti mod. 91, 4 mitra, 7 fucili da caccia, armi bianche varie.

Il munizionamento comprendeva: 590 pallottole per pistola, 13 bombe a mano, 6 caricatori per mitra, 388 pallottole per fucile, e munizioni varie da caccia confezionate direttamente dal personale della Compagnia.

Il 30 giugno l'organico della Compagnia "I" passò a 73 uomini, dei quali 39 attivi 39 e 2 donne, e come collaboratori 18 uomini e 2 donne, e tale si mantenne fino al 20 luglio, quando la Compagnia fu praticamente disciolta in seguito al frazionamento verificatosi per l'offensiva antipartigiani delle forze germaniche.[15]

Alla fine del 1943 e nei mesi di Gennaio e Febbraio 1944, i partigiani del Casentino e del Valdarno aretino, si limitarono a svolgere un'attività prevalentemente organizzativa, consistente:

Nel restare presso le loro famiglie e compiere azioni di disturbo generalmente poco impegnative; tendenti a procurarsi armi, munizioni, materiali, viveri, e nascondere in montagna, in case o nelle stalle e fienili di contadini, i militari italiani sbandati dopo gli avvenimenti dell'8 settembre; oppure nascondere ex prigionieri di guerra evasi dai quattro campi di concentramento esistenti in provincia di Arezzo: Villa Oliveto, Laterina, Anghiari e Poppi.

---

[15] *Ibidem.*

Villa Ascensione di Poppi. Edificio del 1500 costruito come convento per i frati Cappuccini, durante la seconda guerra mondiale era divenuto un campo di concentramento italiano per ufficiali britannici e statunitensi, e poi anche sede del Distretto Militare di Arezzo.

Nella vasta zona del Pratognagno, dalla vegetazione rigogliosa e famosa per i suoi pregiati castagneti, tra l'inverno e l'estate del 1944 (quando arrivarono i britannici) le piccole bande partigiane, distaccamenti o compagnie, erano costituita da 20 o al massimo 30 uomini, ed erano raggruppate in brigate di circa di 100-150 uomini che si mantenevano alla macchia. Tra queste bande armate erano presenti i militari "Badogliani", che si comportavano alquanto giudiziosamente, evitando di importunare i tedeschi con atti scriteriati che sarebbero andati a scapito della popolazione, e di questo deve essere dato loro grande merito. Tra di essi vi erano moltissimi partigiani di sinistra, lo erano anche Libero Burroni e Leo Boncompagni, ma che sempre obbedirono agli ordini che arrivavano dal Comando del 3° Battaglione (tenente Sacconi) e soprattutto ai consigli di mio padre, di cui sono rimasti intimi amici fino alla sua morte.

E vi erano altri partigiani con la stella rossa, che avevano come bandiera quella rossa con falce e martello, cui della vita dei propri compatrioti evidentemente non avevano la stessa delicatezza di comportamento, e che, sulle direttive del partito comunista e dei capi delle formazioni comuniste, compivano, soprattutto nei confronti dei presunti fascisti, uccisioni, considerate legalizzate, che poi portavano, inevitabilmente, alle rappresaglie che diventavano violentissime quando gli attentati riguardavano i tedeschi.

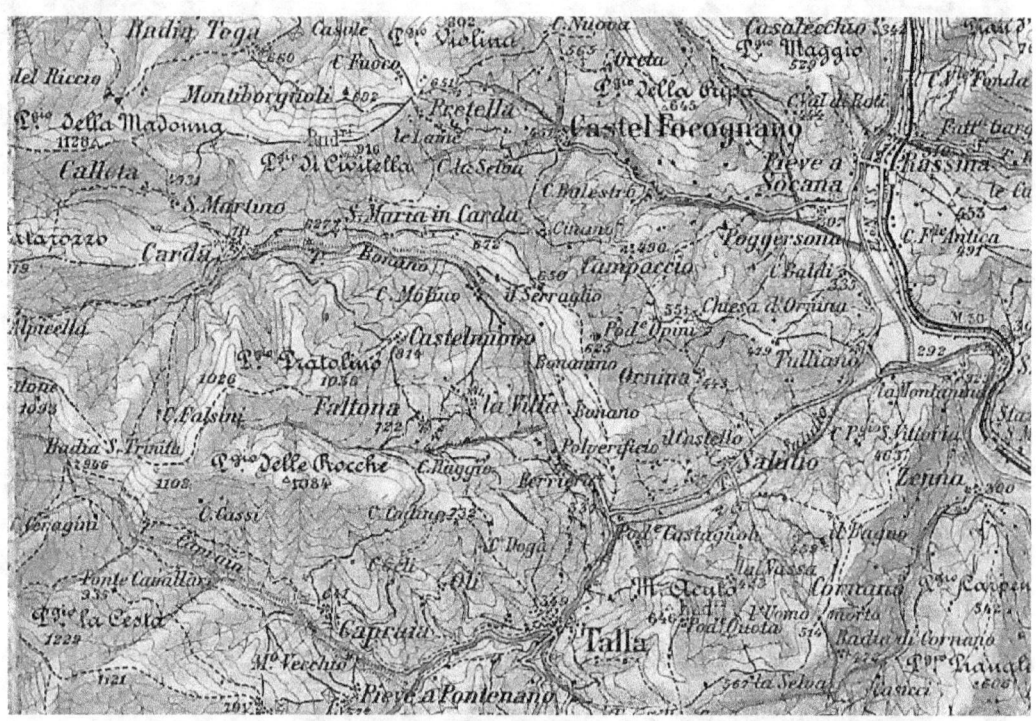

Zone di Castel Focognano – Rassina – Montebòrgnoli - Carda – Talla – Badia a Cornano.

Eccidi deprecabili, giustificati da parte tedesca come atto di rappresaglia, ma che spesso degeneravano in massacri ingiustificati nei confronti della popolazione civile, derivati da un senso di vendetta nei confronti degli italiani che, con la loro sedizione (tradimento), li avevano lasciati soli a combattere contro gli Alleati, e che ora, con varie giustificazioni non sempre condivisibili, gli sparavano alle spalle e insidiavano le loro linee di comunicazioni, in particolare i mezzi ruotati che portavano i rifornimenti ai fronti di Cassino e di Anzio.

All'inizio di Marzo 1944, in particolare dopo il bando di chiamata alle armi nella Repubblica Sociale Italiana delle classi 1924 e 1925, i giovani che non volevano andare a combattere con i tedeschi, e quelli che già svolgevano attività partigiana, abbandonano le proprie abitazioni e si riuniscono in montagna, che però fin verso la fine del mese fu alquanto contenuta badando sempre a evitare le rappresaglie.

Il 25 aprile la Gazzetta Ufficiale del Governo Repubblicano riportò che se gli sbandati e i renitenti alla leva avessero deciso entro il 25 maggio di presentarsi a posti militari e di polizia italiana e tedesca, avrebbero avuto clemenza. In caso contrario sarebbero stati fucilati alla schiena. Il giorno prima della scadenza del termine, il 24 maggio, a Palazzo del Pero i responsabili del "Badogliano" CPCA dei Arezzo, che manteneva contatti con il CTLN (Comitato Toscano di Liberazione Nazionale) di Firenze, il comandante tenente di complemento professore Antonio Curina, il capitano Siro Rossetti e sottotenente Aldo Donnini, dettero ordine a tutte le formazioni partigiane della provincia alle loro dipendenze di accendere grandi falò per la sera dell'indomani, ad un segnale prestabilito, di tre razzi rossi. Segnale che alle 21.15 fu lanciato nella montagna di Lignano (a sud di Arezzo) da Siro Rossetti. In pochissimo tempo i fuochi, che servivano per dimostrare ai nazi-fascisti come la provincia di Arezzo intendeva combattere, si estesero dall'Appennino Casentinese alla valle dell'Arno, dall'Alpe di Catenaia nella zona della Valtiberina, da Lignano verso la Valdichiana, e dal Pratomagno nel Valdarno.

Su quei fuochi molto enfatizzati dalla storiografia aretina, a me, come testimone oculare, apparvero non particolarmente vasti e luminosi tranne in direzione della cima dell'Alpe di Catenaia e nessun fuoco nella valle di Castel Focognano, che è circondata per tre quarti dalle montagne e colline. Per le discussioni cui curiosamente assistetti, posso dire che vi erano persone che non condivisero quell'atto di sfida nei confronti dei nazi-fascisti. Temendo rappresaglie, li ritennero una provocazione pericolosa. Forse per questo molti esitarono di accenderli, per non farsi individuare. A qualcuno non farà piacere, perché come storico serio vado controcorrente, ma anche questo è esperienza vissuta e nell'opera di revisionismo storico sincero è doveroso vada conosciuta.

I notiziari riservati a Benito Mussolini sulla situazione esistente nella città e nella Provincia di Arezzo: Marzo – Maggio 1944

Per conoscere quale era la situazione nella Provincia di Arezzo, sui notiziari mandati alla conoscenza riservata di Benito Mussolini, si legge:

16 Marzo 1944. Lo spirito pubblico è molto depresso soprattutto a causa delle devastazioni operate dai bombardamenti aerei, specie nel capoluogo, per cui le terrorizzate popolazioni sono costrette a rifugiarsi nelle campagne e nei centri minori, moltiplicando colà le già gravi difficoltà degli approvvigionamenti, dei trasporti e dei servizi. La situazione del lavoro è soddisfacente, poiché la mano d'opera trova prevalente occupazione nell'agricoltura che ha assorbito anche elementi dell'artigianato. La situazione alimentare non è buona. I generi razionati sono insufficienti e soprattutto non vengono distribuiti con regolarità, sicché da questo stato di necessità della popolazione, il mercato nero trae motivo di maggiore sviluppo.

7 Aprile 1944. La situazione della sicurezza pubblica tende ancora a peggiorare per l'aumentata attività dei ribelli che, con sistemi diversi, ma prevalentemente con furti e rapine, tengono in continuo allarme gli abitanti dei centri rurali. Sembra che questa recrudescenza di reati sia dovuta al fatto che in seguito ad un'azione di rastrellamento compita nella zona di Vicchio (Firenze)[16] molti ribelli si sono trasferiti nella provincia di Arezzo. La G.N.R. e gli altri organi di Polizia cercano di frenare l'attività delle bande armate, ma con i mezzi che hanno a disposizione non possono fronteggiare adeguatamente le attuali esigenze.

14 Aprile 1944. La situazione della sicurezza pubblica nel territorio della provincia si è molto aggravata avendo i ribelli, in numero di circa 3.000, intensificata la loro attività simultanea nel Casentino, in Val Tiberina e in Valdarno. Già vari distaccamenti di G.N.R. sono stati assaliti e i militi disarmati. Atti di sabotaggio vengono continuamente commessi e interi paesi sino stati presi d'assalto, senza che le esigue forze della G.N.R. abbiano potuto opporsi. Così stando le cose, non è improbabile che i ribelli mettano in esecuzioni il proposito , già manifestato, di calare addirittura su Arezzo. Gli organi provinciali e il comando germanico della Piazza di Arezzo stanno completando i provvedimenti più opportuni per fronteggiare la grave situazione, delineatasi unicamente per la scarsità delle forze da opporre ai ribelli.

16 Aprile 1944. Le condizioni dell'ordine e della sicurezza pubblica si sono ancora aggravate e richiedono un intervento quanto mai sollecito ed efficace. Bande di Ribelli operano non solo nei piccoli centri ma anche in paesi di notevole importanza perché gli organi locali con i mezzi di cui dispongono sono impotenti a fronteggiare la

---

[16] Nel sito *Il tramonto di un Regno*, di Giancarlo Mignoni, l'azione dei partigiani fiorentini, avvenuta a Vicchio (Firenze) di notte del 3 maggio 1944, è riportata come segue: "*Nel Mugello (FI) si svolge la rilevante azione partigiana con l'occupazione notturna – per poche ore – del paese di Vicchio. Vi prendono parte la formazione "Faliero Pucci" di Monte Giovi e la "Checcucci". In tutto più di 130 uomini [86 erano della "Falerio Pucci] che volevano fare sentire la loro forza ai nazifascisti e alla popolazione e dare il massimo appoggio e la maggior risonanza agli scioperi operai che sono stati programmati a Firenze. Vengono sabotate le linee elettriche del paese che, a sua difesa, conta solo 30 militi della Guardia Nazionale Repubblicana e pochi carabinieri. Dopo una sparatoria e il lancio di bombe a mano, i partigiani dei due gruppi riprendono le loro strade trascinandosi dietro cinque prigionieri che saranno fucilati alla capanna degli Slavi sul Monte Giovi*". Questo episodio causo la scintilla che determinò il conseguente rastrellamento effettuato da militi della G.N.R., che portò alla cattura di diversi giovani renitenti alla leva. Da ciò né derivò il processo e la condanna a morte, attuata il 22 marzo mediante fucilazione nel Campo di Marte di Firenze di cinque giovani ventenni (Guido Targetti, Ottorino Quiti, Adriano Santoni, Leandro Corona e Antonio Raddi), che non avevano aderito ai bandi repubblicani di arruolamento. La fucilazione avvenne, come esempio, davanti alta torre di Maratona e all'angoscia di centinaia di reclute che si trovavano riuniti sugli spalti dello stadio Giovanni Berta. I cinque giovani, il 25 aprile 2008 furono decorati con Medaglia d'Argento alla Memoria dal Presidente della Repubblica Giorgio Napolitano. Tuttavia, comunque la pensiamo, la loro fucilazione é da assegnare alla irresponsabilità delle bande comuniste fiorentine, mentre i caduti dell'altra parte fucilati, anch'essi cinque, sono stati considerati come inesistenti. Un bel senso di giustizia!

situazione. Ciò desta segno di scoraggiamento nella popolazione civile, specie nelle categorie abbienti. Nei paesi rurali i contadini favoriscono i ribelli.

Marzo 1944. Elementi della Guardia Nazionale Repubblicana passati in rassegna dal generale tedesco delle SS e della polizia Karl Wolff, comandante della guerra antipartigiana in Italia. Il loro armamento era il mitra Breda MAB 38, con una dotazione di sei caricatori, con quaranta proiettili ciascuno, nonché il tradizionale fucile o moschetto Modello 91. Ma questo era indubbiamente un reparto scelto, forze destinato al fronte di Anzio, poiché nell'aretino i militi della GNR potevano disporre, salvo rare eccezioni, soltanto del fucile o moschetto 91.

8 Maggio 1944. Vasti rastrellamenti, nei quali si è largamente prodigata la G.N.R. in collaborazione con nuclei delle F.A. e reparti tedeschi, sono stati effettuati nella Val Tiberina e nel Casentino. Ma la deficienza dei mezzi il ridotto contingente di uomini che è possibile assegnare ai numerosi distaccamenti talora quasi isolati, non consentono sempre di fronteggiare, come si vorrebbe, l'intensa attività dei ribelli che, fra l'altro, saccheggiano gli ammassi, spesso appoggiati dagli stessi contadini. Ciò aggrava la situazione economica, sempre più disagiata, tanto più che la sorveglianza degli organi competenti è insufficiente ad impedire l'inosservanza di ogni presso di calmiere, diventa ormai norma costante. Assalti di bande armate si sono verificati anche contro le caserme della G.N.R. di Subbiano, Loro Ciuffenna e Caprese Michelangelo.

31 Maggio 1944. La situazione nella provincia tende a peggiorare e a ciò contribuiscono non poco le notizie che giungono circa le operazioni militari sul fronte italiano e gli intensificati bombardamenti aerei nemici, anche in zone che finora non erano state mai colpite. La ripresa di attività cittadina nel capoluogo di Arezzo, già abbastanza promettente, ha subito un arresto a causa dei bombardamenti nemici della città, effettuati nella serata del 13 e nella mattina del 19 corrente. Lo spirito pubblico è molto depresso e nelle campagne si nota un diffuso senso di stanchezza fra i contadini, per le spoliazioni e i soprusi che sono costretti a subire da parte dei ribelli. Persistono le difficoltà alimentari con tendenza al peggioramento dato che le comunicazioni si vanno facendo sempre più difficili essendo le maggiori arterie stradali e ferroviarie interrotte dai bombardamenti aerei. Anche la ferrovia del Casentino, che era l'unica via di comunicazione che collega una delle valli più fiorenti col capoluogo è stata interrotta in diversi punti. Lo stesso dicasi per quella Arezzo – Sinalunga.

La stazione ferroviaria di Arezzo, che serviva tutte le linee ferroviarie, come appariva demolita dai bombardamenti nel 1944. Ciononostante l'edificio sulla parte destra, quella dell'entrata ai treni e dei servizi, restò quasi illesa, e oggi e praticamente la stessa.

Si riteneva, secondo il seguito di quest'ultimo rapporto, che fossero presenti nel Falterona circa 100 ribelli, in maggioranza croati e russi, che si spostavano verso la Romagna o il Pratomagno. Circa altri 600 ribelli ,"*tutti bene armati e con mitra e armi automatiche*", si trovavano nel Pratomagno con Comando superiore a Carda e Calleta, ripartiti in bande separate risiedenti nelle località Bagni di Cetica, Casa al Vento, Angiolina e Pontenano. Particolarmente combattiva era considerata la banda di Licio [Nencetti], "*che si aggirava audacemente fra il basso e l'alto Casentino*", e che il giorno 15 maggio aveva tentato l'attacco alla caserma della Polizia Ausiliaria dei San Giustino, e nella nottata a quella del distaccamento Guardie Nazionali Repubblicane di Castiglion Fibocchi. Invece, la banda Versari composta di circa 70 uomini si era presentata al distretto militare di Poppi, che avrebbe provveduto per il recupero delle loro armi. Un episodio che va approfondito, e di cui tratterò nel capitolo su **Licio Nencetti.**

La situazione venuta a crearsi nell'aretino dopo lo sfondamento del fronte di Cassino e di Anzio e l'avanzata degli Alleati a nord di Roma

Alla fine di maggio, con lo sfondamento del fronte tedesco di Cassino e subito dopo di quello della testa di ponte di Anzio, e con le forze degli Alleati che avanzavano a tenaglia speditamente verso Roma, ritenendo che presto avrebbero raggiunto gli Appennini, per poi calare nella Valle Padana, il CNL emanò alla 23ª Brigata partigiani "Pio Borri" costituitasi il 25 maggio, l'ordine che tutti i reparti partigiani dovevano impegnarsi contemporaneamente in pattugliamenti offensivi sulle strade percorse e presidiate dai tedeschi, in atti di sabotaggio consistente nell'abbattimento di linee telegrafiche e telefoniche, in sbarramenti stradali. Ciò trovò immediata risposta, e gli attacchi si susseguono, ma anche le immancabili ritorsioni.

Nel sito "*La resistenza in provincia di Arezzo*", è scritto in modo condivisibile:[17]

L'offensiva primaverile alleata, che portava alla conquista di Roma e all'avanzata verso il Nord (che sembrava inarrestabile, ma si fermerà lungo la Linea gotica) diede un nuovo impulso alle formazioni aretine. Ad inizio Giugno i gruppi dirigenti dell'RSI aretina preparavano la fuga, lasciando il territorio nelle mani dei tedeschi. ...

Intanto l'ordine di Hitler per l'esercito di occupazione era quello di non ritirarsi finché non fossero pronte le fortificazioni sulla Linea Gotica. Il controllo su Arezzo e sul suo territorio era indispensabile al comando germanico per proteggere le importanti vie di comunicazione che lo attraversavano.

Inoltre Arezzo era di un'importanza tattica grandissima: i militari tedeschi dovevano battersi per prendere tempo prima sulla Linea Albert, e poi prima di raggiungere la Linea Gotica avevano la possibilità di fermarsi solo su un'ulteriore linea, quella che era definita "Arezzo linie", e che attraversava idealmente i paesi di Ambra - S. Pancrazio - Civitella della Chiana – Viciomaggio – Vignale – etc.

---

[17] *Il Canocchiale – La resistenza in Provincia di Arezzo*, in Internet.

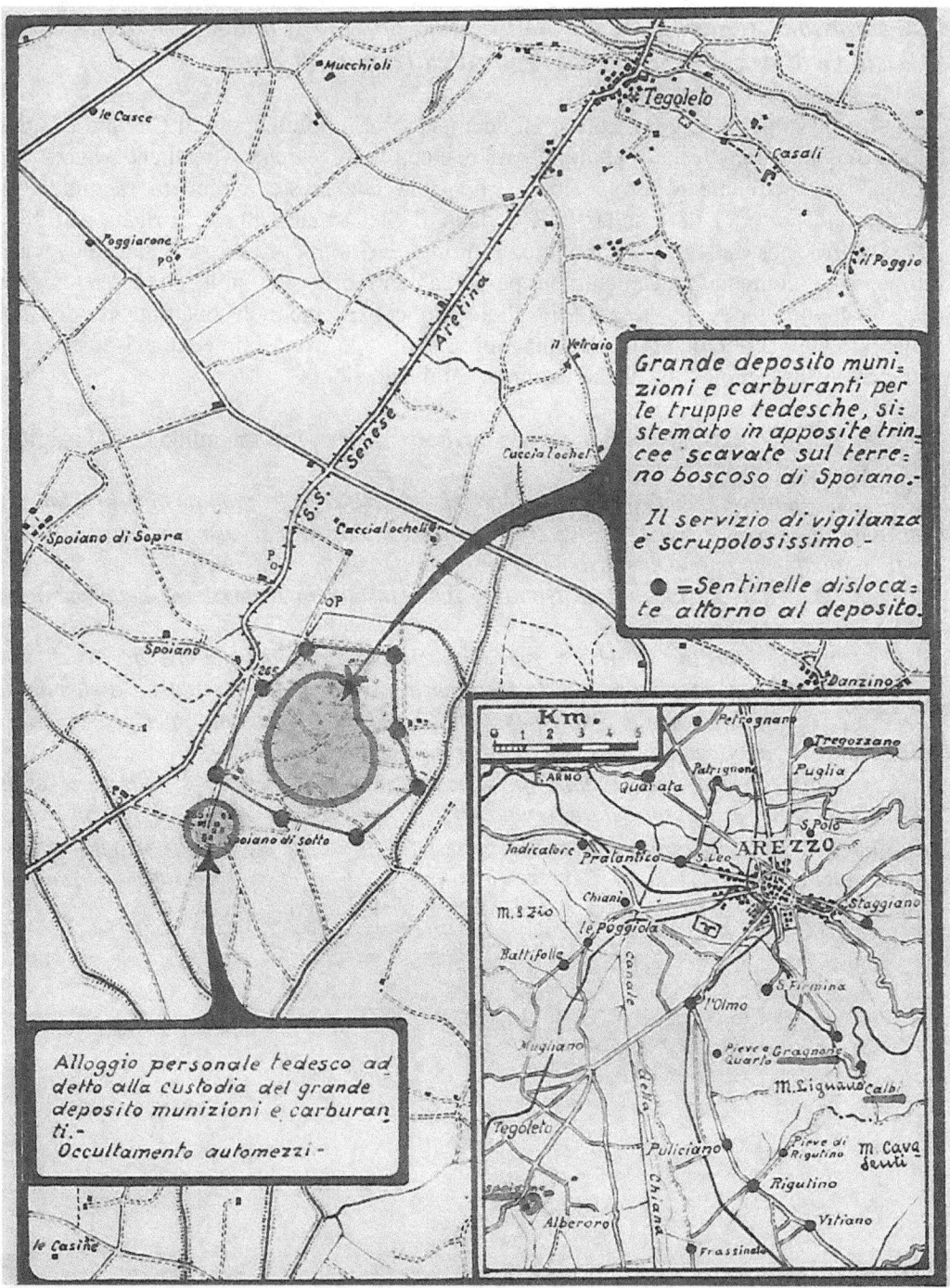

Informazioni raccolte e diramate dalla Compagnia "I" in Valdichiana. Allegato n. 3 – bis alla Relazione per l'ANPI. Disegno di Antonio Mattesini.

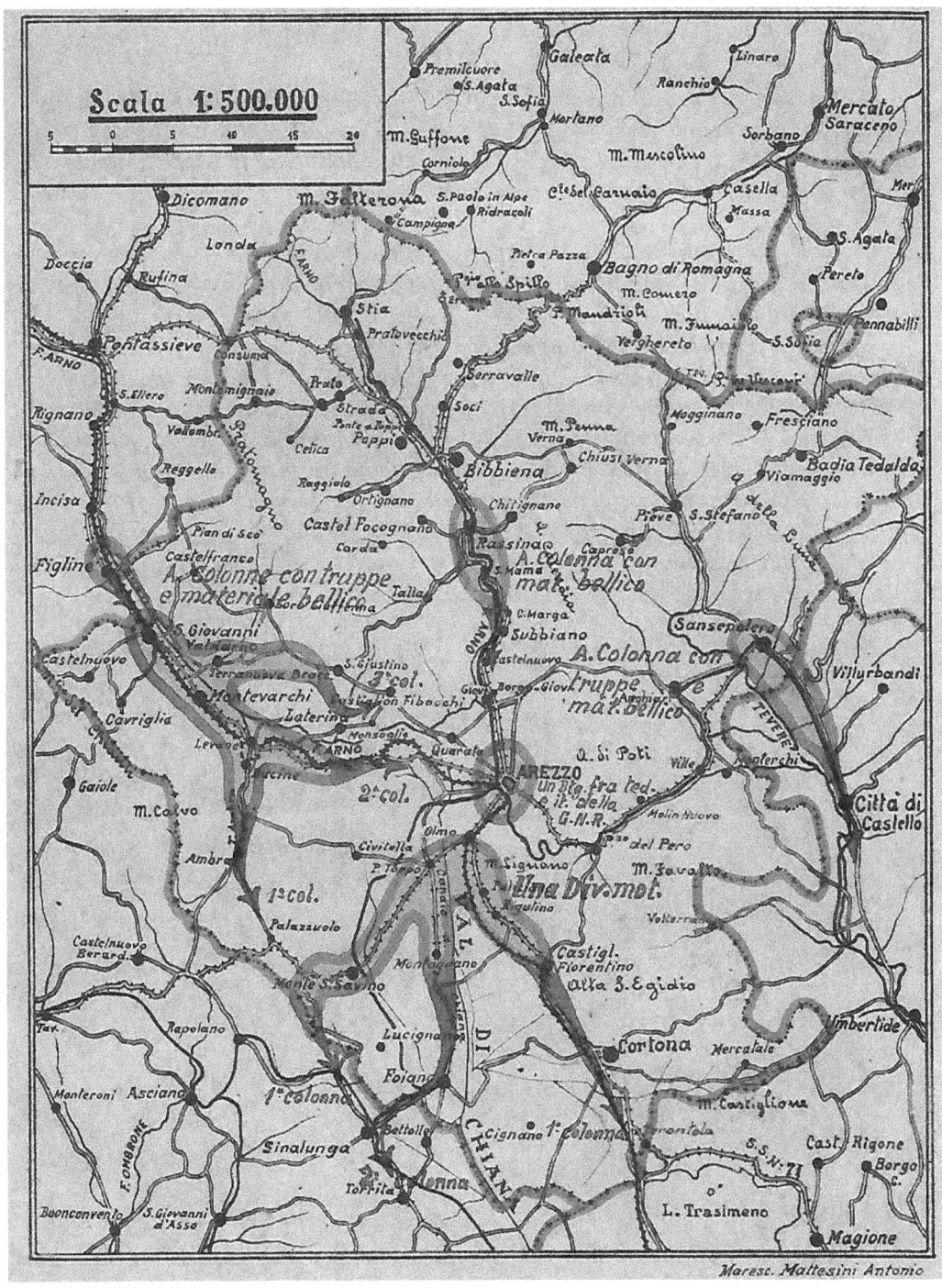

Movimenti di truppe tedesche in provincia di Arezzo, dal 14 al 16 maggio 1944. Allegato n. 5.

Per l'importanza strategica del territorio aretino, il 18 Giugno fu spostato ad Arezzo da Pinerolo il III battaglione del 2° reggimento di fanteria della Waffen Brigade

SS Italien, ed in Casentino fu dislocato il II battaglione del 3° reggimento "Brandemburg".

Il passaggio del fronte nella provincia di Arezzo si protrae per circa tre mesi: dal 20 Giugno, quando le truppe alleate giungono alla linea ["Albert"] del lago Trasimeno, al 20 Settembre, quando cessano le ultime resistenze tedesche a Camaldoli e al Passo dei Mandrioli. Sono tre mesi di lacrime e sangue. ... E' tempo di scontri di grande intensità. ...

I comandi germanici decisero, per garantirsi una ritirata sicura, di colpire la Resistenza aretina dove era più facile: nelle popolazioni civili inermi, che assicuravano appoggio e rifugio ai partigiani ....

E' chiaro che la volontà da parte dei comandi germanici di fare terra bruciata fu la causa di queste stragi terroristiche, e non i singoli episodi di sabotaggio effettuati dai partigiani. [sic] Il tutto rientra in una serie di istruzioni diramate da Kesselring fin dal 17 giugno 1944. I massacri pesarono profondamente per le popolazioni civili ma non si ruppe il blocco partigiani-popolazione agricola, anzi aggiunsero nuovo odio a quello che la popolazione aveva per le truppe di occupazione tedesche stava nascendo dopo l'impatto con quelle tragedie nei territori aretini come in tutta Italia un nuovo senso di identità nazionale, e allo stesso tempo quello della coscienza di classe tra popolazioni che vivevano chiuse nel loro piccolo mondo fino a poco tempo prima.

Boschi e foreste del Casentino, il nascondiglio ideale dei partigiani. Da *Lorj Resort, La Storia del Casentino.*

Non condivido l'idea che i partigiani non avessero avuto responsabilità nelle rappresaglie e stragi della popolazione civile per le loro azioni individuali, spesso derivate da improvvisazione e non coordinate con i loro comandi. Nelle zone in cui attentati contro i tedeschi non ve ne furono, come a Castel Focognano, in cui l'attività, lo ripeto, si limitò alla raccolta di informazioni *"e ad azioni militari in montagna e zone isolate"*, i rastrellamenti tedeschi vi furono, tra il giugno e l'agosto 1944, ma non portarono a nessuna uccisione, tranne quella di quattro partigiani, catturati armati, di cui parleremo.

Il feldmaresciallo Albert Kesselring, già Comandante della 2ª Flotta Aerea (Luftflotte 2.) e dal 15 novembre 1941 Comandante del Fronte del Mediterraneo, con sede di Comando a Frascati, e dopo la resa dell'Italia dell'8 Settembre 1943 Comandante delle Forze tedesche in Italia. Era giustamente considerato da Adolf Hitler il suo miglior comandante di aviazione, ma nella Campagna d'Italia dimostrò in assoluto di essere anche il miglior stratega, come è riconosciuto anche dagli anglo-americani, che tenne sulle spine per ben sedici mesi, fino al 10 marzo 1945 quando gli fu assegnato il Comando del Fronte occidentale, che era ormai allo sbando. Fu convinto ad arrendersi dai suoi collaborato il 6 maggio 1945, quando si presentò ad maggiore statunitense presso Saalfelden. Li fu prelevato dal generale Maxwell D. Taylor, comandante della 101ª Divisione aviotrasportata, che lo trattò cortesemente, consentendogli di mantenere le sue armi e il suo bastone di maresciallo, nonché di visitare sul fronte russo il quartier generale del Gruppo Armate Centro e Sud a Zeltweg e a Graz, di alloggiare con il suo Staff in un albergo a Berchtesgaden. Infine gli fissò un incontro con il generale Jacob L. Devers, comandante della 6ª Armata statunitense e gli fu permesso di rilasciare un'intervista a un giornalista. Tanta era la stima che Kesselring, considerato criminale in Italia, mentre invece era considerato dai tedeschi un italofilo, aveva meritato presso i suoi nemici.

Licio Nencetti

Uno dei primi exploit del ventunenne Licio Nencetti, che gli dette notorietà, era stato il 18 marzo l'attacco nel ristorante dell'albergo Amoroso Bej di Bibbiena, dove stavano cenando alcuni fascisti, uno dei quali restò ucciso e un altri due feriti.
Sull'episodio Raffaello Sacconi ha scritto:[18]

Giunge la notizia che a Bibbiena sono giunte consistenti forze tedesche e che i fascisti, per onorare gli ospiti, hanno organizzato un banchetto. Allora Licio decise di guastare loro la festa e parte con una pattuglia per Bibbiena, a bordo della Mercedes tedesca tolta al capitano Giunti a Bibbiena, i partigiani entrano nell'albergo Bei e, dopo aver intimato ai tedeschi presenti di rimanere immobili si dirigono al piano superiore, ove si trovano i più facinorosi repubblichini della provincia. Nel breve e violento scontro a fuoco, rimangono leggermente feriti i partigiani Bellotti e Angioloni, resta ucciso l'AUC della GNR Zuccaro [Nello] (figlio del commissario prefettizio di Bibbiena) e rimangono feriti gravemente il S.Ten. dei CC Gavino Basso ed il sottufficiale Giacchino Solito. L'episodio ha grande risonanza per l'audacia e la tempestività con cui è stato attuato; i repubblichini, d'ora innanzi, non si sentiranno più sicuri, neppure nella loro roccaforte.

Fu, secondo la mia opinione, in una zona molto abitata, un'impresa coraggiosa e spettacolare ma azzardata e soprattutto poco ponderata, poiché se al posto dei fascisti ci fossero stati i tedeschi, di fronte ai loro morti e feriti si sarebbe verificata l'immancabile rappresaglia, a spese della popolazione, e oggi dovremmo commemorare un'altra strage. Inoltre era stata una provocazione cui le Guardie Nazionali Repubblicane avrebbero dovuto rispondere, ma fortunatamente non lo fecero. Ha scritto Sacconi:[19]

I fascisti dislocati a Bibbiena vorrebbero rifarsi contro la popolazione per lo smacco subito ad opera dei partigiani, ma vengono impediti dal commissario prefettizio del paese, che nello scontro a perso un figlio ... Un repubblichino degno di rispetto".[20]

Il 27 aprile Licio mandò a Santo Bagnena (presso Talla) undici dei suoi partigiani per catturare Orlando Nucci, capo di una banda di rapinatori, che compiva le sue ruberie rilasciando ricevute a nome di Lucio Nencetti. Nel conflitto a capo il Nucci e un partigiano rimasero uccisi, e gli altri personaggi della banda di rapinatori catturati.
A questo punto passo a iniziare a parlare di alcuni episodi, che sconvolsero la vita di Castel Focognano.
Una notte del mese di maggio il 4ª Squadrone "Volante" di Licio Nencetti scese a Castel Focognano dal Pratomagno, e andò a prelevare quattro uomini, nelle loro abitazioni, accusati, per le loro amicizie, di essere spie fasciste o naziste, senza che ve

---

[18] Raffaello Sacconi, *Partigiani in Casentino e Val di Chiana*, Quaderni dell'Istituto Storico della Resistenza in Toscana (ISRT), La Nuova Italia, Firenze, 1975, pag. 48. Vedi anche, Antonio Curina, *Fuochi sui monti dell'Appennino toscano*, p. 105.
[19] *Ibidem*, p. 49.
[20] Raffaello Sacconi, Partigiani in Casentino e Val di Chiana, p. 46-47.

ne fossero le prove, se non alcuni indizi di essere collaboratori.[21] Mio padre, che ricordo nel 3° Battaglione "Pio Borri" del tenente Raffaello Sacconi rivestiva l'incarico di comandante della Centrale Informazioni (Compagnia "I"), fu raggiunto in casa dalle mogli dei prigionieri, che conoscendolo per il *"maresciallo"* lo implorarono di intercedere sui partigiani perché i loro uomini fossero liberati.

Mio padre raggiunse il gruppo di partigiani poco prima del cimitero di Castel Focognano, a circa 500 metri dalla nostra abitazione. Camminando con loro verso la montagna, in direzione dell'incrocio La Petrella - Carda, parlando a lungo con Licio, che conosceva dal febbraio 1944 quando gli aveva *"offerto il suo appoggio alla causa antifascista"*,[22] riuscì a convincerlo a lasciar liberi i quattro prigionieri, sostenendo che, sebbene fossero ritenuti fascisti, lui li conosceva bene, e assicurava erano persone corrette e tranquille, con famiglia, che non davano fastidio ad alcuno e, come richiesto da Licio, garantiva per loro. Potete immaginare la gioia delle mogli e dei figli dei liberati, e i ringraziamenti verso mio padre che durarono per giorni.

Il 24 maggio Licio Nencetti, ha riferito Sacconi, fu catturato per *"fatalità"* a Uomo di Sasso, sul Passo della Crocina del Pratomagno (sopra Talla), da una pattuglia di allievi della Guardia Nazionale Repubblicana, comandata dal tenente Remo Bussotti, e da un reparto tedesco. Ciò avvenne mentre ritornava da una riunione col comandante della 22ª Brigata Garibaldi "Lanciotto", Aligi Barducci (nome di battaglia "Potente"), che era arrivato il giorno avanti nel Pratomagno proveniente da Monte Giovi (a nord di Pontassieve), considerata una località non adatta alla concentrazione di un grande gruppo di partigiani, e nelle stesso tempo poco sicura per un atteso rastrellamento della GNR, dopo l'azione di Vicchio che aveva portato la notte del 3 maggio all'assalto al paese e alla fucilazione di cinque giovani militi fatti prigionieri. Alcuni giorni dopo arrivò al "Potente" il riconoscimento ufficiale della Delegazione toscana del Comando delle brigate e dei distaccamenti Garibaldi alla nuova dislocazione, zona che rientrava invece alle dipendenze del 3° Battagliore della 23ª Brigata di Siro Rossetti.[23]

---

[21] Ho sempre la visione di un anziano militare tedesco, che periodicamente da Rassina veniva a Castel Focognano in motocicletta per servizio, e che una volta aveva consegnato il suo fucile a un conoscente italiano, e per finta se lo faceva puntare contro. Fu una grossa leggerezza da parte dell'italiano. Vi fu una spiata, e quell'uomo, la cui abitazione nella piazza era davanti alla mia residenza, accusato di fraternizzare con i tedeschi ed essere una spia, era uno dei quattro uomini a essere prelevato dai partigiani di Licio Nencetti.

[22] Carteggio del Maresciallo Antonio Mattesini.

[23] Aligi Barducci, nato a Firenze il 10 maggio 1913, nel 1936 partecipò alla guerra di Etiopia, restando due anni in Somalia, e come tenente di complemento del Regio Esercito nel 1943 comandava la pattuglia denominata "Potente" del 10° Reggimento Arditi, a Santa Severa (Roma). Combatté in Sicilia dopo lo sbarco degli Alleati, per poi tornare a Santa Severa in seguito all'evacuazione dell'Isola. Dopo l'8 settembre rifiutò di seguire i commilitoni che scelsero di continuare a combattere insieme ai tedeschi, mentre Barducci decise di combattere i tedeschi, assumendo il nome di battaglia "Potente" del suo reparto di arditi, acquisendo in poco tempo una posizione di comando i cui emersero le sue virtù militari e anche diplomatiche, non solo tra i partigiani, ma anche e soprattutto tra i comandanti, che in diversi casi mostravano ancora tendenze individualistiche e autonomistiche. Barducci, inizialmente un repubblicano poi convinto al comunismo, si dedicò a costituire di un'unica formazione partigiana, la 22ª Brigata Garibaldi "Lanciotto", inglobando varie formazioni partigiane presenti nelle zone di Acone e Monte Giovi (a nord di Potassieve), fra le quali la "Sirio Romanelli", la "Faliero Pucci", la "Ciro Fabbroni", la "Checcucci", il gruppo di "Renzo Ballerini". Il 23 maggio 1944 la 22ª Brigata Lanciotto si spostò dal Monte Giovi nel Pratomagno, concentrandosi nelle zone di Montemignaio e Cetica, dove fu costituita la "*Piccola Repubblica*

Il tenente degli arditi Aligi Barducci, il "Potente". Dopo aver combattuto in Sicilia, dopo l'8 settembre 1943 dapprima apparve essere di sentimenti repubblicani per poi, adeguandosi all'antifascismo, diventare comunista e comandante della 22ª Brigata partigiani "Lanciotto". Nel giugno 1944 assumere il comando della nuova Divisione Garibaldi "Arno". Notate sulla parete destra la fotografia di Mussolini, all'epoca in cui tutti, o quasi tutti, lo osannavano.

Interrogato brutalmente nella stazione dei carabinieri di Poppi dal sergente della Milizia Mario Mercati, detto "Pulenda", tenuto in cella per tutta la notte, e infine portato a Talla, dopo aver ricevuto la comunione dal parroco Don Gino Vignoli, Licio fu ucciso il giorno 26 maggio, per ordine del Comandante tedesco di Borgo alla Collina, nella piazza del paese dal plotone d'esecuzione dei repubblichini di Rassina, comandato dai tenenti Mario Sorrentino e Pietro Sacchetti, e costituito esclusivamente da giovanissime leve. Nella scarica di fucile fu colpito e restò ucciso anche un ragazzo di quindici anni, Marcello Baldi, che dalla porta della vicina chiesa seguiva curiosamente lo svolgimento dell'esecuzione.

Ciò dimostra che non fu il tenente Sorrentino a uccidere Lucio sparandogli più volte in bocca con la pistola perché, come fu detto, anche per testimonianze inesatte o faziose ed è episodio ancora oggi creduto e discusso in modo artefatto, il plotone d'esecuzione si sarebbe rifiutato di sparare a quel giovane partigiano. In realtà, come ha testimoniato don Gino Vignoli con lettera inviata a Sacconi, il tenente Sorrentino tolse le manette a Lucio e, dopo che il sacerdote aveva dato l'assoluzione al condannato, il tenente Sacchetti ordinò il *"fuoco"* al plotone di esecuzione di circa nove giovanissimi militi, alcuni quindicenni. *"E Lucio cadde senza alcun lamento e senza pronunciare parola alcuna"*. E don Gino Vignoli concluse la sua testimonianza scrivendo: *"Se sono state o vorranno pubblicare versioni differenti – asserisco in coscienza, che non corrispondono a verità"*. [24]

---

partigiana del Pratomagno", poi riconosciuta dalla *Delegazione toscana del comando delle brigate e dei distaccamenti Garibaldi*.

[24] Raffaello Sacconi, *Partigiani in Casentino e Val di Chiana*, Quaderni dell'Istituto Storico della Resistenza in Toscana (ISRT), La Nuova Italia, Firenze, 1975, pag. 84.

Ha ancora scritto Sacconi:[25]

La morte di Licio ebbe un effetto fortemente deprimente tra i partigiani e specialmente tra quelli della "compagnia volante". Ma la lotta non ammetteva soste; quei giovani giurarono di vendicarlo, e si dedicarono con ancor maggiore abnegazione alla guerra contro i suoi carnefici.[26]

Ma le versioni differenti sulla morte di Licio, per rendere all'opinione pubblica più cattivi i fascisti di quanto lo fossero, non mancarono, e sono dure a morire. Così come non mancarono le versioni sulla sua cattura, attribuite al tradimento.

Lo stesso giorno della cattura di Licio, un pastore di Calleta (vicino a Carda) raccontò ai partigiani della banda Volante "Teppa" di aver visto passare il camion in cui con Licio in piedi si trovavano alcuni tedeschi e fascisti in divisa. Aveva riconosciuto tra loro Giuseppe Versari ("Tinti") di Ortignano.[27] Era un carabiniere e uno dei fondatori della resistenza, fin dal marzo 1944 nel Gruppo" in Casentino", comandante dei partigiani di Ortignano (vicino a Raggiolo), cui in un conflitto a fuoco dell'8 marzo 1944 i fascisti, andati a cercarlo nella sua casa per arrestarlo, nella sparatoria avevano ucciso la moglie, Ada Bellucci, dopo che il "Tinti" aveva ucciso il federale del fascio Egidio Mistretta.

---

[25] *Ibidem*, p. 85.
[26] Essendo stata la fucilazione un'azione di guerra, di cui Lucio conosceva le conseguenze di essere un partigiano catturato armato, e quindi purtroppo considerato un "*franco tiratore*", la paraola "*carnefici*", troppe volte usata a sproposito nelle ricorrenze, mi appare eccessiva. Lucio è morto dignitosamente, da eroe, ed è questo che conta. Occorre dire che generalmente i fascisti si limitavano a fucilare i partigiani armati, senza impiccarli come facevano i tedeschi, e senza far del male alla popolazione; e con lo stesso comportamento agivano i "Badogliani". Ciò invece non avveniva da parte delle Brigate Garibaldi. Se una persona era d'ideale fascista, lo era stato o era al momento un piccolo militante fascista per la necessità di sfamare la famiglia, andava ucciso. Gli esempi sono migliaia, ma si tende a ignorarli.
[27] Arezzo Notizie, *Fra cronaca e folcrore. La storia di Licio Nencetti.*

A sinistra Licio Nencetti, studente a Foiano della Chiana (Arezzo) al centro della foto tra due suoi amici. A destra, a Lucignano (Arezzo), suo paese natale, con la madre Rita Aguzzi. Era nato il 31 marzo 1926. Suo padre Silvio, era stato vicesindaco socialista dal 1919 al 1921, e la madre era una fervente cattolica. Dopo un pestaggio del padre da parte di una squadra fascista quando Licio era ancora ragazzo, egli covò sempre avversione nei riguardi del regime fascista. Catturato fortuitamente il 24 maggio sul Pratomagno da una Squadra della Guardia Nazionale Repubblicana e da soldati tedeschi, portato a Poppi e sottoposto a brutale interrogatorio, fu poi trasferito in camion a Talla dove il 26 maggio, per ordine del Comando tedesco di Borgo alla Collina, fu fucilato nella piazza del paese, davanti alla chiesa, da un reparto di repubblicani di Rassina comandato dai tenenti Mario Sorrentino e Pietro Sacchetti. Inizialmente decorato di Medaglia d'Argento al Valor Militare nel 1990, di fronte alle pressioni, quella decorazione fu convertita in Medaglia d'Oro al Valor Militare.

  I repubblichini, irritatissimi per la morte del federale, incendiarono la casa di Giuseppe Versari, e presero in ostaggio undici persone di Ortignano. Volevano fucilarli per rappresaglia. Li portarono a Bibbiena dove si svolse la cerimonia funebre e tumulazione di Mistrella e fu organizzato un processo che si tenne il 12 marzo 1944, nel quale i giudici non se la sentivano di dover emanare le condanne a morte. Fu allora, verso la fine di aprile, che il parroco di Bibbiena, Don Walfrido Pendolesi, intercedendo per i condannati, tra cui due donne e un uomo anziano, riuscì ad evitare che restassero in carcere. E' evidente che uccidere altri italiani per rappresaglia, o tenerli in prigione, sarebbe stato controproducente per la causa fascista, rendendo ancora più incoraggianti ed energiche le incursioni dei partigiani, già per se stesso preoccupanti. Il prefetto di Arezzo Bruno Raul Torres, cui il parroco Pendolesi si era rivolto, lo comprese e anche per senso di pietà ordinò al commissario nazionale del fascio repubblicano di Bibbiena, Nello Zuccaro, di liberare gli undici prigionieri.

Ritornando alla dichiarazione del pastore, se è vero l'episodio e non si tratto di uno sciacallaggio, bastò la sua dichiarazione per condannare subito a morte il "Tinti". Ma Giancarlo Zavagli, che studiò a fondo l'episodio, sostiene che la condanna del "Tinti" avvenne alla fine di aprile, quando per seri malanni fisici per i trascorsi alla macchia all'addiaccio in montagna (zoppicava vistosamente), dopo un colloquio con Licio Nencetti che dette la sua approvazione, assieme a Salvatore Vecchioni si presentò al Distretto di Arezzo, che come ricordo si era trasferito a Poppi nella Villa Ascensione, per un'amnistia che in un bando repubblicano veniva concessa a coloro che si fossero costituiti entro il 25 maggio. Obbligo di Versari e di Vecchioni era quello di presentarsi giornalmente al Distretto per la firma. Inoltre per poter avere concessa l'amnistia dovevano consegnare alcune armi, considerate *"importanti per i partigiani casentinesi che erano in montagna"*.[28]

Poppi, Villa Ascensione sede, dopo lo sfollamento, del Distretto Militare di Arezzo, dove fu portato dopo la cattura Licio Nencetti.

---

[28] Giancarlo Zavagli, *Il vento carezzava l'erba. 1943-1944 Un'inchiesta sulla morte di Lucio Nencetti*, Fruska, 2008, p. 34.

Secondo una testimone oculare (signora "N"...), Giuseppe Versari fu rintracciato, assieme al padre Virgilio anche lui impegnato nella resistenza dal marzo 1944 nel "Gruppo Casentino", il pomeriggio del 23 maggio alla Villa di Ortignano da due partigiani, che nessuno conosceva, uno dei quali sembrava uno straniero, forse spagnolo. Invitati a cena, dopo una discussione agitata perché i partigiani volevano che i due Versari consegnassero loro le armi che detenevano (un mitra e il fucile a canne mozze con cui era stato ucciso il federale Egidio Mistretta), informarono che Licio era stato catturato, e che loro, avendolo venduto, erano dei traditori passati nelle file dei repubblichini, ma senza averne prove sicure ma soltanto supposizioni.

Sotto la minaccia delle pistole, a piedi scalzi e legati, Giuseppe e Virgilio furono portati con una lunga marcia a Calleta (Carda), e poi ad Anciolina, sempre nel Pratomagno, comune di Loro Ciuffenna (Valdarno aretino), dove i due sconosciuti partigiani s'incontrarono con diversi "compagni"; alcuni della banda di Licio che si dissero contrari a uccidere gli accusati, senza però convincere gli altri, propensi a eliminare i due Versari se Licio fosse stato ucciso. Mentre si svolgevano le discussioni, Virgilio Versari, approfittando della distrazione dei partigiani, ed anche agevolato da uno di essi (partigiano "C") che vedendolo scappare nel bosco di abeti sparò intensionalmente senza mirare a colpirlo, correndo disperatamente, mentre udiva i colpi delle armi con cui immaginò i partigiani stavano uccidendo Giuseppe, raggiunse Poppi l'indomani, presentandosi al Distretto raccontando tutto, ma senza ottenere molta comprensione per la morte del figlio.

Giuseppe Versari fu invece fucilato dopo che la stessa fine era stata riservata a Giuseppe Pierozzi, chiamato "Bruche", che era un semplice e umile garzone mentalmente instabile. Aveva ricevuto una pistola a tamburo dai partigiani che poi gli era stata sequestrata a Poppi, mentre la teneva ben visibile alla cinghia dei pantaloni, dai repubblichini che lo interrogarono venendo a sapere che l'arma gli era stata data dai partigiani. Ma conoscendo la sua situazione mentale, e il suo carattere innocuo, i militi non lo arrestarono.

Differente, e qui sta il senso di umanità, fu il comportamento dei comunisti fiorentini, venuti a turbare la tranquilla quiete del Casentino. Pierozzi fu prelevato durante un periodico viaggio in Pratomagno, dove accudiva dei maiali, e fu accusato del loro furto ai contadini spacciandosi per partigiano. Portato al loro comando e costretto a parlare, con la promessa, non mantenuta, di essere rilasciato, accusò i Versari di essere gli autori della cattura di Licio e di avere armi, che potevano disporre solo tedeschi e fascisti. Era la prova che i fiorentini volevano anche per fucilare i Versari. A Pierozzi, che mostrava di non capire, fu consegnata una vanga e per due ore dovette scavare una fossa, profonda 2 metri. Poi, riferisce Zavagli, il comandante "K..." gli sparò freddamente alla testa con la pistola, facendolo precipitare nella fossa. La sua morte è stata descritta da una stampa compiacente come si trattasse di quella di un partigiano passato al nemico, mentre Pierozzi partigiano non lo era mai stato.

Ha scritto Zavagli: *"Verranno sepolti assieme, il Tinti e Brucche, distesi sui due lati della fossa comune, con la testa di uno vicino ai piedi dell'altro, così furono ritrovati nell'agosto del 1944, quando il corpo del "Tinti" venne riesumato dalla sorella Fidelia Versari, da suo marito Giovannini Eugenio e da un altro stretto parente*". E il ritrovamento avvenne in seguito alla segnalazione di un contadino che sapeva dove era il punto della sepoltura.[29]

Strada per Carda. Si presenta sterrata come allora. Da *Pietre della Memoria*.

Non essendoci prove della colpevolezza dei Versari, che secondo alcuni racconti di comodo sarebbero passati nelle fine dei repubblicani indossando la loro divisa, oggi, grazie a Giancarlo Zavagli, sappiamo trattarsi di un crimine, uno dei tanti che insanguinarono il Pratomagno; ma evidentemente un crimine non dovuto ad uno scambio di persona da parte del pastore e neppure per impedire al "Tinti" di consegnare le armi al Distretto di Poppi, ma per una resa di conti. Ed è da chiedersi, sostiene Zavagli, a chi possa aver fatto comodo la morte di Giuseppe Versari, "*legato a Licio da una solida amicizia*", e raccontare la storia di Licio in modo distorto. Ed è avvilente il fatto che il nome dei partigiani del delitto non siano conosciuti, e non abbiano pagato per quel loro indegno comportamento.[30]

Intorno a Licio, per la sua attività di partigiano comunista, autore di alcune imprese coraggiose, ma anche con parecchie ombre riguardo ai bersagli, si è venuta a creare, per le dichiarazioni dei suoi compagni, una leggenda, con manifestazioni nel corso degli anni. A molti bambini dell'aretino, nati nel dopoguerra, furono chiamati Licio. A lui sono state intitolate piazze e strade nella provincia di Arezzo, in particolare in Valdichiana, e scritte su di lui anche canzoni.[31]

---

[29] *Ibidem*, p. 35.
[30] *Ibidem*.
[31] Janet Kinrade Dethick in "*I massacre di Arezzo. Una tragedia toscana*", Feltrinelli, p. 226. * Nell'immediato dopoguerra Licio Nencetti, nato a Lucignano (Arezzo), fu decorato di Medaglia d'Argento al Valor Militare. Ma poiché vi furono continue insistenze per assegnargli la Medaglia d'Oro, e sembrava

Sempre riferendosi ai fatti descritti Zavagli, anche per quanto scritto dal generale Sacconi in *Partigiani in Casentino e Val di Chiana*, fa una precisa accusa, ma senza entrare in particolari, sul comportamento del comandante della 22ª Brigata Garibaldi "Lanciotto" Aligi Barducci, il "Potente", con cui Licio Nencetti si era incontrato il giorno della sua cattura.

Nella sua ricostruzione Zavagli arriva a insinuare, senza poterlo provare, a *"una sottile cattiveria di coloro che avevano ordito l'intrigo"* e che aveva portato all'eliminazione fisica di Licio e a quella mancata di Giuseppe Versari, che da quel momento fu obbligato a restare nascosto. E ha proseguito scrivendo:[32]

Analizziamo la situazione della Resistenza sul Pratomagno in quei giorni. Preoccupava i nostri il conflitto palese con Aligi Barducci, il "Potente", quel suo modo di condurre la guerra cozzava con i comportamenti dei partigiani casentinesi, contrari a compiere azioni che mettessero in pericolo gli abitanti della nostra vallata.

... il Potente ed i suoi partigiani occuparono la parte nord-est del Pratomagno, quella che si affaccia sul Casentino, dando inizio ad un periodo tristemente noto agli abitanti della vallata. Fino allora le nostre formazioni partigiane erano state attente, affinché le conseguenze delle operazioni condotte contro i nazi-fascisti non ricadessero sui civili; nei paesi della valle abitavano i loro familiari, i parenti, gli amici.

... La premura per i civili non apparteneva agli uomini del "Potente", loro non avevano mogli, figli, parenti o amici in Casentino, venivano da lontano, alcuni non erano neanche italiani.

Da questo comportamento degli uomini del "Potente", si erano verificati scontri a fuoco e varie stragi da rappresaglia tedesche. Il 12 aprile, elementi comunisti fiorentini della brigata "Faliero Pucci", ex "Stella Rossa" (novanta uomini di cui quaranta ex prigionieri alleati), che per coordinare le azioni con i partigiani della Romagna operava nella zona del Monte Falterona al comando del sottotenente della Guardia di Finanza Angelo Cracci ("Gracco"), un irrequieto repubblicano passato al comunismo, erano impegnati in azioni di requisizioni di viveri (grano, vino, olio, ecc) dai contadini. La squadra di requisizione era al comando di (nomi di battaglia) "Gambero" e "Gianni"

---

che qualcosa di non di cristallino ci fosse nella sua attività partigiana di Licio e della sua "banda" (forse troppe uccisioni di civili, fascisti o ritenuti tali), ciò avvenne soltanto il 20 ottobre 1990, con il Governo Andreotti. Il decreto fu firmato dall'allora Presidente della Repubblica Francesco Cossiga, con la seguente motivazione: *"Giovane diciottenne* [sic – aveva ventun'anni] *animato dai più elevati sentimenti patriottici, fin dall'inizio partecipava attivamente al movimento di liberazione, organizzando una agguerrita formazione armata, alla testa della quale, con indomito coraggio e notevole perizia, svolgeva numerose e difficili operazioni di guerra contro il nemico, nel corso delle quali viene anche ferito. Catturato in una imboscata e sottoposto a snervante interrogatorio e ad atroci torture, nulla di utile rivela ai suoi aguzzini che lo condannano a morte. Il suo contegno davanti al plotone di esecuzione è talmente fiero e sublime che i componenti di questo, all'ordine di "fuoco!" non hanno il coraggio di sparare contro di lui. Soltanto il comandante, sparandogli in bocca con la pistola, riuscirà a far tacere la sua voce fino all'ultimo inneggiante alla libertà della Patria. – Talla, 26 maggio 1944"*. Come sappiamo la cattura di Licio non si verificò per un'imboscata. Non sappiamo se parlò durante il brutale interrogatorio, e la sua morte, per testimonianza inequivocabile del parroco di Talla, avvenne per fucilazione e non per la pistola del comandante del plotone d'esecuzione, tenente Sorrentino.

[32] Giancarlo Zavagli, *Il vento carezzava l'erba. 1943-1944 Un'inchiesta sulla morte di Lucio Nencetti*, Fruska, 2008, p. 42-46.

(Commissario politico Sirio Ungherelli), e comprendevano "Nonno", "Pipone", "Professore", "Checco", "Bob", "Milano" e altri. Fermata una macchina con targa civile a *Molin di Bucchio*, presso Stia, i partigiani uccisero due ufficiali delle SS in borghese, sostenendo che avevano aperto il fuoco, e ne ferirono in terzo che riuscì a scappare.

Partigiani del distaccamento "Faliero Pucci" della 22ª Brigata "Lanciotto".

Nella rappresaglia che seguì l'indomani nella zona di Stia, (dove arrivarono 800 uomini al comando del maggiore von Leoben) a Vallucciole, Partina e Moscaio, vi fu un elevato bilancio di morti; 216 persone, di cui 108 soltanto a Vallucciole: 43 uomini, 43 donne e 22 bambini, trucidati con estrema crudeltà dalle forze della 2ª e 4ª Compagnia del 2° Reggimento corazzato della Divisione della Luftwaffe Hermann Göring, che stava proteggendo i passi appenninici di La Calla e Mandrioli, da dove passavano parte dei rifornimenti diretti ai fronti tedeschi di Cassino e Anzio. Più che per due ufficiali del SS uccisi, è da ritenere che i tedeschi avessero inteso dare un chiaro esempio per allontanare i partigiani da quella zona nevralgica della Linea Gotica, 320 chilometri di fortificazioni in costruzione dall'organizzazione Todt, e per incutere la paura nella popolazione civile e creare avversione verso i partigiani che compivano gli attentati.

Nelle due immagini soldati della Divisione Hermann Göring in Italia.

A sinistra, il modesto villaggio di Vallucciole, dove il 13 aprile 1944 la rappresaglia tedesca del 2° Reggimento corazzato della Divisione Hermann Göring furono uccise 108 persone. A destra in questa casa di Partina abitava il partigiano Salvatore Vecchioni, comandante della 2ª Compagnia del 3° Battaglione, che il mattino del 13 aprire seppur ferito riuscì a salvarsi, quando la sua abitazione fu circondata dai tedeschi, grazie al sacrificio di Sante Paperini, corso in aiuto del suo comandante e poi ferito a morte mentre tentava di seguirlo nella fuga.

E questo episodio avvenne quando Licio e i suoi uomini si erano trasferiti in Romagna (oltre il Passo dei Mandrioli) per sorvegliare una zona di lancio in cui si sarebbe svolto un rifornimento di armi da parte degli aerei Alleati.[33] Lucio, che sostenne alcuni scontri a fuoco con i tedeschi, rientrò dopo una ventina di giorni, e dopo un certo periodo di sbandamento in cui si recò in Valdichiana presso la famiglia, trovò la Brigata Garibaldi "Lanciotto" del "Potente" che aveva occupato le sue posizioni del Pratomagno, e stava spingendo le sue pattuglie nella vallata dell'alto Casentino. Ha riferito Sacconi, che nel mese di aprile Sacconi, viaggiando da Montebòrgnoli per l'alto Pratomagno con una pattuglia dei suoi partigiani, incontrò il "Potente", e che la discussione si svolse all'ombra di bassi faggi come ha scritto lo stesso Sacconi:[34]

---

[33] Dai documenti di mio padre risulta che, nei mesi di marzo e aprile 1944, quella che poi sarebbe stata la Compagnia di linea "I" del 3° Battaglione, che aveva per comandante Libero Burroni e per vice comandante Leo Boncompagni ("Gobbo"), operava in Romagna con la 16ª Compagnia partigiani "Tino" a Santa Sofia, partecipando a sabotaggi sul passo dei Mandrioli il 7 aprile e poi ai combattimenti di San Piero in Alpe del 12 aprile e giorni successivi contro elementi della Divisione Hermann Göring. Secondo Sacconi avrebbe dovuto arrivare in Romagna tutto il "Gruppo Casentino", ma a causa delle condizioni atmosferiche con neve che impediva i movimenti in alta montagna e fuori strada, inizialmente vi riuscì soltanto una pattuglia di sette uomini: "*Guido Tacconi, Leo Boncompagni, Virgilio e Giuseppe Versari, i fratelli Roberto e Otello Bulletti e Libero Burroni*", Cfr., Raffaello Sacconi, *Partigiani in Casentino e Val di Chiana*, p. 46-47.

[34] Giancarlo Zavagli, *Il vento carezzava l'erba. 1943-1944 Un'inchiesta sulla morte di Lucio Nencetti*, p. 48.

Il Parco Nazionale delle foreste Casentinesi. Un'ansa del grande lago artificiale di Ridragoli.

*Iniziarono i contatti con il "Potente" (lui) non fece nessun apprezzamento sulla nostra posizione apolitica e sul nostro **distintivo tricolore**. Ma quando giunsero i suoi Comandanti di Distaccamento, ci fu un brusco incontro e gli accordi già presi furono annullati. "**Non mancarono neppure minacce alquanto esplicite**".*

Aggiunse Sacconi:[35]

I comandanti di distaccamento offrirono a me il comando di un loro reparto, mentre uno di loro avrebbe assunto il comando del battaglione. L'offerta fu logicamente respinta e gli incaricati della missione ripresero amareggiati la via del ritorno, commentando l'accaduto.
Perché quell'atteggiamento? Non era interesse comune collaborare nella lotta contro l'oppressione.

E' semplice la risposta. Non vi erano tra Sacconi e il "Potente" gli stessi ideali. I partigiani di Sacconi combattevano agli ordini del Comitato Liberazione Nazionale (CLN) di Arezzo sotto la bandiera tricolore con stemma sabaudo. Gli altri sotto gli ordini del Comando delle brigate Garibaldi, e quindi sotto la bandiera e la stella rossa.[36]

---

[35] Raffaello Sacconi, *Partigiani in Casentino e Val di Chiana*, p. 216.
[36] Ha scritto in Internet Francesco Fusi, in *La 22° Brigata Garibaldi "Lanciotto Ballerini" e la battaglia di Cetica (29 giugno 1944)*: "Il 23 maggio, un gruppo di circa duecento partigiani guidati da Aligi Barducci "Potente" – già membro della banda di Alfredo Bini, poi raggruppamento "Romanelli", e al quale era stato affidato unanimemente il compito di organizzazione militare della nuova formazione – lasciava Monte Giovi diretto sul Pratomagno, dove già alcuni partigiani guidati dallo stesso Bini e da Giulio Bruschi "Berto" erano stati inviati per predisporre il terreno. Qualche giorno dopo l'arrivo

PAM il partigiano La storia d'Italia scritta col sangue dei suoi figli, 1946 numero 1 e 5. Milano: Il Cucciolo.

Le due immagini di Nino Camus rappresentano Barducci e Ungarelli. Non si può dire che i partigiani comunisti fiorentini non fossero particolarmente reclamizzati nell'immediato dopoguerra e ancora oggi. Da *Novecento ORG Didattica della Storia.*

Riporta Giancarlo Zavagli:[37]

---

di Potente in Pratomagno la formazione ebbe il riconoscimento ufficiale da parte della Delegazione toscana del comando delle Brigate Garibaldi. I quattro raggruppamenti originari divennero le quattro compagnie costitutive: la "Checcucci" ne fu la I con Bruno Bertini "Brunetto" comandante militare e "Cecco" commissario politico, la "Fabbroni" la II con Lazio Cosseri comandante e Vasco Palazzeschi "Mara" commissario, la "Romanelli" la III con "Bini" comandante e "Zio" commissario e, infine, la "Lanciotto" la IV con Renzo Ballerini comandante e Pietro Corsinovi "Pietrino" commissario. Il comando militare della brigata fu affidato invece a "Potente", cui si affiancarono Giulio Bruschi "Berto" commissario politico e Rindo Scorsipa "Mongolo" Capo di Stato Maggiore. La dislocazione sul Pratomagno della formazione vide le quattro compagnie schierarsi sul massiccio a copertura dei versanti del Casentino e del Valdarno secondo il seguente schema: la prima compagnia tra la Consuma e Strada in Casentino, la seconda tra Strada e Poppi, la terza tra Castelfranco e Reggello e la quarta tra Reggello e la Consuma. Il comando della Brigata venne invece installato ben nascosto, tra i faggeti posti al margine di una radura tra Uomo di Sasso e il Varco di Gastra, in quota al rilievo.

[37] Giancarlo Zavagli, *Il vento carezzava l'erba. 1943-1944 Un'inchiesta sulla morte di Lucio Nencetti*, p. 49.

*La pretesa della formazione fiorentina, che voleva forzare i Casentinesi e la Volante ad unirsi alla sua lotta inquietava i nostri. Le cose però non andarono come avevano desiderato i nuovi titolari del Pratomagno, perché il Tinti e Licio non intendevano imbarcarsi in questa avventura. Non gli competeva, non condividevano i modi di agire e la politica dei fiorentini, avevano visto le conseguenze devastanti dei loro comportamenti. Volevano portare a compimento a modo loro, "**l'opera che abbiamo iniziato**".*

E Zavagni è nel giusto quando arriva alla seguente conclusione:[38]

I fiorentini' nuovi protagonisti della Resistenza, in solo 20 giorni, ripeto, 20 giorni d'attività sconvolsero la strategia bellica in Casentino, di conseguenza i civili uccisi per rappresaglia furono centinaia. Se esaminiamo i 7 mesi precedenti, cioè dal 13 settembre '43 al 13 aprile '44, dove gli scontri fra casentinesi e nazi-fascisti non erano stati meno intensi, l'unica vittima civile causata dal conflitto fra i nostri resistenti e i nazi-fascisti era la Signora Ada Bellucci, moglie di Giuseppe Versari, il segno che i nostri nelle loro azioni erano accorti e non spregiudicati verso le reazioni del nemici.

I Ghibellini di Arezzo contro i Guelfi di Firenze nella battaglia di Campaldino dell'11 giugno 1289, una delle più grandi e famose battaglie campali del Medioevo, dove nelle file dei Guelfi combatté Dante Alighieri. Anche allora i fiorentini invasero il Casentino, ma per un'azione di guerra contro gli aretini che l'anno precedente, il 1° giugno 1288, dopo l'inconcludente assedio di Arezzo dei fiorentini alleati con i senesi, nella loro ritirata avevano battuto i senesi in Val di Chiana nella battaglia di Pieve al Toppo, mentre nel 1944 sarebbe stato meglio che i fiorentini non fossero venuti. E ciò perché nel tipo di guerriglia scriteriata che adottarono contro i tedeschi, contraria a quella avveduta dei paramilitari, nelle nostre terre portarono a molti lutti e distruzioni; a cominciare dai massacri di Vallucciole del 13 aprile, per un attentato contro i tedeschi compiuto da comunisti del distaccamento "Faliero Pucci", che per varie testimonianze poteva essere evitato. Quadro, *Museo della Battaglia di Campaldino, Poppi*.

Sulla cattura di Licio Nencetti esistevano due versioni da prendere maggiormente in considerazione. Quella di Sacconi che indica la cattura del partigiano

---

[38] *Ibidem.*

al 23 maggio, e per pura fatalità alla Crocina mentre rientrava dal colloquio all'Uomo di Sasso con il "Potente" da parte di una pattuglia di repubblichini; e quella di Antonio Curina che, nel suo libro *24 Maggio*, considerando Giuseppe Versari un traditore, sostenendo essere il 24 maggio la data della cattura, ha scritto:[39]

Licio Nencetti comandante della 4ª compagnia si reca in Pratomagno, per avere un colloquio con l'ex partigiano Giuseppe Versari di Ortignano e con il Comandante Aligi Barducci (Potente). Il Versari aveva fatto appostare, in precedenza, nel luogo dell'appuntamento, un reparto nazi-fascista, costituito da 200 unità per far catturare Licio. Infatti Licio, di ritorno dal colloquio avuto con Potente, appena giunto al luogo stabilito, viene circondato e preso prigioniero".

Su questa disparità di date e soprattutto di opinioni, perché nessuno a confermato che Licio dovesse incontrare Giuseppe Versari che si trovava ad Ortignano, località in direzione opposta e distante dal Passo della Crocina, e che non poteva allontanarsi dovendo giornalmente andare al Distretto di Poppi per la firma, Zavagli ha scritto:[40]

Data a parte, sfido qualsiasi persona a capire e dare una logica a quanto scritto dal Curina.
Insomma secondo l'autore i tedeschi si troverebbero già, su soffiata del Versari, nel luogo dell'appuntamento tra Versari, Potente e Nencetti ma, dopo il colloquio, il Nencetti sarebbe andato nel luogo stabilito per il colloquio (ma non l'aveva già avuto?) e sarebbe stato preso.
Una versione dei fatti che è un vero e proprio concentrato di approssimazione, quindi dato che un'approssimazione non è la verità, non resta che prenderla per quanto vale.

Occorre però dire che la conferma della cattura Licio Nencetti alla data del 24 maggio, dando ragione a Curina, e le modalità della cattura si trovano in forma schematica nel Rapporto delle Guardie Nazionali Repubblicane:[41]

Il mattino del 24 maggio u.s., truppe tedesche e italiane hanno catturato, in prossimità della "Crocina" del Pratomagno, il ricercato bandito Licio Nencetti, comandante di una banda che da vario tempo terrorizzava la vallata del Casentino e del

---

[39] Su quanto ha scritto Antonio Curina in due libri, voglio fare un'osservazione. Egli elenca dettagliatamente, e questo è lodevole in sede storica, le azioni dei partigiani di Arezzo, in particolare della 23ª Brigata "Pio Borri" che furono moltissime; ma assegna alle medesime azioni una quantità di tedeschi e fascisti uccisi o feriti che assolutamente non può corrispondere alla realtà, e in cui non vi è stato nessun riscontro conosciuto dall'altra parte. Quando Curina scrive che in un tale episodio furono uccisi sette tedeschi e in altro caso erano ben otto, e a volte anche di più, se queste morti ci fossero state le rappresaglie tedesche sarebbe state devastanti, per popolazione e abitazioni. E invece, per quegli episodi le rappresaglie non avvennero, com'era accaduto a Vallucciole, per due soli soldati tedeschi uccisi dai partigiani, e successivamente, tanta per fare un altro esempio delle molte decine che potremmo elencare, quello di Civitella della Chiana, e paesi prossimi, 251 morti, per l'eliminazione di altri quattro tedeschi.
[40] *Ibidem.*
[41] Janet Kinrade Dethick, *I massacri di Arezzo. Una tragedia toscana* (Feltrinelli p. 225.), riportato da E. Raspanti, *Ribelli*, p. 204.

Valdarno Superiore. Egli aveva reso noto che né lui né la sua banda si sarebbero mai costituiti. Alle 9,30 del giorno 26 il comando tedesco di Borgo alla Collina ordinava la fucilazione del predetto che avveniva alle ore 9,45 nella piazza principale di Talla da parte dei militi del reparto G.N.R. di Rassina.

Alquanto patetica e inverosimile è la versione di Salvatori Vecchioni, secondo cui egli attendeva a cavallo in Pratomagno il ritorno di Licio dal colloquio col "Potente", per poi accorgersi che la zona di appuntamento, da Anciolina a oltre la croce del Pratomagno, era coperta da una spessa coltre di nebbia e piena di tedeschi. Avrebbe poi avuto a Poppi un colloquio con Licio in prigione [da chi autorizzato!], secondo il quale Licio avrebbe scagionato Giuseppe Versari dalla responsabilità della sua cattura.[42]

La Versione di Sacconi, secondo cui Lucio fu catturato per fatalità, mi appare la più probabile, ma occorreva farne un eroe e questo comportava la soffiata di un colpevole, trovato in Giuseppe Versari, che per la sua amnistia e consegna di armi al Distretto di Poppi era ormai considerato un traditore. Come tanti altri anch'io vorrei sapere chi, tra i vari capi dei distaccamenti comunisti del Pratomagno, in disaccordo con Licio sulla tattica di guerriglia da adottare, abbia organizzato la sua eliminazione, e quale fu lo scopo. Non dimentichiamo che il 4° Squadrone "Volante" di Lucio Nencetti era inserita autonomamente in una formazione paramilitare, il 3° Battaglione di Sacconi, che non era ben visto dalle formazioni Garibaldi del Casentino, e tanto meno da chi le dirigeva a Firenze.

Dopo la morte di Lucio la 4ª Compagnia "Volante" passò al comando di Bruno Fantoni ("Bruno"), mentre il 3° Battaglione "Piò Borri" cambiò la denominazione in 3° Battaglione "Licio Nencetti".

***

Sull'attività della 4ª Compagnia "Volante" di Licio Nencetti, nell'Enciclopedia dell'antifascismo e della resistenza, (Volume IV (N-Q), p. 67), è scritto in forma piuttosto retorica:

Dalla metà di novembre del 1943 alla fine del febbraio 1944 il gruppo, che aveva assunto la denominazione di Compagnia volante per la sua grande mobilità, operò soprattutto nell'Alto Casentino, come uno dei nuclei più attivi del futuro raggruppamento "Pio Borri", compiendo numerose e temerarie azioni. Il 19.10.1943 alcuni elementi del gruppo, penetrati nella Casa del fascio di Bibbiena, ne asportarono armi e munizioni. Dal 7 novembre, con una trentina di compagni, Licio si attestò in località Zenna, creandovi una salda base di guerriglia con l'appoggio dei contadini della zona. A partire dal marzo 1944 il gruppo di Nencetti costituì la 4ª Banda della Zona A del raggruppamento "Pio Borri". Gli attacchi contro il nemico si susseguirono assumendo dimensioni sempre più vaste. Il 4 marzo i partigiani occuparono il paese di Salutìo, tenendolo sotto controllo l'intera notte e suscitando il panico, l'indomani, nel fascismo aretino. Il 18 marzo, con sette compagni, Nencetti diede l'assalto all'Albergo Bei di Bibbiena, dove alcuni noti repubblichini, tra cui il famigerato capo manipolo

---

[42] *Ventennale della Resistenza*, edito dalla Provincia di Arezzo nel 1964, pag. 57.

Umberto Abbatecola, si erano riuniti a cena. Nella sparatoria, un fascista fu ucciso e un altro rimase ferito. I partigiani ebbero a loro volta due feriti. Dai primi di aprile Nencetti si trasferì con la formazione in Valdichiana (da dove provenivano molti dei suoi compagni), spingendosi fino a Sinalunga. Alla fine di aprile tornò ad operare in Casentino, intervenendo tra l'altro, per sciogliere un gruppo di profittatori, sedicenti partigiani, e giustiziarne il capo. Ai primi di maggio la 4ª Banda divenne 4ª Compagnia del III Battaglione della XXIII Brigata Garibaldi "Pio Borri" della Divisione "Arezzo". e il 24 dello stesso mese Licio si recò in Pratomagno, in una località detta Uomo di Sasso, per incontrare Aligi Barducci comandante della Divisione Garibaldi « Arno », e concordare un'azione comune. Mentre stava tornando in Casentino dopo la riunione, venne catturato dai repubblichini. Sull'episodio dell'arresto si è molto discusso. Inizialmente i partigiani di Licio attribuirono la cattura del loro comandante al tradimento di due compagni, Giuseppe e Virgilio Versari, padre e figlio. Sulla base di tale presunzione il padre [il figlio] fu passato per le armi.[43]

Dalle ultime quattro righe si comprende che la ricostruzione della cattura di Licio appare alquanto imbarazzata, perché il complotto per eliminarlo, se realmente vi fu, andrebbe ricercato tra i partigiani. Non era la prima eliminazione di un personaggio comunista scomodo, che andava politicamente controcorrente, da parte dei suoi stessi compagni, e purtroppo non sarà neppure l'ultima, anzi verrà seguita da un'interminabile fila di delitti. Pensiamo soltanto a quali furono nel dopoguerra in Emilia gli eccidi per resa di conti nel "*Triangolo rosso*".[44]

---

[43] Sulla cattura di Licio Nencetti, nella pubblicazione "*Ribelli per un'ideale*", edita nell'aprile 1995 dalla Provincia di Arezzo e curata Licio Ezio Gradassi, a p. 210 si legge: "*Questo episodio, che rappresenta la chiave di lettura della cattura di Licio, non ha testimonianze dirette. Esso è la somma di ipotesi realistiche, di conoscenze ed esperienze più o meno dirette, di dettagli e di convinzioni maturate negli anni e che derivano anche dalle contraddizioni di chi non ha reso testimonianze o ne ha reso una di comodo*".

[44] Uno dei più brutali e sadici omicidi compiuto dai comunisti della 2ª Brigata Paolo a guerra finita nel "Triangolo rosso", fu quello di Argelato (Bologna) tra l'8 e l'11 maggio 1945. Furono torturate, seviziate e uccise in modo atroce 17 persone tra cui i 7 fratelli Govoni, sequestrati a Pieve di Cento e la famiglia Costa di San Pietro a Casale. E ciò avvenne a colpi di roncole, per poi strangolarli uno a uno. Nel 1949 la madre di uno di quegli sfortunati, l'ottantenne Caterina Govoni, chiese a un partigiano del luogo Filippo Lanzoni, pregandolo, dove erano sepolti i suoi sette figli, ricevendo la risposta da quello sciagurato insensibile "*Vuoi trovarli ? Ti procuri un cane da tartufi.*". Quindi chiamo due donne comuniste che picchiarono Caterina. Questo era il clima d'odio che si aveva da parte comunista contro chi aveva coerentemente mantenuto il suo status di fascista. Cfr., *Vittime dell'odio comunista nel "Triangolo Rosso"*, in Internet.

Il primo eccidio a Castel Focognano

Alcuni giorni dopo la morte di Licio, a fine maggio o primi di giugno, arrivò a Castel Focognano una formazione partigiana comunista. Ho ritenuto per anni che potesse appartenere all'8ª Banda Autonoma comandata da Roual Ballocci del Valdarno, noto per la sua brutalità;[45] oppure che fosse la stessa formazione della 4ª Compagnia "Licio Nencetti", comandata da Bruno Fantoni, forse assetata di vendetta per la fucilazione di Licio, da colpire ogni fascista conosciuto o ritenuto fascista anche i più innocui, e che sapeva già dove andare a trovarli. Infine, l'ipotesi più probabile, visto il comportamento tenuto a dispregio delle popolazioni, mi aveva portato a considerare trattarsi di un *"distaccamento"* fiorentino della 22ª Brigata "Lanciotto" di Aligi Barducci il "Potente", che non si era accordato con il 3° Battaglione di Raffaele Sacconi sui metodi di guerriglia, arrivando alle minacce, ed era in disaccordo anche con Licio Nencetti, probabilmente perché aveva rifiutato di passare alle dipendenze dello stesso "Potente".

E nella notte furtivamente quella banda del "Lanciotto", prelevò i medesimi quattro uomini che erano stati liberati da Licio per l'intervento di mio padre, e condotti al cimitero, dove nello strazio dei parenti li fucilarono lungo il muro esterno alla destra del cancello d'entrata, senza che si potesse fare nulla per impedirlo. Un vero atto barbarico, da uomini che con minacce alla popolazione impotente nascosta nelle loro abitazioni, urlando verso i poveretti indifesi, dimostrarono quale fosse tutta la loro brutalità, mandandoli alla morte senza interrogatorio e processo. Ricordo che uno dei caduti era il dottore della farmacia di Castel Focognano, che dovette chiudere, costringendo la gente che doveva curarsi a un grande disagio per raggiungere farmacie di altri paesi. Il più vicino era Rassina, a 5 chilometri a sud-est di Castel Focognano.[46]

---

[45] Luca Grisolini, attuale Presidente dell'ANPI di Arezzo, in polemica con Giorgio Pisano che ha accusato Ballocci responsabile di afferrati comportamenti, tra cui, erroneamente, anche quello di Valluccione, considera il partigiano *"uno dei miti viventi della Resistenza comunista aretina ... che soprattutto nell'estate 1944 si era reso protagonista di alcune rischiose azioni che portarono all'eliminazione di decine di nazifascisti"*. In definitiva un comunista da difendere ad ogni costo. Cfr., Giorgio Pisano, *Storia della guerra civile in Italia 1943-1945*, vol. 1, Ed. FPI, Milano 1965; Luca Grisolini, *Valluccione, 13 Aprile 1944. Storia, ricordo e memoria pubblica di una strage nazifascista*, Regione Toscana Consiglio Regionale. Aprile 2017, pagina 161.

[46] Ho ricevuto questa lettera, tramite mail: "*mio nonno paterno e mio omonimo, è : Sacchi (dr). Giovanni. Nato nel 1878 a Figline Valdarno, fu ucciso il 10.06.1944 a S. Giustino Valdarno dai partigiani insieme a Leda Grati e ad un altro ragazzo di cui non conosco il nome [Scolari]. Era da più di 40 anni il farmacista del paese, centurione della MVSN e istruttore dei premilitari ed era stato per un breve periodo podestà di Laterina. Per come lo ricordavano tutti quelli che lo conoscevano, sicuramente aveva fatto solo del bene. ... Le notizie fornite mi derivano da una teste oculare, mia zia paterna, che da sola dovette riportare a casa dalla collina, su una carriola, quel povero corpo martoriato. Per quanto ancora son venuto a sapere, Leda [o Olga] Grati, già segretaria del fascio femminile, aveva circa 26 anni e il capo del commando giustiziere era un certo Raul (Raul Ballocci capo del distaccamento 'Bigi' della 24ª Brigata Garibaldi 'Bande Esterne' - Per esempio Raul (Ballocci) veniva giudicato molto coraggioso, ma poco versatile tatticamente, di scarse capacità militari e probabilmente comunista.), riparato poi in Cecoslovacchia fino all'entrata in vigore dell'amnistia Togliatti"*.

Raoul Ballocci, di Pergine (nel Valdarno Aretino), dal 15 novembre 1943 al 20 luglio 1944 era il Comandante della formazione partigiana Reggimento "Monte Amiata" 8° Bande Autonome. Di Ballocci e del suo reparto è scritto in *I massacri di Arezzo. Sui pendii occidentali del Pratomagno*, *"che aveva la reputazione di essere uno spietato in quanto eliminava i corpi degli avversari per minimizzare la minaccia di rappresaglie"*. Nel dopoguerra, dopo essere fuggito in Cecoslovacchi per i suoi crimini, rientrato in Italia per il condono di Palmiro Togliatti, è stato un esponente del PCI italiano.

La spedizione che portò al tragico episodio era stata guidata, come sapemmo allora, anche da chi lo conosceva, ossia i nostri partigiani della Compagnia "I" di Linea, da un certo comandante con nome di battaglia "Vladimiro", di cui, per lo stato di omertà, non ero riuscito con sicurezza a conoscere le generalità e il suo incarico in quella banda, ma sospettavo fosse un comandante di plotone o un capo squadra.

Poi, circa cinque anni fa, sono venuto a conoscere che la banda che operava nel Pratomagno apparteneva a un distaccamento fiorentino della 22ª Brigata "Lanciotto", il tragico "Falerio Pucci" dei fatti di Valluccciole, comandato da Angiolo Gracci ("Gracco"), con vice comandante Marino Sgherri ("Moro") e con Commissario politico Sirio Ungarelli ("Gianni").

La palazzina da dove fu prelevato uno dei quattro uomini fucilati dalla banda di Vladimiro. Un anziano tedesco, che periodicamente veniva in paese in motocicletta per servizio, un giorno scherzando fuori dal cancello, si fece puntare contro il suo fucile ridendo, e questo gesto per l'italiano, causa una spiata, rappresentò la condanna a morte. Io dal palazzo di fronte, sopra il muro a destra, vidi tutto. Fotografia recente di Francesco Mattesini.

Il distaccamento "Faliero Pucci", prese il nome di *"un compagno ucciso nella zona pistoiese"*. Il 31° marzo 1944, quando da Firenze il "Faliero Pucci" ricevette l'ordine di spostarsi dalla zona fiorentina di Monte Giove (tra il Mugello e Val di Sieve) nella parte aretina del Monte Falterona, aveva in organico centodieci combattenti chiamati *"quelli della Stella Rossa"*, *"per il fatto che sul berretto o sul petto a sinistra avevamo cucita una piccola stella rossa"*.[47]

---

[47] Sirio Ungherelli, *Brigata Sinigaglia*. Evidentemente Ungherelli per i suoi racconti si riporta al libro di Angiolo Gracci ("Gracco"), *Brigata Sinigaglia*, stampato in prima edizione in 10.000 copie nel 1945 dal Ministero dell'Italia Occupata – Istituto Poligrafico Dello Stato – Roma, e poi ristampato da Feltrinelli, Firenze, nel 1976, dal Laboratorio Politico, Napoli, nel 1995, e infine dalla Città del Sole, Napoli, nel 2005.

Il distaccamento "Faliero Pucci", l'ultimo uomo in piedi a destra è il comandante Angiolo Gracci ("Gracco"), il quarto è il vice comandante Marino Sgherri ("Moro"). Il partigiano infermiere dovrebbe essere "Vladimiro", che era stato studente di medicina.

In un lavoro postato in Internet da un sito dedicato all'attività della 22ª Brigata partigiana "Vittorio Sinigaglia" (dal nome di Alessandro Sinigaglia, nome di battaglia "Vittorio") ex "Brigata "Lanciotto", sempre comandata dal "Potente", costituita con sei distaccamenti il 6 giugno 1944 a Monte Scalari (698 metri)[48] nel Valdarno Superiore, è riportato, secondo quanto scritto dal Commissario politico Sirio Ungarelli, che nella sua formazione vi era il partigiano Sergio Farulli con nome di battaglia "*Vladimiro*"; ed in più parti è specificato con esaltazione che aveva le seguenti caratteristiche:

Un compagno ... infermiere ... vice comandante di plotone e ufficiale addetto alle requisizioni ... responsabile per le requisizioni ... un ufficiale insostituibile per i rifornimenti ... un ragazzo sicuro, sempre pronto per le azioni più audaci ... offrendosi

---

[48] Alla 22ª Brigata "Sinigaglia", inizialmente costituitasi con sei o sette uomini e poi rafforzata da partigiani esperiti della "Stella Rossa", era assegnata la zona di operazioni che dal Valdarno e il Chianti si spingeva fino alla periferia di Firenze, verso i centri urbani di Antella, Grassina, Ponte a Ema. I suoi sei distaccamenti, tra cui la "Faliero Pucci, agivano a stretto contatto con la Brigata stessa. Nello statuto della formazione al paragrafo n. 1 era scritto: "*Possono fare parte delle Brigate d'assalto garibaldine tutti coloro che intendono combattere per la cacciata dei tedeschi e dei loro prezzolati servi fascisti*". Al n. 8: "*Il comportamento del patriota verso gli altri cittadini deve essere generoso e leale*". Al n. 9 "*Nessuna notizia riguardante la forza, l'armamento, l'ubicazione della formazione stessa, nonché gli eventuali spostamenti o azioni fatte e da farsi devono essere divulgate a persone estranee alla formazione, neppure ai famigliari*". Qualsiasi mancanza doveva essere punita severamente, arrivando alla fucilazione.

volentieri volontario ... che lavorava per venti ... combatteva come un leone, negli spostamenti sempre il primo ad arrivare".[49]

In piedi da sinistra Poli Eugenio ("Libero"), Torricini Isaia ("Nonno"), Gracci Angelo ("Gracco"), Meoni Giovanni ("Caimio"). Sotto sempre da sinistra Sgherri Marino ("Moro") e Corsi Ugo ("Ugo"). Sono partigiani del distaccamento **"Faliero Pucci"**, come ha scritto il Commissario politico Sirio Ungherelli in "Brigata Sinigaglia". Angiolo Gracci, in piedi al centro, era il comandante del distaccamento "Faliero Pucci", e Marino Sgherri, seduto e ferito al braccio, il vice comandante. Da *ANPI: Sezione Oltrarno Firenze*.

Lo stesso senso di stima sul personaggio Vladimiro, ma senza darne le generalità né spiegare quello che aveva fatto nel corso della sua vita alla macchia, ossia le sue caratteristiche di combattimento, ci viene dal Comandante della "Faliero Pucci", e poi della 23ª "Brigata Sinigaglia" Angiolo Gracci "Gracco" che nel suo libro *Brigata Sinigaglia* scrive:[50]

Vladimiro era uno dei tanti giovani della Brigata ed anche uno dei più temerari. Però il "Collettivo" aveva notato in lui abitudini particolari di precisione e di capacità per cui era stato costretto ad accettare l'incarico di "Ufficiale ai rifornimenti".

---

[49] Sirio Ungherelli, *Brigata Sinigaglia*.
[50] "Gracco" (Angiolo Cracci), *Brigata Sinigaglia*, La Città del Sole, Napoli, 2000, p. 61.

Dal "*Dettaglio Partigiano*" dell'Istituto Storico della Resistenza in Toscana, sappiamo che Sergio Farulli apparteneva alla 22ª Brigata bis "Sinigaglia", ma non vi sono né incarichi, se non quello di gregario, né nome di battaglia [Vladimiro], che evidentemente è stato blindato, e quindi non rintracciabile. Nel 1988, dopo quarantaquattro anni dall'eccidio di Castel Focognano, per decreto del Presidente della Repubblica Francesco Cossiga, Sergio Farulli fu decorato con medaglia di bronzo per un altro episodio, in cui si era comportato valorosamente.

Sempre secondo quanto sostiene il Commissario politico Sirio Ungherelli, riferendosi a un episodio accaduto il 4 aprile a Dicomano, è scritto che se era segnalata una "*organizzazione spionistica che faceva arrestare renitenti alla "Leva militare fascista" e presunti partigiani o collaboratori della Resistenza*" … "***il servizio informazioni ci aveva dato tutti i dati per poterli arrestare, giudicare e fucilare***".[51]

Dopo un interrogatorio degli accusati, se i fascisti o presunti tali erano considerati colpevoli, era richiesta e emanata la condanna a morte "***come consentiva la legge***" [Quella delle "Brigate Garibaldi!]; esecuzione che veniva subito applicata con fucilazione, che spesso avveniva in presenza delle famiglie dei condannati.

Riporta sempre Ungherelli, che il mattino di mercoledì 14 giugno 1944 nel Valdarno fiorentino fu fermato un camion, che fu incendiato, e catturati dalla 4ª Compagnia cinque tedeschi, che furono portati al Comando della Brigata Sinigaglia.[52]

Interrogati furono fucilati, dopo avergli tolto giacca, pantaloni e stivali, che servivano a noi. Li mettemmo nel loro cimitero, lì vicino al campo, in fosse personali. I becchini erano due: Marcello e Picche, i quali dicevano sempre che, più fosse facevano, meno guai avrebbe avuto il popolo! L'eco delle vittoriose azioni partigiane del giugno 1944, intensificò l'afflusso di nuovi volontari che venivano accompagnati alle basi partigiane.

Sirio Ungherelli, Commissario Politico della 22ª Brigata e della Divisione "Arno" Vittorio Sinigaglia, costituita nel giugno 1942. Decorato di Medaglia d'Argento al V.M., antifascista, condannato a 25 anni di reclusione, fu liberato a Castelfranco dopo l'8 settembre 1943, per poi entrare a far parte del distaccamento "Falerio Pucci". Nel dopoguerra ha ricoperto vari incarichi per la federazione direttiva nel PCI e anche per molti anni di presidente del Comitato Provinciale dell'ANPI di Firenze e del Comitato Regionale Toscano e Nazionale. Morto nel luglio 1998.

---

[51] *Ibidem*.
[52] *Ibidem*.

Quarto da sinistra, Alessandro Sinigaglia ("Vittorio"), personaggio ambiguo, qui al confine per la condanna di una corte italiana. Per la sua caratteristica di opportunista e gappista (GAP – Gruppi Azione Patrottica del partito comunista), sarà ucciso a Firenze il 13 febbraio 1944 da Ferdinando Manzella della banda fascista di Mario Carità. Prima di passare alla resistenza, Sinigaglia era già stato comunista e poi fascista ed era considerato dai tedeschi come una fidata spia. Inoltre, prima capitano e poi maggiore delle Camicie Nere, aveva partecipato ad azioni antipartigiane. Veramente un bel campione, da andare fieri!

La Toscana e i Comuni di Arezzo.

Arezzo, città etrusca, e la sua provincia hanno dato i natali ad alcuni dei più importanti uomini politici, scrittori e artisti della storia mondiale: Gaio Clinio Mecenate, Guido d'Arezzo (Guido Monaco), Francesco Petrarca, Giorgio Vasari, Spinello Spinelli (Spinello Aretino), Pietro Bacci (Pietro Aretino), Francesco Redi ad Arezzo; Paolo Uccello a Pratovecchio; Nino da Fiesole a Poppi; Tommaso di ser Giovanni di Simone Guidi (Masaccio) a San Giovanni Valdarno; Andrea Sansovino a Monte Sansavino; Luca Signorelli e Pietro Berrettini (Pietro da Cortona) a Cortona; Piero della Francesca a Sansepolcro; l'immenso Michelangelo Buonarroti a Caprese Michelangelo; e Amintore Fanfani a Pieve Santo Stefano. Arezzo, assieme a Firenze, e la maggiore terra di artisti del Rinascimento.

Battaglia di Ponte Milvio. Affresco di Piero della Francesca nella Chiesa di San Francesco in Arezzo.

Gruppi Storici della Brigata Sinigaglia. Da *ANPI: Sezione Oltrarno Firenze*. Non si può dire che il loro aspetto fosse rassicurante. Sopra, terzo da sinistra a sedere, e Angiolo Gracci.

Altri due Gruppi Storici della Brigata Sinigaglia. Da *ANPI: Sezione Oltrarno Firenze*.

Era il barbaro sistema simile a quello delle SS, in cui furono catturati e uccisi i quattro uomini di Castel Focognano.

Per quanto riguarda il sito *Banca Dati – Partigiani Toscani*, come potreste constatare in Internet, moltissimi partigiani sono privi di nome di battaglia, il che denuncia che, quelli più compromessi, sono stati omessi, per evitare che si conosca il loro vero nome. Se effettivamente i quattro fucilati fossero stati dei fascisti riconosciuti collaboratori o spie, non vi sarebbe stato alcun bisogno di questo stato di omertà, ansi la fucilazione sarebbe stata giustificata, da considerare un'azione di guerra, come più volte è scritto nei libri di Sacconi e Curina.

Io ammiro coloro che, partigiani Badogliani o Comunisti delle formazioni miste paramilitari "Garibaldine" combattevano i tedeschi, ma contesto l'operabilità delle bande autonome Garibaldi, costituite da persone che, sebbene combattessero i tedeschi facendolo anche bene, si dedicavano alle vendette personali e all'assassinio di connazionali.

E non mi si venga a dire, per deficienza culturale, che erano autorizzati a farlo perché nei primi anni '20 i loro genitori e parenti erano stati costretti a bere olio di ricino, a essere picchiati, umiliati e imprigionati, mandati al confine dai fascisti, essere estromessi dalle cariche politiche. Non condivido quel tipo di vendetta, che attribuisco derivante soltanto dalla cattiveria. E una scusa penosa che non accetto.

In quell'epoca travagliata degli anni '20 vi era stata una specie di guerra civile per motivi ideologici, e le bastonate partivano da tutte le parti. Mio padre mi disse ripetendolo durante le nostre discussioni, in cui spesso eravamo discordi, che l'intero quartiere di via San Lorentino (Porta del Foro), dove egli abitava ad Arezzo ed era controllato dalla sinistra, era chiamato *"La piccola Russia"*. Vi erano scontri continui, con proiezione di oggetti vari dalle finestre, e dovendo affrontare uomini e donne del quartiere inferociti a rimetterci spesso erano le squadre fasciste in minoranza. Quindi, poiché la maggioranza della popolazione italiana, e in particolare tutta la casta militare e monarchica, essendo disgustata e preoccupata da quegli episodi pilotati da facinorosi, si schierò con i fascisti che presentandosi al Re ebbero il potere perché ciò avrebbe portato a una stabilirà di Governo e a una pace nella Nazione, sarebbe bene ragionare su quella realtà, e nel contempo riflettere sugli errori commessi dai partiti politici, come quello dell'Aventino che nel 1926 ha spianato la strada al Fascismo e quindi alla dittatura.

I lavori di fortificazione e la vita a Castel Focognano nell'estate 1944

Si disse, ma non è stato provato, che la successiva reazione tedesca all'uccisione dei quattro presunti fascisti che come vedremo portò, il 4 luglio 1944, all'attacco tedesco a Castel Focognano, fosse stata determinata dalla richiesta dei repubblichini di Rassina, affinché avvenisse una qualche forma di rappresaglia, evidentemente in modo da far credere che i quattro fucilati erano realmente pericolosi fascisti, delle spie. Ma di partigiani a Rassina non ve ne era più nessuno. Erano tutti scappati ad Arezzo o passati ai partigiani, e in qual momento i tedeschi avevano in atto una grossa operazione di rastrellamento che si realizzò, d'ovunque nel Casentino, poiché dopo l'ordine del Comitato Liberazione Nazionale della fine di maggio, tutti i reparti partigiani s'impegnarono contemporaneamente in pattugliamenti offensivi sulle strade percorse da soldati e mezzi tedeschi, con atti di sabotaggio a linee telegrafiche e telefoniche, e sbarramenti stradali. Ciò portò, dopo che vi era stato un lungo periodo di tranquillità, ad alcuni combattimenti e come al solito, dopo perdite umane tedesche, a rappresaglie più o meno pesanti, molte particolarmente dolorose per i civili.

Nella zona di Castel Focognano, i lavori delle fortificazioni e ostruzioni stradali anticarro erano già iniziati ai primi giorni di maggio 1944, ma poi incrementati nel mese di giugno, assieme ad un rifugio per la popolazione scavato per la profondità di una decina di metri nella pineta costeggiante il torrente presso il ponte del Condotto che non poté essere completato, anche perché vi fu la constatazione che in caso di allarme aereo si trovava troppo distante dal paese.

I lavori delle ostruzioni si svolsero in direzione di Rassina, fino all'altezza del ponte di Pieve a Socana. Ciò comportò l'abbattimento di piante varie, in prevalenza gelsi, ma anche querce, la distruzione con esplosivo dell'arcata centrale del ponte del Molin del Forte sul torrente Soliggine (al termine della discesa stradale della frazione di Rapille) per opera di elementi della Compagnia Comando del 3° Battaglione, la costruzione di ostacoli anticarro con taglio di piante presso Rapille e la distruzione con esplosivo, più a nord, di due piccolissimi ponti.

Disegno di Antonio Mattesini allegato alla sua relazione all'ANPI di Firenze. Vedi anche il libro di Sacconi, p. 240.

Disegno di Antonio Mattesini allegato alla sua relazione all'ANPI di Firenze. Vedi anche il libro di Sacconi, p. 240.

    Il personale adibito ai lavori, era quello della Compagnia "I" del presidio di Castel Focognano, comandata da Libero Burroni ("Libero"), con il compito di proteggere la Centrale Informazioni), compresi altri volenterosi del posto, in parte contadini. Vi era anche il capitano Mario Mattioli, di Castel Focognano, che in giugno abbandonò la Milizia per darsi alla macchia, accolto nella compagnia "I", dove si impegnò al massimo per il completamento dei lavori di fortificazione.[53] Poiché accompagnavo mio padre impegnato con la Compagnia "I", e che quale comandante del 1° Plotone, nonché della Centrale Informazioni, dava consigli nei preparativi delle opere difensive, assistetti per più giorni ai lavori di ostruzioni stradali, compreso il brillamento delle mine sui ponti.
    Il generale Sacconi, nel suo resoconto del suo Libro riporta una sintesi dei numerosi attivi sabotaggio compiuti tra l'11 e il 15 giugno:[54]

---

[53] Carteggio del Maresciallo Antonio Mattesini.
[54] Raffaello Sacconi, *Partigiani in Casentino e Val di Chiana*, p. 94.

"Partigiani della compagnia 'I' rinforzati da elementi di altri reparti, effettuano, lungo il tratto di strada tra Pieve Socana e Castelfocognano, 32 barricate a mezzo barricate costruite con tronchi d'albero: - la 2ª squadra della 6ª compagnia fa saltare, in parte, il ponte di S. Martino, sulla rotabile Ortignano - Raggiolo; - la 2ª compagnia fa saltare, in parte, il ponte di S. Piero in Frassino; - il partigiano Giuseppe Fabbri, della 7ª compagnia, con altri due partigiani, fa saltare, in pieno giorno, nei pressi di Tartiglia, un lungo tratto di muraglione che regge la strada;- una pattuglia della compagnia comando danneggia gravemente il ponte di Molin del Forte [torrente Soliggine], *nei pressi di Castelfocognano".*

Questo doveva essere il modo di combattere, e non quello delle vendette o delle uccisioni sconsiderate di tedeschi e fascisti che portavano alle rappresaglie, e che generavamo lutti nelle famiglie d'italiani innocenti. E ci manco poco che ciò accadesse il 23 giugno 1944, quando i partigiani della 2ª Compagnia del distaccamento "Lanciotto" della Brigata "Falerio Pucci" (sempre loro), guidata da Lazio Cosseri, fermarono una macchina nei pressi di Raggiolo. A bordo vi erano il Comandante dell'organizzazione Todt del Casentino, colonnello von Wallescher, che era accompagnato dal capitano Kaufmann, dalla signorina Marchesi Alli Maccarani interprete presso il comando tedesco, e dall'autista di piazza di Bibbiena Giuseppe Alterini chiamato "Beppe Bello.[55] I partigiani, dopo aver fatto precipitare l'automobile in un ruscello, con i quattro prigionieri presero la via della montagna ma dopo un mezzora si fermano e costringono gli sfortunati a spogliarsi. Capendo cosa ciò significava e vedendosi morto, von Wallescher strappo di mano il mitra a un partigiano e si getto in un vicino ruscello, e in un conflitto a fuoco, dapprima impegnato con un capitano russo, ex prigioniero di guerra chiamato "Stefano", che uccise dopo essere stato ferito, fu a sua volta colpito a morte da altri due partigiani con scariche di mitra.

Il cadavere del russo "Stefano" fu trasportato in cima al Pratomagno, vicino alla croce, dove fu sepolto, quello del tedesco nascosto, mentre i tre prigionieri furono portati al cospetto di "Potente", che li fece rinchiudere in una capanna. Dopo una ventina giorni il capitano e l'interprete riuscirono a fuggire (sic), mentre l'autista rimase con i partigiani della "Falerio Pucci" come cuoco. E a questo punto si attendevano le conseguenze della morte dell'ufficiale tedesco, all'insaputa dei tedeschi, che concessero, tramite il Padre Superiore del Monastero di Camaldoli, Antonio Buffadini, di mettersi in contatto con i partigiani, il tempo di otto giorni per liberare il colonnello, se volevano evitare la rappresaglia sui civili. Come riferisce Sacconi, da cui è tratto questo episodio, Padre Buffadini si reco a Montebòrgnoli, presso il Comando del 3° Battaglione, *"per riferire sulla minaccia formulata dai tedeschi"*, e riporta nel suo libro:[56]

---

[55] Nel Casentino la linea dell'organizzazione Todt si estendeva dal Monte Falterona alla Verna, passando per Montanino, Camaldoli, il Passo dei Mandrioli e il Monte Fumaiolo. Questa linea difensiva fu superata dai britannici nel mese di settembre 1944, per poi avanzare nella provincia di Forlì. Il Comandante della Todt risiedeva a Rifiglio, presso Strada, ospitato in una villetta di proprietà di una nobildonna fiorentina.

[56] Raffaello Sacconi, *Partigiani in Casentino e Val di Chiana*, p. 213-214.

Il ponte di Molin del Forte che per impedirne il transito ad autocarri e altri mezzi tedeschi fu danneggiato dai partigiani della Compagnia Comando del 3° Battaglione "Licio Nencetti".

Noi partigiani sappiamo che il colonnello von Wallescher è ormai morto, ma questo i tedeschi non lo sanno ancora. Don Walfrido ha l'incarico di riferire che il colonnello ha raggiunto i partigiani di sua spontanea volontà e che non intende allontanarsene. Non sarà facile che i tedeschi ci credano, però potrà sorgere in loro qualche dubbio, in quanto l'ufficiale, di nazionalità austriaca nel passato ha espresso critiche sulla opportunità di seguitare la guerra, per cui i superiori lo tengono in sospetto.

Fortunatamente, o perché i tedeschi hanno creduto al tradimento di von Wallescher, o perché e questo è più probabile, le incalzanti vicende della guerra li hanno impegnati in problemi più gravi, la temuta rappresaglia non avrà più luogo. In questo secondo caso, può essere stata determinante l'azione di P. Buffadini, che è riuscito a procrastinare prima di otto giorni, e poi di altri quindici giorni, l'intervento delle SS di Forlì.

Quale poteva essere la portata e le conseguenze della rappresaglia è inimmaginabile. Ancora una volta i partigiani fiorentini, operando sotto la direzione del Comando delle brigate Garibaldi di Firenze, in un territorio che non li competeva, e dove non avevano parenti e amici anche dall'altra parte, con le loro azioni invadenti e scriteriate, mettevano a rischio la vita delle popolazioni del Casentino. Se i partigiano della "Faliero Pucci" non avessero fatto spogliare i prigionieri, forse per umiliazione prima della fucilazione o per trattarli anche peggio, costringendo von Wallescher, per salvare la vita, a reagire, sarebbe stato possibile, data l'importanza dell'ufficiale, arrivare ad uno scambio di ostaggi e alla sospensione della rappresaglia, e non vi sarebbe stato il pericolo di una simile drastica misura, fortunatamente rientrata.

Ma stava per succedere un'altra dura rappresaglia, poiché la medesima 2ª Compagnia della "Lanciotto", sempre guidata da Lazio Cosseri, il 27 giugno aveva attaccato le posizioni tedesche a Strada, occupando il paese che era stato abbandonato dai tedeschi due giorni prima, mantenendovi il controllo per un'intera notte. Ciò innescò una immediata rappresaglia tedesca, con la cattura di una quarantina di uomini civili, che però furono fortunati in quanto rilasciati.

***

A questo punto passo a descrivere come nella zona di Castel Focognano la popolazione del paese, ma soprattutto i contadini delle vicine frazioni o case isolate mal sopportassero la presenza dei partigiani venuti da lontano, che poi era una situazione che non riguardava soltanto la provincia di Arezzo ma di ogni parte d'Italia in cui era in corso la guerra di liberazione.

E' spiacevole il fatto che le stragi naziste nell'aretino siano da attribuire alla condotta dei partigiani comunisti, in particolare nel Casentino da quelli fiorentini della 22ª Brigata Garibaldi "Lanciotto", e soprattutto dal suo tragico distaccamento "Falerio Pucci" comandato dal Angiolo Gracci ("Gracco")[57] e che includeva come vice comandante di plotone e ufficiale specialista delle requisizioni Sergio Farulli ("Vladimiro"). Operando soprattutto nella zone del monte Pratomagno a iniziare dal

---

[57] Sul comportamento irrequieto di Angiolo Gracci, Autore del libro *Brigata Sinigaglia*, riporto quanto è scritto nel sito dell'ANPI Partigiani d'Italia: *"Gracci, sottotenente della Guardia di Finanza, era stato rimpatriato dall'Albania e si trovava nel capoluogo toscano al momento dell'armistizio. Il giovane ufficiale, con altri militari e con alcuni studenti universitari, diede vita al Movimento detto dei Giovani italiani repubblicani. Il movimento, di ispirazione mazziniana risorgimentale, durò poco e Gracci lo lasciò quando prese contatti con militanti comunisti che da anni lavoravano in clandestinità. Il giovane ufficiale - mandato in montagna dal Comando generale delle Brigate Garibaldi, come capo di stato maggiore della costituenda Brigata Sinigaglia - ne diventa il comandante all'indomani della battaglia di Pian d'Albero. Ferito in combattimento, "Gracco", all'inizio degli scontri insurrezionali per la liberazione di Firenze, si ribella, con l'intera Brigata, all'ordine di disarmo impartito dal Comando degli Alleati. Ad Italia liberata, Angiolo Gracci riprende il suo posto nella Guardia di Finanza ed opera per la democratizzazione delle Forze armate. Nel 1949 si laurea in giurisprudenza, ma dopo qualche anno, nel 1956, dopo essere stato trasferito per punizione da una città all'altra, lascia l'uniforme e si trasferisce a Roma, dove lavora per la Lega nazionale delle Cooperative. Passa poi a Firenze, dove organizza il servizio di assistenza legale della locale Camera del Lavoro. Spirito irrequieto, nel 1966 esce dal PCI al quale aveva aderito nel 1944 e nel 1967 viene allontanato anche dall'ANPI. Nel 1974 a Milano, con altri ex partigiani, fonda il Movimento antimperialista antifascista "La Resistenza continua", il cui omonimo periodico curerà sino al 1992. Come avvocato, Gracci difende nei processi i militanti della sinistra extraparlamentare. Durante le lotte nella Piana del Sele è a fianco dei contadini campani. È stato anche tra i fondatori del PCd'I marxista-leninista. Riammesso nell'ANPI, ha militato sino all'ultimo in "Rifondazione Comunista". Tra gli scritti politici di Gracci il libro* La rivoluzione negata, *sul Bicentenario 1799-1999"!. In poche parole Gracci è sempre rimasto un irriducibile comunista. Pur non condividendone il colore e il suo comportamento disordinato, la sua fedeltà a un credo politico iniziato nella guerra partigiana, cui poi non ha rinunciato, gli fa onore.*

mese di aprile 1944, come abbiamo lumeggiato, tra la 22ª Brigata "Lanciotto" del "Potente" e il 3° Battagliore della 23ª Brigata paramilitare del tenente Sacconi si ebbero seri contrasti sulle modalità e sulla condotta della guerra partigiana, anche sotto l'egida dei comandi che i comunisti del Comitato Liberazione Nazionale di Firenze volevano fossero in loro mano, arrivando alle minacce, all'omicidio e al disarmo dei partigiani dipendenti da Sacconi. E pertanto iniziarono anche i guai per le popolazioni civili della vallata, in particolare ai contadini per le continue requisizioni di viveri e bestiame (e non solo), in cui si distingueva Vladimiro, e per i continui e sconsiderati attacchi ai tedeschi nonché per la banditesca caccia ai civili disarmati, considerati fascisti da eliminare senza pietà.

Ciò porto a dolorose rappresaglie tedesche, a iniziare da quella di Vallucciole (Stia) del 13 aprile 1944, per finire, come vedremo, con la battaglia di Cetica del 29 giugno, che rappresentò una disfatta per la 22ª "Brigata "Lanciotto", che *finalmente*, dovette lasciare il Pratomagno per ritornare nella zona fiorentina per una ricostituzione in 22ª Brigata bis "Sinigaglia", al comando di Angiolo Gracci, e la rimase, salvo alcune puntate di piccoli reparti, fino alla conquista britannica di Firenze.

Angiolo Gracci ("Gracco"), comandante della nuova 22ª Brigata bis "Vittorio Sinigaglia", già comandante del discusso distaccamento "Faliero Pucci", in posa con due contadini. La nuova brigata si formò il 20 giugno 1944 con un esiguo gruppo di sei o sette uomini, e si rafforzò con l'arrivo di alcuni partigiani già esperti, appartenenti al distaccamento della "Stella Rossa", ossia la "Faliero Pucci".

Secondo quanto sostiene nel sito *Brigata Sinigaglia* l'ex Commissario politico del distaccamento "Faliero Pucci" e poi della Divisione "Arno" Sirio Ungherelli

("Gianni"), riferendosi a un episodio accaduto il 4 aprile 1944 a Dicomano (Mugello), se era segnalata una *"organizzazione spionistica che faceva arrestare renitenti alla "Leva militare fascista" e presunti partigiani o collaboratori della Resistenza"* ... **"*il servizio informazioni ci aveva dato tutti i dati per poterli arrestare, giudicare e fucilare*"**.

Spesso queste organizzazioni di spie e collaboratori non esistevano se non per false segnalazioni, a volte le accuse avvenivano per odio politico o per motivi personali, e in ogni caso i giudizi sommari e le fucilazioni non si fermavano.

Andati alla macchia, semplicemente per sfuggire ai bandi di leva fascisti, e per non combattere o continuare a combattere accanto ai tedeschi, i partigiani avevano conservato l'atteggiamenti del maschio guerriero che li rendeva abbastanza insensibili di fronte ai problemi della popolazione civile. Con il permesso dei loro comandanti improvvisati e dei loro commissari politici entrambi digiuni di ogni elemento di arte militare, gli stessi giovani, in gran parte studenti di sinistra ormai divenuti per l'intensa e profonda propaganda comunisti o simpatizzanti, sebbene molti inquadrati nei reparti paramilitari, sentendosi importanti e potendo usare le armi con troppa facilità, uccidevano i fascisti e i tedeschi anche quando non ve ne era bisogno. In tal modo generarono nelle zone degli attacchi da parte dei tedeschi rastrellamenti e esecuzioni in massa, e da parte delle popolazioni il sorgere di un livore antipartigiano, anche oggi difficile da nascondere durante le ricorrenze, come dimostrano le ricusazioni di rappresentanti dell'ANPI e di politici d'interi paesi.

I casi più dolorosi avvenuti nell'aretino sono quelli noti di Vallucciole, di Civitella della Chiana e di Castelnuovo dei Sabbioni. Altre stragi, verificatesi da parte tedesca senza convincenti motivazioni, sebbene sempre derivanti da attentati hanno invece generato nell'opinione pubblica una continuazione di odio nei confronti dei tedeschi, che per dispregiativo sono considerati *"barbari"* e i loro delitti accreditarli alle SS, mentre, invece, quelle stragi deplorevoli, che colpirono soprattutto i contadini, erano state in massima parte compite da soldati della Wermacht e della Luftwaffe su precise disposizioni dei loro comandi.

La durezza delle misure dipendeva dai comandanti locali che avevano ampia autonomia sulla loro condotta e a cui era stata data la copertura dell'Oberbefehlshaber Süd (O.B.S), il Comandante Superiore del Sud (ossia il feldmaresciallo Kesselring), e lo scopo era quello di vendicare ogni atto di violenza partigiana, anche se riguardavano le popolazioni civili, per scoraggiarle dall'aiutare i partigiani. Una misura che in Jugoslavia ed altri paesi occupati dagli italiani era stata attuata prima dell'8 settembre anche dai reparti del Regio Esercito e della Milizia Fascista. Ne veniva data notizia sui notiziario radio e nella stampa, e nessuno a quell'epoca aveva qualcosa da ridire. Vi erano soldati tedeschi che sparavano volentieri sul traditore e sul bandito, come consideravano l'italiano dopo la sedizione dell'8 settembre, e altri che non avrebbero voluto farlo ma che erano costretti a obbedire pena la fucilazione.

La gente comune nelle città e nei paesi aveva paura ed era terrorizzata dalla presenza dei tedeschi e dei partigiani, non gradiva i colpi di mano, perché a ogni aggressione in strada dei partigiani erano gli abitanti a subirne le conseguenze per i rastrellamenti e le rappresaglie. Come ebbi l'occasione di poter constatare di persona a Castel Focognano, la gente preferiva stare tranquilla e non desiderava partecipare alla "*guerra di popolo*", di cui non si parlava assolutamente e che fu poi fortemente reclamizzata. Era stufa di quella situazione e attendeva soltanto l'arrivo degli Alleati, pregando che arrivassero il più presto possibile, senza però conoscere che anche da quella parte vi era il pericolo, quello dello stupro alle donne da parte delle truppe coloniali, e non soltanto marocchini ma anche indiani, in particolare i Sikh. Anche chi non era ostile ai partigiani, li voleva lontani da casa. Nel momento del pericolo le donne, per il terrore delle rappresaglie, erano le più ostili ad averli vicino.

Foto di propaganda dei partigiani che hanno consegnato le loro armi alle donne, nel quartiere di Brera a Milano, il 29 aprile 1945. A chi danno la caccia se la guerra in Italia era finita il giorno prima? La sguardo impacciato delle tre donne dice tutto!

In un primo tempo i partigiani erano stati bene accolti nel paese e dai contadini, ma poi come cominciarono i primi rastrellamenti, la gente cominciò a avere paura perché la presenza dei partigiani attirava i tedeschi e cominciò a irritarsi. I contadini, anche i più giovani, erano lontani dalla resistenza. Anche quando erano costretti ad aiutare i partigiani consegnando i loro prodotti e il loro bestiame, i contadini mantenevano una distanza impaurita perché, opponendosi alle requisizioni ed essendo ricattati e minacciati, essi sapevano cosa significasse essere considerati fascisti o collaboratori dei tedeschi. Ed erano convinti che se i partigiani non fossero esistiti sarebbe andata meglio.

Tuttavia, vedendo quei giovani malandati, che dormivano all'addiaccio dove si trovavano, i contadini, spinti dalla pietà, spesso li aiutavamo ospitandoli in casa e fornendo loro un pranzo caldo. Ma poi, distruggendo quella forma di collaborazione, c'erano quelli cattivi che ne approfittavano e altri che facevano il partigiano per forza, dedicandosi alle ruberie e ai ricatti. Esistono parecchie testimonianze.

Infine la regola dei contadini diventò la seguente: *"Venivano i partigiani, eravamo con loro: venivano i tedeschi e i fascisti, eravamo con loro"*.[58]

Che poi tra i partigiani vi fossero non pochi mascalzoni, questo si può riscontrare da come trattavano le donne che si erano aggregate alle bande, poi fatte vedere in filmati e fotografie sfilare alle liberazioni delle varie località con la bandiera rossa a titolo propagandistico, perché tutto serviva per fare scena credibile. Alcune di quelle stesse donne erano considerate da alcuni partigiani, certamente i più ignoranti e imbecilli, scelgo l'espressione meno colorita *"puttane"* che facevano la vita.[59]

Il 1° Giugno, mentre si recava al Comando di battaglione, Libero Burroni riportò contusioni durante un bombardamento aereo della frazione Corsalone (Pieve della Verna), dove vi sono i ponti della ferrovia Arezzo - Pratovecchio (che era stata interrotta dai bombardamenti) e della Strada Statale 71, che essendo percorsa da un grande traffico militare proveniente dai passi della Consuma, della Calla e dai Mandrioli, era protetto da una batteria di cannoni tedeschi da 88 mm.

Burroni fu ricoverato nell'ospedale civile di Bibbiena fino al 4 giugno, per poi rientrare al suo reparto (Compagnia "I"), riprendendone il comando il giorno 10, sebbene avesse il braccio bendato.[60]

Vedere in azione i cacciabombardieri della RAF, come in continuazione li ho visti io, era uno spettacolo che ci lasciava col naso all'insù. I velivoli, che per la mimetizzazione adottata apparivano nella forte del sole estivo come variamente colorati, sopraggiungendo da sud in formazioni generalmente di dodici aerei, venivano giù, uno dopo l'altro, per poi risalire sganciata la bomba o i razzi. E questo più volte al giorno cambiando obiettivo.

Un ponte, una stazione ferroviaria, una colonna di mezzi sulla strada, ecc erano ricercati e colpiti. E quasi mai, per quanto ho visto, erano abbattuti nonostante la contraerea tedesca fosse molto intensa, e per non farsi sorprendere si spostasse di giorno in giorno.

Quando attaccavano i ponti stradale e ferroviario del Corsalone, tra Rassina e Bibbiena, da Castel Focognano, avendo davanti il lungo costone del poggio Ripa (665 metri), vedevamo i cacciabombardiere sopraggiunti in picchiata sparire dietro quel rilievo montuoso, per poi udire, tra il fracasso della contraerea tedesca, l'esplosione delle bombe o dei razzi, e veder ricomparire l'aereo molto più avanti mentre riprendeva quota.

---

[58] Giovanni Contini, in *Memoria della guerra civile*, in *L'Italia e le sue regioni*, 2015.
[59] *Ibidem*.
[60] I tedeschi avevano nella zona altro da pensare - come quello della difesa dei ponti stradali e ferroviari sul Fiume Arno, del Groppino (Rassina) e del Corsalone (Bibbiena), e le loro colonne di mezzi in marcia nelle strade, dagli attacchi dei cacciabombardieri britannici.

Un cacciabombardiere della RAF tipo Spitfire V in fase di decollo da un aeroporto italiano. Sotto il ventre e le ali bombe da 250 libbre, e sulle ali due cannoncini da 20 mm.

In uno di questi bombardamenti, il 24 maggio, si trovò mio padre. Era andato in bicicletta a Rassina per chiedere un sussidio in Comune (agevolazione concessa agli sfollati di Arezzo) poiché non avevamo più soldi per sopravvivere, quando suonò l'allarme. Si ebbe allora una fuga generale per raggiungere i rifugi. Mio padre, che voleva farsi vedere a Rassina il meno possibile, decise di allontanarsi dal paese, ma fece questo ragionamento. Il ponte sull'Arno potrebbe essere attaccato da aerei, preferisco proseguire per la Strada Statale 71 per traghettare il fiume più avanti. Ma percorso un chilometro e arrivato nella località di Fonte Antica (allora una sola casa), assieme ad altre persone che in bicicletta e a piedi dirigevano nella sua stessa direzione, si trovò tra l'incudine e il martello. Davanti si stava avvicinando una colonna di autocarri tedeschi, e in cielo apparve una formazione di cacciabombardieri che si preparavano ad attaccare. Mio padre vide il primo velivolo scendere di quota e nell'abbassarsi il pilota fare con le mani cenno ai civili di allontanarsi dalla strada.

In un attimo mio padre si gettò nel fosso a lato della strada lasciando la bicicletta, e fortunatamente per lui si trovo vicino a un tombino. Vi scivolò dentro assieme ad un altro uomo entrato dall'altra piccola apertura della strada (meno di un metro di altezza), restando steso nella terra melmosa, e subito dopo ebbe inizio l'inferno, causato dall'esplosione delle bombe e da urla che arrivavano da tutte le parti, sia dai civili sia dai tedeschi.

Distruzioni di locomotive e vetture ferroviarie nella zona di Cortona a opera dei cacciabombardieri della RAF. Militari del Genio britannici con lavoratori italiani sono al lavoro per ripristinare la linea ferroviaria Arezzo – Roma

Genieri britannici osservano la situazione, pensando a come ripristinarla l'importante linea ferroviaria

Altre immagini di vetture ferroviarie e motrici elettriche italiane immobilizzate presso Cortona.

Come si vede dai relitti, i cacciabombardieri britannici avevano fatto un buon lavoro, nell'interrompere la linea ferroviaria servita dai tedeschi. Ma ora occorreva ripristinarla, spostando i rottami, per permettere il trasporto di mezzi e truppe degli Alleati. Cosa che fu fatta rapidamente dai reparti del genio ferroviario e con consistenza di mezzi incredibile.

A ogni scoppio di bomba ai due lati della strada mio padre si sentiva spinto dallo spostamento d'aria da una parte o dall'altra. Una scheggia andò a colpire di striscio l'altro uomo nel tombino che cominciò a perdere sangue, e un'altra scheggia colpendo la parete del tombino sfiorò mio padre, senza procurargli alcun danno. Raccolse la scheggia, di diametro forse di 10 centimetri, rotonda ma con il metallo argentato tagliente, e la tenne per ricordo, usandola come ferma carte.

Quando dopo pochi minuti l'attacco dei cacciabombardieri cessò, e mio padre uscì dal tombino (nella zona oggi vi è oggi un distributore di benzina dell'Agip), per riprendere la bicicletta, dappertutto vi erano devastazioni uomini dispersi, la strada Strada Statale 71 era stata colpita in più punti e vi erano mezzi tedeschi in fiamme. Ripresa la strada pedalando, passò a guado il fiume Armo all'altezza della frazione Zenna (sotto Capolona) e di lì, procedendo in senso inverso sulla strada dell'altra sponda dell'Arno passando per Pieve a Socana rientrò a Castel Focognano stanchissimo e con i vestiti sporchi di fango. E ci raccontò quella sua non piacevole avventura.

Noi della famiglia dalle finestre della nostra abitazione avevamo visto benissimo il bombardamento, l'esplosione di bombe e colonne di fumo, ma non immaginavamo che nella zona, distante circa un chilometro a sud del paese di Rassina, vi si trovasse mio padre.

Quanto ai bombardieri britannici e statunitensi quadrimotori e bimotori, essi di giorno passavano sulle nostre teste a centinaia (formazioni di Gruppi o Squadriglie a seguire di 24, 36 e anche 48 aerei), e gli obiettivi erano naturalmente sopra la linea del fronte terrestre e le città dell'Alta Italia e del sud della Germania; ma in questo caso in una sola occasione, il 29 giugno, la batteria tedesca di cannoni da 88 mm che difendeva il ponte del Corsalone, riuscì a centrare ed abbattere tre bimotori di una formazioni e di sei, rimasta indietro isolata da uno sciame di bombardieri diretti a nord.

I tedeschi avevano aggiustato il tiro. Vidi dove i bimotori andarono a cadere, uno presso il castello di Calbensano, e i paracadute che si aprivano, meno quelli di un velivolo che esplose in aria. Secondo Alessandro Brezzi, nel libro *Poppi 1944. Storia e storie di un paese nella Linea Gotica*, i bombardieri abbattuti in quell'azione dalla Flak del Corsalone sarebbero stati cinque.

A differenza di quanto si crede, alle azioni di controguerriglia non parteciparono molto attivamente i fascisti. Erano spariti da Castel Focognano mentre invece, almeno fino alla fine di maggio si trovavano a Talla e Rassina ma in numero esiguo.

I tedeschi, sempre più numerosi in Casentino per reprimere le attività delle "bande", ma anche per completare le fortificazioni della Linea Gotica e difenderla dagli attacchi dei partigiani, evidentemente non si fidavano dei fascisti rivelando i loro piani d'attacco, sospettando che potessero essere passati per tempo ai partigiani. Non dimentichiamo che di spie ve ne erano da ambo le parti, e per obiettività non si può osannare quelle della parte che ti fa comodo e criminalizzare le altre. Ricordo che Ivo Boncompagni vice comandante della Compagnia "I" si vestiva da prete per andare a raccogliere le informazioni. Inoltre le diserzioni dei soldati repubblichini, con l'avvicinamento del fronte terrestre ad Arezzo, erano sempre in aumento, e le stragi portavano preoccupazioni anche negli ambienti fascisti del capoluogo (trattandosi pur sempre di uccisione d'italiani), il cui cauto comportamento, in particolare quello del federale Bruno Raul Torres, non era, affatto, condiviso dai comandi tedeschi. I fascisti per quanto nostalgici, e quindi restati fedeli a un ideale, erano accusati di tutte le colpe e di tutti i mali dell'Italia proprio da coloro che, come mi ha sempre detto mio padre di fede monarchica, quelli di Arezzo e provincia li conosceva bene,[61] erano stati i più grandi fascisti che avevano cambiato casacca, in parte diventando partigiani.

Alessandro Pavolini, Segretario del Partito Fascista Repubblicano, nel corso di un suo viaggio, scrisse nel suo Diario che le strutture della Repubblica Sociale in Toscana erano in disfacimento. Dappertutto si verificava lo squagliamento generale portando via le armi, e ciò riguardava anche i reparti della guardia di finanza, dei carabinieri e dei reparti dell'Esercito repubblicano.[62]

---

[61] Mio padre era iscritto alle Guardie d'Onore alla Reali tombe del Panteon e partecipava alle cerimonie quando venivano i Sovrani per onorare Vittorio Emanuele II, Umberto I e la Regina Margherita. Era quello più umile rispetto agli altri nella fila delle Guardie del Panteon, allineati, con in testa politici e generali, e pertanto il Re e la Regina e i Principi Reali gli davano la mano per ultimo. Ma lui ne andava fiero, e restò Guardia del Panteon anche nel dopoguerra, ricevendo la qualifica di Guardia d'Onore scelta. Immaginate la sua delusione quando nel 1946 i sostenitori della Repubblica vinsero le elezioni!
[62] La Memoria Divisa nella prospettiva di Giovanni Contini, in Internet.

Formazione di bombardieri Baltimore IV del 223° Squadron della Royal Air Force - Italy, della Balkans and South East Europe di base a Celone, in volo di guerra nell'Italia centrale.

Ma le stragi, occorre dirlo nuovamente anche se per taluni è un argomento tabu che non farà piacere, erano generate per reazione alle azioni sconsiderate di alcuni partigiani, specialmente delle bande comuniste contro i tedeschi che si ritiravano pressati dagli Alleati. I partigiani più intelligentemente guidati (lo ha scritto anche Curina), come quelli del 3° Battaglione del tenente Sacconi, i combattimenti li evitavano, per quanto possibile, in zone di popolazione, ritenendo più utile raccogliere informazioni, e attendendo il nemico in montagna nella quasi impraticabile vegetazione del Pratomagno, dell'Alpe di Poti e di Catenaia e delle Foreste Casentinesi, dove ci sono dei sentieri appena distinguibili che se non li conosci bene ti perdi.

Mussolini con alle spalle Alessandro Pavolini.

Il Duce mentre passa in rassegna militi della Guardia Nazionale Repubblicana, costituita da uomini maturi e da ragazzi. Ognuno aveva il suo ideale, ed è per questa che parlare di guerra civile, ormai consolidata tra gli storici seri, ci sono in Italia chi non l'accetta. I fascisti avevano per padrone i tedeschi, gli altri italiani, senza rendersene conto, gli anglo-americani.

Se non subivano attentati, divenendo spietati, i tedeschi evitavano di far del male alla popolazione civile; anzi cercavano per quanto possibile, di fraternizzare con essa, che però era ben guardinga per non subire la reazione dei partigiani rossi. Infatti, i pericoli per la popolazione civile arrivavano da due parti.

Posso dirlo, per averlo vissuto, che i fascisti, quasi tutti giovanissimi, nelle loro sporadiche azioni contro i partigiani, a Castel Focognano compirono soltanto sceneggiate, limitandosi ad avvicinarsi al paese da Rassina in formazione ordinata, allineati per tre. Spesso arrivavamo cantando per farsi sentire, per poi schierarsi, come accadde una volta, sotto il camposanto lungo la strada che porta alla chiesetta della Pretella, dove sapevano essere i partigiani, e in due linee, inginocchiati e in piedi, sparare intensamente con i loro fucili in quella direzione, senza vedere alcun bersaglio, né ricevere risposte al fuoco.

Le boscaglie del Pratomagno.

Io è mio padre, scendendo dalla parte del cimitero, ci trovammo a passare mentre compivano quel tipo di azione dimostrativa, una sfida ai partigiani, e uno degli ufficiali, un tenente (forse Sorrentino) che conosceva bene mio padre, avvicinandosi cordialmente gli chiese se aveva finito la sua convalescenza, per prendere servizio nella Repubblica. Mio padre rispose che aveva parecchi disturbi e che dall'ospedale di Arezzo, trasferito a Villa Monsoglio (Laterina) a causa dei bombardamenti degli Alleati, aveva ricevuto altri tre mesi di convalescenza.[63] Il personale dell'ospedale era ormai

---

[63] Il 10 Febbraio 1944, il maresciallo Antonio Mattesini venne curato all'ospedale civile di Monsoglio (Laterina) dal Dott. Baldelli per entero-colite. Il 16 marzo 1944 fu curato di bronchite, ed ebbe sette giorni di riposo dal Dottor Alessandro Giorgi di Rassina, sfollato a Catel Focognano. Infine 28 Aprile 1944, in un attestato rilasciato del Commissario Prefettizio del Comune di Castel Focognano – Ufficio Leva Militare, si affermava: Il maresciallo Mattesini Antonio "*è collocato in licenza illimitata senza assegni da oggi*". Tutti queste agevolazioni permisero a mio padre di poter continuare a esercitare il suo

tutto antitedesco, tra cui mio zio Alessandro Bianchini, infermiere marito di Maria la sorella di mio padre, poi anch'egli nel maggio 1944 sfollato a Castel Focognano e divenuto partigiano della Campagnia "I", distaccato all'infermeria.

Villa Monsoglio, Laterina, restaurata, come appare oggi. A causa dei bombardamenti vi fu trasferito l'Ospedale Civile di Arezzo.

Lo stesso avvenne durante un viaggio ad Arezzo in bicicletta (30 Km da Castel Focognano), con me seduto in canna e mio padre che pedalava, per andare a sbrigare alcune incombenze e vedere in che stato si trovava, dopo molti mesi, la nostra abitazione, che ricordo il 2 dicembre 1943 era stata danneggiata da una bomba statunitense, e il mobilio portato in una cantina, la cui porta era serrata con ben quattro grossi lucchetti, che non furono mai aperti dai ladri.[64]

A chi lo conosceva, ed erano tanti, in gran parte fascisti e in divisa, la risposta era sempre la stessa. Io mi sono convinto, e doveva esserlo anche mio padre, che tutti sapevano della sua resistenza per non andare a fare il servizio nella Milizia fascista, ma

---

compito di responsabile della Centrale Informazioni del 3° Battaglione, senza alcun disturbo fino ai primi di luglio, quando, come vedremo, con l'avvicinamento del fronte degli Alleati dopo la conquista di Roma (4 giugno), e l'incremento degli attacchi dei partigiani, tutto cambiò, e come gli altri dovette nascondersi.

[64] Mio padre pedalava, ed io ogni volta che si affrontava una salita ero costretto a scendere dalla bicicletta. In tal modo, percorrendo la strada Castel Focognano – Rassina, e poi la Statale 71 fino ad Arezzo, arrivammo a destinazione e rientrammo. Mi è rimasto impresso ad Arezzo, che presso la Stazione Ferroviaria, sulla strada alberata sotto le mura occidentali del bastione quattrocentesco Poggetto del Sole, prima della GIL, vi era bruciato e immobilizzato un carro armato tedesco con un lungo cannone, probabilmente un carro tipo IV o un Tiger. Forse era stato colpito in uno dei tanti attacchi aerei cui quell'importante scalo ferroviario (Firenze – Roma, e snodo delle linee ferroviarie per Pratovecchio, Sinalunga e Umbertide) era continuamente sottoposto dagli alleati.

non fecero nei suoi riguardi, per amicizia e stima, nessun intervento coercitivo che avrebbe potuto portarlo anche alla fucilazione. Mai sentito minacce nei suoi confronti, da nessuna parte.

Un'altra volta, entrando baldanzosamente in Castel Focognano ancora provenienti da Rassina, i repubblichini, sempre a scopo dimostrativo e null'altro e questa volta guardinghi temendo che nel paese si trovassero partigiani, ingiunsero alla popolazione l'ordine di non farsi vedere, restando in casa con le finestre chiuse. Lidia Fenci (la madre di Rossana Malatesti, di otto anni e mezzo che sarebbe stata mia moglie), aveva la sua abitazione vicino alla scuola, dove io e Rossana frequentammo e superammo entrambi la seconda classe elementare. Curiosamente Lidia aprì leggermente gli scuri della finestra della cucina. Uno dei militi spianò il fucile urlando "*chiudi*", ma fu subito rimproverato da un altro milite, che disse: "*Ma che fai non vedi che quella è la sorella di Alvaro*"; ossia il diciassettenne fratello minore di Lidia che in quella guerra civile, fratricida, come volontario faceva parte delle Guardie Repubblicane di Rassina, che a Castel Focognano, come in altri paesi del Comune, avevano parenti dell'una e dell'altra fede.

Alvaro non era presente, poiché era stato ferito in combattimento, e si trovava nell'ospedale di Subbiano, dove io e mio padre andammo a trovarlo, trattandosi di un nostro parente, percorrendo a piedi i viottoli della ferrovia perché essendo fuori uso era meno pericolosa delle strade percorse dai mezzi militari tedeschi. Infatti, mio padre e il marito di Lidia Fenci, Angelo Malatesti prigioniero ad Asmara in Eritrea, erano cugini. Alvaro si trovava in ospedale quando fu ucciso Licio Nencetti, e nel processo del dopoguerra, in cui erano imputati altri ex militi (tra cui il Celli un altro mio parente), tutti difesi dall'avvocato Giorgio Almirante, fu scagionato dall'inconsistente accusa di aver partecipato al plotone di esecuzione.

La famiglia Malatesti, originaria di Rassina, si era trasferita nel 1938 ad Asmara dove il padre lavorava come meccanico militarizzato presso l'Autocentro dell'Esercito, e dove nacque il figlio Amleto.

Bibbiena, 18 agosto 1943. A sinistra, la famiglia Malatesti, Franco, Amleto, Lidia Fenci e Rossana, mia futura moglie. A destra, Francesco e Rossana fidanzati, a Roma EUR nell'estate 1957.

Dopo la conquista britannica dell'Eritrea nell'aprile 1941, in base agli accordi stabiliti dal Governo italiano con la Croce Rossa e accettati da Londra per far rientrare in Patria i nostri connazionali minacciati di morte e violenze dai nativi, la famiglia Malatesti (tranne il padre rimasto lavoratore prigioniero dei britannici fino al 1946), tornò in Italia nel gennaio 1943. Sbarcata a Brindisi dalla motonave *Giulio Cesare*, con lungo trasferimento in treno e sosta di qualche giorno presso parenti a Bassano di Sutri (oggi Bassano Romano), dove il 18 settembre 1935 proprio in una casa davanti alla stazione ferroviaria era nata mia moglie, la famiglia si trasferì a Bibbiena. Nel febbraio 1944, a causa dei bombardamenti alleati, la famiglia divenne anch'essa sfollata a Castel Focognano, per poi tornare a Bibbiena, come vedremo, nel giugno 1944.[65]

Mentre le rappresaglie tedesche agli attacchi dei partigiani, considerati "Banditi", erano inflessibili e portavano quasi sempre a uccisioni più o meno efferate, non altrettanto avveniva, nonostante quanto se ne dica ancora oggi per odio politico, con i fascisti. Sacconi svelò un episodio che è emblematico, ossia l'attacco guidato di una

---

[65] La Brigata "Sinigagllia" era sotto il controllo del Partito Comunista Italiano. Ciò è dimostrato dal fatto che il 26 giugno arrivò in visita al Comando della Brigata il compagno Francesco Leone ("Gastone"), dirigente nazionale del PCI e ispettore regionale delle Brigate Garibaldine per la Toscana. Lo scopo era quello di concordare l'impiego della Brigata nella zona di Firenze in vista dell'arrivo degli Alleati che dovevano essere preceduti in città, in modo da poterne vantare ai partigiani comunisti la "liberazione". Cfr, *Brigata Sinigaglia*.

pattuglia di partigiani della 4ª Compagnia "Volante", al comando di Bruno Fantoni, che il 18 maggio 1944, dopo aver attaccato un camion tedesco incendiandolo e uccidendo tre soldati presso Traiana (Valdarno), fermarono una corriera carica di giovani militi della Guardia Nazionale Repubblicana, che da Talla erano diretti a Rassina, e prima di lasciarli liberi si fecero consegnare i loro ventidue moschetti. Due giorni dopo, avendo riconosciuto Fantoni, i repubblichini arrestarono presso Salutio la sorella, e minacciarono di ucciderla se Bruno non si fosse consegnato. La madre del ragazzo si accordò con i militi, e il tutto finì bene. La sorella di Bruno fu rilasciata con la riconsegna dei moschetti.[66]

L'uccisione dell'autista Giuseppe Baldassarri da parte di "Vladimiro"

Purtroppo, anche nel libro di Carla Nassini e Massimo Martinelli, *Castel Focognano. Obiettivo sul novecento. Identità e trasformazioni di una comunità casentinese*, l'episodio della fucilazione a Castel Focognano dei quattro uomini del paese per opera dei partigiani di Vladimiro è assolutamente ignorato, come'è ignorato l'episodio della cattura a Pieve a Socana e uccisione a Carda, sempre da parte di Vladimiro, dell'autista italiano di una motocicletta side-car, dove si trovava un maggiore tedesco che pur restando ferito evitò la cattura o la morte. Nel libro dei due autori è soltanto riportato alla p. 72:

"*Il 14 giugno i partigiani catturano a Pieve Socana Giuseppe Baldassarri, che viene deportato in Pratomagno e ucciso sopra Carda*".

La data della cattura di Baldassarri, che era realmente un fascista al servizio dei tedeschi, dovrebbe essere errata poiché l'attacco alla motocicletta con side-car, attribuito "*al 4° Squadrone Volante ..., ferendo un tedesco che però riuscì a fuggire*", sarebbe avvenuto il 25 giugno, come è riportato nel sito Internet "*I massacri di Arezzo. Castelfocognano e Talla*". Ricordiamo che il 4° Squadrone Volante (4ª Compagnia del 3° Battaglione) era comandato, come ha riferito Sacconi e risulta negli elenchi dei partigiani, da Bruno Fantoni, nome di battaglia "Bruno".

Vladimiro, considerato nei paesi e frazioni del Pratomagno un pericoloso spietato personaggio, terrore dei contadini che erano sistematicamente derubati di viveri e bestiame per rifornire il suo reparto con le cosiddette requisizioni (i contadini della zona non le hanno mai considerate benevoli e i partigiani rossi li chiamavano "*grattigiani*"), dopo l'attacco al side-car fece prigioniero il conduttore della motocicletta, italiano, disarmato, ma in divisa tedesca come io e mio padre potemmo constatare di persona.[67]

---

[66] Raffaello Sacconi, *Partigiani in Casentino e Val di Chiana*, Quaderni dell'Istituto Storico della Resistenza in Toscana (ISRT), La Nuova Italia, Firenze, 1975, pag. 79.
[67] Sulle requisizioni e rapine dei partigiani delle bande nel sito *Storie tifernate e altre* di Alvaro Tacchini, *Alta Valle del Tecere 1943-1944*, è scritto con dovizia di particolari: "*Delle ombre sull'operato della Resistenza lo gettò il comportamento di una banda alla macchia sul tratto appenninico tra Cortona e Città di Castello, che "viveva di violenze e di rapine", e di alcuni esponenti della banda di Badia Petroia. A quattro di essi non sarebbe poi stata riconosciuta la qualifica di partigiano combattente per "indegnità": li si accusò di "furto commesso durante l'azione partigiana". Qualche vittima di requisizioni effettuate per*

Infatti, nel pomeriggio, mentre il Vladimiro da Pieve Socana percorreva la strada che conduce a Carda, passato il cimitero di Castel Focognano proprio mentre noi dopo una giornata alla macchia stanchi e affamati scendevamo sulla stessa strada verso il paese, da una curva abbiamo visto sbucare due persone, una avanti a piedi e l'altra dietro a cavallo. Quest'ultimo, il partigiano con la stella rossa sul berretto, teneva al laccio con una lunga corda il suo prigioniero, in divisa tedesca, come un cane al guinzaglio, mentre l'aguzzino lo seguiva sul suo cavallo bianco. Mi è passato accanto sulla strada, vicinissimo, e ricordo molto bene il suo sguardo verso di noi, piuttosto beffardo, come dire vedete come sono bravo, mentre l'italiano appariva angosciato; ma con lo sguardo fisso in avanti non disse nulla, anche se forse desiderava da noi un tentativo di aiuto che conoscendo la fama di quel mascalzone non potevamo dare. Arrivato sopra Carda il Vladimiro ha sparato freddamente all'italiano con la sua pistola uccidendolo, come poi in paese venimmo subito a conoscenza.

Sul sito *I Massacri di Arezzo 1944*, riguardo all'episodio è riportato brevemente che "*il 25 luglio* [giugno] *il 4° Squadrone, il "Volante", attaccò una motocicletta side-car, ferendo un tedesco che però riuscì a fuggire*"; nulla è scritto sull'autista del side-car e sulla causa della sua penosa morte.

Prima di essere ucciso Giuseppe Baldassarri aveva percorso con il laccio al collo almeno 25 chilometri e in gran parte in salita. Come sappiamo dal Commissario Sirio Ungherelli, la Brigata Sinigaglia difficilmente faceva prigionieri, specialmente se fascisti.

---

prelevare generi alimentari e finanziamenti per il movimento alla macchia aveva sporto denuncia per rapina; era tutt'altro che convinta, per le modalità del prelievo, che si trattasse di azioni legate alla lotta al nazi-fascismo. Fu coinvolto nella vicenda il cortonese Valentino Lorenzini, subentrato ad Aldo Migliorati il 10 maggio al comando della banda di Badia; secondo la "Pio Borri", se ne distaccò senza valido motivo il 21 giugno, data nella quale ne riassunse le redini Migliorati. Lorenzini sarebbe stato arrestato dopo la liberazione e incarcerato per 14 mesi, fino all'estinzione per amnistia dei reati imputatigli. A suo dire le requisizioni erano state fatte "per il fabbisogno della banda" e – scrisse – "quando mi facevo consegnare viveri o danaro rilasciavo ricevuta firmata con il mio vero nome". Ma la Commissione regionale toscana non ne accolse le giustificazioni e non gli attribuì la qualifica di partigiano combattente".

Quindici uomini del distaccamento "Falerio Pucci" della Brigata Sinigaglia. Da *Toscana 900. Portale di Storia Contemporanea*. Uno di questi è da ritenere fosse Vladimiro, del quale non è disponibile alcuna fotografia con il suo nome. Ricordo che era molto alto e aveva la stella rossa sul cappello e lo sguardo beffardo.

È possibile che nell'attacco al side-car Sergio Vladimiro si fosse aggregato alla 4ª Compagnia di Bruno Fantoni o che avesse realizzato, com'è più probabile, quell'azioni di guerriglia agendo autonomamente. Quando lo incontrammo con il suo prigioniero Vladimiro era completamente solo, e non vedemmo arrivare sulla stessa strada alcun altro partigiano. La strada più breve e facile per raggiungere Pieve Socana dalle zone partigiane del Pratomagno (zona di Talla-Crocina) era quella di Salutio, sulla sponda destra dell'Arno. Se per spostarsi all'andata o al ritorno fossero passati per Castel Focognano, dove non vi erano né fascisti né tedeschi, i partigiani li avremmo visti. Vladimiro era sulla strada per Carda perché lì erano di stanza, assieme ad elementi del "Gruppo Nencetti", uomini della Brigata "Sinigaglia", che si spostavano in continuazione nel Pratomagno.

Nel dopoguerra, nel corso di varie discussioni che si svolgevano nella mia casa tra mio padre e due capi partigiani della Compagnia "I" del 3° Battaglione "Pio Borri", Libero Burroni e Leo Boncompagni, e in cui, trattando di scegliere come più meritevoli di riconoscimento i nomi dei partigiani e dei patrioti da comunicare all'ANPI, fu spesso discusso sul discutibile comportamento di Vladimiro. Ricordo che Burroni, che come Boncompagni conosceva Vladimiro, disse che quando tornò a casa i suoi compaesani lo avevano aggredito e picchiato sonoramente.

Quello stesso il 25 giugno dell'attacco al side-car, i tedeschi si limitarono, come rappresaglia, a incendiare tre case di Pieve a Socana, antica località etrusca con importanti reperti e una chiesa romanica, e a rastrellare tutti i civili, che messi al muro con le mani alzate e interrogati furono poi misericordiosamente rilasciati.

Evidentemente, non essendo stato ucciso l'ufficiale, non dettero molta importanza alla cattura dell'autista italiano, poi ucciso barbaramente. Per loro era importante la regola, per ogni tedesco ucciso uccidere dieci italiani. Di rappresaglie chieste dagli italiani, difficilmente se ne occupavano, ci pensassero loro.

Pieve a Socana. La pieve e i reperti etruschi. Nella parte nuova verso Rassina (a destra fuori campo visivo), abita mio cognato, allora il piccolo Amleto Malatesti.

E' corretto uccidere in combattimento uomini nemici in divisa e armati, ma è anche facile e disonorevole giustiziare un prigioniero, per di più disarmato, o andare a prelevare con la forza bruta delle armi persone civili che hanno un certo ceto sociale, come dottori, farmacisti, industriali, banchieri, benestanti, ecc. E quindi elementi da eliminare secondo la teoria comunista, quella di far scomparire le classi dirigenti, in un paese dove non ci sono avversari che ti contrastano al momento dell'agognata presa del potere, strappandoli alle famiglie angosciate, con l'accusa, spesso falsa o fornita da delatori sciacalli, spesso vere spie, di essere fascisti e avere quindi il *"diritto"* di ucciderli freddamente.

Io durante la mia permanenza a Castel Focognano non ho visto nessun civile ucciso o ferito dai fascisti, anche quando, lo ripeto, arrivavano in forze da Rassina (non più di una compagnia) per le loro ricognizioni; ma aimè, questo accadde in quel tranquillo paese ad opera di una banda del distaccamento comunista "Faliero Pucci", guidata da Vladimiro, che i fascisti o presunti tali andava a cercare, ed era autorizzata ad ucciderli.

Sarebbe il caso che nelle varie cerimonie del Comune in onore dei propri caduti ciò non fosse dimenticato. Sarebbe un atto d'intelligenza e doverosa prova di saggezza e di ritrovata fratellanza. Inoltre sarebbe doveroso aggiungere i loro nomi al monumento commemorativo intitolato *"ai Caduti in tutte le Guerre 1915-1918 e 1940-1945"* del Comune di Castel Focognano, scrivendovi semplicemente *"caduti per fatti di guerra"*, e con la data della loro morte.

***

Ho detto in precedenza tranquillo paese poiché dal dicembre 1943 all'aprile del 1944 non ci furono a Castel Focognano, per quanto ricordo, azioni di guerra. Per questo motivo il numero degli sfollati che fuggivano da Arezzo e da altre aeree del Casentino, soprattutto del corso dell'Arno, come dai paesi di Bibbiena, Rassina e Subbiano aumentarono. In quel periodo la mia vita si svolse come tutta quella degli altri ragazzini. Completai nella scuola elementare la seconda classe, assieme a Rossana Maltesti che sarebbe stato la mia compagna per la vita, cinquant'otto anni di fidanzamento e matrimonio a Rassina (31 maggio 1964) fino al 6 aprile 2014 quando è deceduta, lasciando in me un grande vuoto. E pensare che gli restavo antipatico perché avevo presentato alla maestra (non ricordo il nome), come compito, un bellissimo disegno del cavallo di Troia fatto da mio padre. Poiché era un caratterino, me l'ha sempre rinfacciato.

Ho frequentato il catechismo fino alla prima comunione, officiata il 18 giugno 1944 dal parroco Don Enrico Lachi. Nell'occasione in chiesa, per l'odore dei gigli intorno all'altare dove ero inginocchiato, mi sono sentito male. Mio padre, sempre attentissimo, vedendomi in volto bianchissimo e subito corso e mi ha portato fuori della chiesa fino a quando non mi sono ripreso. I guanti bianchi che portavo erano di Rossana e mi erano stati prestati dalla madre Lidia. Riempievamo la chiesa, con la gente di tutto il paese, nelle funzioni serali, e durante la giornata, tanto per passare il tempo andavamo a giocare, in piazza o presso la pineta e il vicino torrente presso il ponte Condotto. Oppure, io Rossana e il fratellino Amleto (cinque anni) seguivamo la quindicenne Natalina Falsini, la figlia della sorella di mia nonna Giuseppa Biondini, che portava al pascolo una decina di pecore col manto marrone e un ariete bianco. Andavamo in direzione della piccola frazione La Petrella. Spesso vicino alla chiesetta di San Biagio, oppure nei primi contrafforti di Poggio Ripa dove vi erano buoni pascoli d'erba.

Accadde che, essendo inverno e sentendo freddo commisi un'ingenuità, riempiendo la parte cava di un grosso castagno di foglie secche e con un fiammifero appiccai il fuoco. Natalina, che in quel momento seduta discorreva con Rossana, mentre io ero con Amleto che mi aveva aiutato a sistemare le foglie nel cavo del castagno, si accorse del fuoco e corse a gettare sabbia per spengerlo, per poi giustamente rimproverarmi. Sembrò essere riuscita a domare le fiamme, ma nella notte l'incendio riprese vigore, facendo accorrere gli uomini del paese con le vanghe. Spento il fuoco, essi tornarono arrabbiatissimi, volevano sapere chi fosse stato l'incosciente che lo aveva appiccato; ma Natalina, guardandomi preoccupata, mi salvò tacendo. Sono però convinto che gli altri compresero che ero io il responsabile, ma non mi accusarono.

Rossana, Agosto 1975, Colle Isarco, Bolzano. Dedico a Lei questo mio libro.

Accadde anche che, avendo saputo che alcuni ragazzi del paese avevano deciso di andare a fare il bagno in un pozzone del torrente Soliggine, che si trova vicino al Mulin del Forte, decisi di accompagnarli senza dire nulla ai miei genitori, portandomi dietro il piccolo Amleto. Scendemmo il torrente sotto la fattoria Bonomi, e raggiunto il pozzone a 2 chilometri più a valle, facemmo il bagno in mutande. Cerano anche delle ragazze che si tenevano distanti imbarazzate. Ma mentre stavamo in acqua vidi arrivare mio padre con la faccia scura. La mamma di Amleto, non avendo più visto il ragazzo e sapendo che stava con me, lo aveva avvertito. Immaginate i rimproveri mentre ci riportava a casa.

Infine, poiché restare di giorno a Castel Focognano era troppo pericoloso, mio padre, mi portò a tagliare i capelli nella frazione La Vite, vicino a Terrossola, sulla strada per Bibbiena. Ma mentre il barbiere, dopo avermi sistemato, era passato a tagliare i capelli a mio padre, arrivo di corsa un uomo eccitato che urlò: "*I tedeschi, ci sono i tedeschi, Scappate, scappate*". Fu una fuga generale, compreso il barbiere che chiuse subito il suo negozio, per dirigere di corsa verso le boscaglie del Poggio Ripa. Questo per dimostrare quanto facesse paura vedere in quell'estate del 1944 anche soltanto un tedesco in divisa.

Non era piacevole né consigliabile trovarsi in un rastrellamento. Nessun uomo voleva essere catturato. Doveva giustificare di non essere un partigiano, rischiando la morte, oppure finire a lavorare alle fortificazioni della Linea Gotica o nelle fabbriche della Germania, sotto i bombardamenti degli Alleati. I rastrellamenti tedeschi ebbero successo se si considera che nella sola zona di Ortignano furono prelevati e deportati in Germania sessantotto uomini, a cui se ne aggiunsero altri centocinquanta di Poppi, e non tutti tornarono nel dopoguerra. Può darsi che quel giorno dal barbiere mio padre, senza l'allarme preventivo, non sarebbe sfuggito a quella sorte o anche a una peggiore.

Un altro episodio che debbo descrivere e quello che accadde a Rossana e alla sua famiglia. Verso la fine di Giugno la famiglia Malatesti, per permettere al figlio maggiore Franco di poter continuare gli studi di Scuola Tecnica a Bibbiena, partirono a piedi per quella destinazione. Dapprima abitarono presso la zia di Rossana, Angela Malatesti, ma subito dopo, di fronte ai bombardamenti alleati che non risparmiavano la cittadina, furono ospitati nel convento di Santa Maria del Sasso (con due chiese, una superiore, Madonna del Sasso, e l'altra inferiore, Madonna del Buio), dove ad inizio del mese si era trasferito l'ospedale di Bibbiena, diretto dal Professor Gaetano Conti, sfrattato per ordine perentorio di un ufficiale medico tedesco perché i locali dell'ospedale servivano per i suoi feriti.[68]

Poiché in continuazione arrivavano sfollati, il Santuario (dove ogni 6 aprile dedico una messa alla memoria di Rossana), i quattro componenti la famiglia Malatesti ebbero il loro ristretto posto nella chiesa sottostante in una nicchia nella roccia presso l'immagine della Madonna del Buio. E la rimasero fino al 29 agosto, sfamati e curati per quasi due mesi dai frati Domenicani, fin quando arrivarono i partigiani che, riparando un piccolo ponte che era stato fatto saltare in aria, permisero l'arrivo di un primo automezzo, mimetizzato con frasche di rami, e con a bordo soldati indiani della 4ª Divisione del 10° Corpo d'Armata britannico. Subito dopo Lidia, la mamma di Rossana, decise di partire percorrendo viottoli in montagna verso Chitignano, per poi raggiungere Rassina. Nel passare la linea del fronte, i Malatesti, come mi raccontò mia moglie, ebbero paura alla vista di uomini armati, scuri e con il turbante che mimetizzati si tenevano nascosto tra la vegetazione. Ma nessuno li disturbò, e poterono raggiunsero Rassina dove, ospitati dai parenti, ebbe fine la loro odissea.[69] Angiolo Malatesti, il babbo di Rossana, rientrò dalla prigionia trascorsa in Eritrea, lavorando come meccanico per i britannici, nel 1946.

---

[68] Dichiarazione del Professor Gaetano Conti, in Raffaello Sacconi, *Partigiani in Casentino e Val di Chiana*, cit., p. 245-246. Prima del rientro a Bibbiena, Franco si recava a scuola in bicicletta scendendo da Castel Focognano fino a Rassina, dove prendeva il treno per Bibbiena. Ma con l'avvicinamento del fronte, e gli attacchi aerei devastanti agli obiettivi ferroviari, che furono interrotti, il viaggio, all'andata e al ritorno, non era più possibile.

[69] Testimonianza confermatami recentemente da mio cognato, Franco Malatesti, allora quattordicenne.

Il Santuario di Santa Maria del Sasso, dove ogni anno faccio dire in chiesa una messa in memoria di mia moglie Rossana, il 6 aprile data della sua morte. Sullo sfondo a destra il Monte della Verna, convento fondato da San Francesco d'Assisi, dove ebbe le stimmate.

L'incremento degli attacchi dei partigiani e le rappresaglie tedesche.

Il 1° giugno 1944 partigiani della 4ª Compagnia del 3° Battglione impiegando dinamite interruppero in più punti la strada Carra – Casavecchia – Lappia.

Il 3 giugno in uno scontro a fuoco nei pressi di Santa Mama (sulla SS 71 a 2 Km a sud di Rassina), i partigiani della 6ª Compagnia uccisero due soldati di una pattuglia tedesca. Lo stesso giorno il partigiano Pietro Nocentini della 3ª Compagnia, in perlustrazione a con altri due compagni presso il Distretto Militare di Poppi, disarmò un militare tedesco, togliendogli fucile e pistola, e un altro partigiano della Compagnia Comando, Bruno Guerrini, disarmò un milite della Guardia Nazionale Repubblicana. Erano più importanti le armi che uccidere uomini disarmati, spesso lasciati liberi, soprattutto se erano italiani.

Il 5 giugno, in un colpo di mano, una pattuglia di sei partigiani della 4ª Compagnia "Volante", attaccò un deposito tedesco di esplosivi a Ponte Romito, con un presidio di una cinquantina di soldati, incendiandolo con fuoco appiccato a della paglia. Fu catturata una mitragliatrice. Un autocarro, trasportante soldati tedeschi nel transitare sul posto dell'incendio, s'incendiò ed esplose, uccidendo e ferendo quanti si trovavano a bordo del mezzo. Due militari francesi si unirono ai partigiani. Nel frattempo, uomini della 3ª Compagnia di rientrò dalla zona di Santa Mama dopo una perlustrazione, si scontrarono con una pattuglia tedesca, mentre altri uomini della Compagnia Comando, riuscendo a penetrare nel Distretto di Poppi vi distrussero parte dei documenti. Infine partigiani della 1ª Compagnia disarmarono i militi del posto di avvistamento aereo di Montemignaio.

L'indomani 6 gli Alleati effettuarono un aviolancio di armi e munizioni nell'Alpe di Catenaia, nella zona Prati della Regina, e ciò permise al 3° Battaglione di poter disporre di in rinforzo di sessantadue fucili automatici [Sten], con abbondanti munizioni e bombe a mano, in modo che, con le armi ricevute in un precedente lancio a San Paolo in Alpe, fu raggiunta l'autosufficienza. Ha scritto Sacconi: *"considerando la necessità dei reparti della Brigata, non chiedo né armi né altri materiali"*.[70]

Il 7 giugno Giuseppe Cicero, partigiano della Compagnia "Volante" disarmò, da solo, nella stazione ferroviaria di Rassina, alcuni militi della Guardia Nazionale Repubblicana, catturando armi e bombe a mano.

L'8 giugno, dopo che il partigiano Enzo Ruspanti, con due ex prigionieri russi, aveva disarmato e lasciato libero un milite del Battaglione San Marco, limitandosi a rimproverarlo, un capitano tedesco, nell'avvicinarsi all'accampamento della Compagnia "Volante" forse per prendere informazioni, fu ucciso nello scontro a fuoco. Lo stesso giorno una pattuglia di partigiani composta da Virgilio Versari, Franco Gori, Esterino Maggini, Leo Boncompagni e Feliuce Grassi, contrariamente agli ordini ricevuti, passarono il Fiume Arno tra Bibbiena e Poppi e raggiunta la Strada Statale 63 per il Passo della Consuma, attaccarono un reparto tedesco ferendo gravemente due motociclisti, e facendo prigioniero un sottufficiale, poi lasciato libero dopo avergli sequestrato il mitra. I tedeschi, del SSPF West-Emilien 3./Einsatz-Kommando Bürger, per rappresaglia uccisero un uomo anziano a Memmenano, tra Bibbiena e Poppi, e deportarono trenta altri uomini del paese. Il Versari, che comandava la pattuglia, avendo riconosciuto l'errore commesso in buona fede, fu allontanato dal 3° Battaglione.

Lo stesso giorno a Strada il partigiano della 7ª Compagnia Angelo Borghini che trasportava una valigia carica di armi, era fermato da militi della Guardia Nazionale Repubblicana e tradotto in caserma. Poco dopo furono catturati dai militi tre partigiani della medesima 7ª Compagnia, tra i quali il comandante l'avvocato Mario Migliorini, che però riuscì a liberarsi e abbandonare subito il paese di Strada per rientrare ad un posto di adunata. Gli altri due partigiani, Egidio e Ivi Milanesi. furono consegnati ai tedeschi ma in seguito anch'essi riuscirono a fuggire salvandosi.

L'indomani 9 giugno per motivi di sicurezza la 3ª Compagnia si portò da Lucciano alla Pretella, a nord-ovest di Castel Focognano, mentre nei pressi di Strada Migliorini riunì i quattordici uomini della sua 7ª Compagnia per stabilire un piano d'azione e fissare la zona di territorio nella quale il reparto poteva operare sulla riva destra del fiume Arno.[71] Il 12 giugno la 7ª Compagnia si spostava nei pressi di Torre per essere più vicina alla strada del Passo della Consuma, per poi attaccare un autocarro tedesco che dovette fermarsi, bloccando la strada ad altri due mezzi che stavano sopraggiungendo.[72] Il giorno 13 fu constatato che nella strada della Consuma i mezzi

---

[70] Raffaello Sacconi, *Partigiani in Casentino e Val di Chiana*, p. 88.

[71] I partigiani erano: Amos Larghi, Bruno Nastagi, Raffaello Danesi, Danilo Grifagni, Giuseppe Fabbri, il maresciallo Giovanni Bargioni, Gino e Alfredo Fani, Marino Basagni, Nello Mangani, Leto Bigiarini, Angiolo Moretti, Gino Municchi, Paolo Santini.

[72] L'11 giugno, il Capo della Sezione Informazioni, Compagnia "I", maresciallo Antonio Mattesini, segnalò al comando del 3° Battaglione che: *"L'intero reparto dei repubblicani di Rassina,*

ruotati tedeschi in colonna erano accompagnati da autoblindo, e l'indomani i partigiani Giuseppe Fabbri Paolo Santini e Marco Nastagi, sempre della 7ª Compagnia, gettarono chiodi sulla strada per forare le gomme degli automezzi.

Chiesa di San Biagio: "Pretella".

Nella strada di ritorno i tre partigiani fermarono due soldati tedeschi ai quali catturarono i fucili, ma poi attaccati da una pattuglia nemica presso Borgo alla Collina, nel combattimento Santini fu ferito al braccio destro ma riuscì a raggiungere la sua abitazione per essere curato. Purtroppo il 23 luglio, quando ancora non era guarito, fu catturato dai tedeschi e fucilato a Campaldino assieme al partigiano "Aquila" (Mario Di Falco) della 22ª Brigata "Lanciotto". Sempre il 14 giugno una pattuglia della Compagnia Comando del 3° Battaglione, passando per Opi, fermo un repubblichino sequestrandogli due fucili, generi alimentari e vestiario. Vi fu anche un movimento nel comando della 1ª Compagnia assunto dall'aiutante ufficiale Luigi Lastrucci ("Rossi") con vice comandante il sergente aviere Giuseppe Segenni ("Baffone").

Lo stesso giorno 14 giugno, nel pomeriggio, a Chiusi della Verna, i partigiani dell'Alpe di Catenaia attaccarono una moto carrozzella sulla strada in direzione della Melosa, con a bordo quattro tedeschi e ne uccisero uno, per poi scappare alla reazione di fucili mitragliatori in direzione di Caprese Michelangelo. Per rappresaglia una

---

comandati dal tenente Sorrentino, abbandona il paese e si porta ad Arezzo. Il movimento è dovuto alla paura di un attacco dei partigiani".

quindicina di soldati tedeschi, inferociti, raggiunta Villa Serena dove era sfollata la famiglia Pignatelli di Roma, uccisero il padre Salvatore e il figlio Vittorio, e ferirono la madre. Quindi entrarono nelle abitazioni del paese e sparando all'impazzata uccisero altre nove persone, fra cui il parroco, don Raffaello Pericchi e una suora di carità, Elena Bindi, ferendo poi Suor Vincenza Dell'Oppio, entrambe delle suore di San Vincenzo sfollate da Arezzo a Villa delle Rose di Chiusi della Verna.

Il 15 giugno i partigiani della 4ª Compagnia "Volante" uccisero un soldato tedesco nei pressi del fosso di Mallago presso la Crocina. Infine, dieci partigiani della 5ª Compagnia, comandati in due pattuglie da Vittorio Tellini ("Lupo") e Mario Fani ("Leone"), misero in fuga, presso il Santuario di Santa Maria delle Grazie (Stia), sulla strada SS 556 per Onda (Mugello), alcuni tedeschi, uno dei quali fu ferito assieme al partigiano Nunzio Pilotto che fu curato dalle suore del Santuario, dove conobbe un'orfana dell'eccidio di Vallucciole del 13 aprile, che poi divenne sua moglie.

Sempre il 15 giugno nel tentativo di liberare un esponente della resistenza aretina, Sante Tani, il fratello sacerdote don Giuseppe Tani e il partigiano Aroldo Rossi, che erano stati catturati il 30 maggio e sottoposi a stressanti interrogatori, tre partigiani riuscirono a entrare nel carcere di San Benedetto, in via Garibaldi. Ma il tentativo fallì poiché nel momento della fuga i tre partigiani furono tutti catturati e poi passati per le armi assieme ai tre prigionieri dai militi dalla Guardia Nazionale Repubblicana. Dopo di allora il 1° Battaglione della 23ª Brigata, comandato dal sottotenente Aldo Donnini, si chiamò "Sante Tani".

Ancora il 15 giugno, si verificò dopo una violenza e sevizie inenarrabili nell'interrogatorio l'uccisione, a colpi di pugnale, di una ragazza staffetta partigiana del 3° Battaglione, Bruna Sandroni, nata a Castel Focognano il 16 agosto 1926 ma residente ad Ortignano. Fu catturata al Corsalone dalle Guardie Nazionali Repubblicane della Compagnia Arezzo 642° UPI, comandata dal capitano (capo manipolo) Umberto Cerasi Abbatecola, e sepolta a Bibbiena. Abbatecola, nato a Firenze il 10 gennaio 1901, ex maresciallo capo dei carabinieri, poi processato per i molti delitti, fu fucilato alla schiena l'11 marzo 1946 a Varese.[73] Era uno dei novantuno fascisti che nel dopo guerra furono fucilati, prima del condono di Palmiro Togliatti del 22 giugno 1946, colpo di spugna anche per i crimini commessi dai partigiani, che erano parecchi e rimasero in gran parte impuniti.[74]

---

[73] Abbatecola fu fucilato a Valganna-Miniera (Varese) l'11 marzo 1946. Per i reduci repubblicani, Abbatecola *"era innanzi tutto un italiano e un patriota. Ha seguito fino in fondo le sorti dell'Italia in cui credeva e, per questo merita la nostra memoria"*. Cfr., ACTA, Dell'Istituto Storico Repubblica Sociale Italiana.

[74] Ha scritto, tra l'altro, Giuliana Tofani al Presidente dell'ANPI il 25 aprile 2013: *"Moltissime ausiliarie prima di essere uccise, hanno subito violenze di ogni genere, come essere ripetutamente stuprate da bestie immonde che portavano al collo un fazzoletto rosso .... Altre furono rapate, denudate, frustate e fatte sfilare per le strade tra il pubblico ludibrio. Quelle che non furono uccise finirono nei campi di concentramento. Il più noto è quello di Scandicci (Firenze), gestito dagli americani. ... Tra tutte le ausiliarie che voi partigiani comunisti avete martirizzato voglio ricordare Marilena Grill, candida studentessa sedicenne del liceo Massimo d'Azeglio di Torino, addetta al posto di ristoro della stazione ferroviaria di Porta Nuova. Marilena fu strappata dalle braccia della mamma con la complicità di un compagno di scuola e tenuta prigioniera in una caserma per cinque terribili giorni dove fu ripetutamente violentata dal suo aguzzino Piero Sasso. Fu uccisa al Rondò della Forca nelle prime ore del 3 maggio 1945. Assieme a lei furono assassinate l'ausiliaria ventenne Ernesta Raviola e due donne che avevano lavorato alla mensa dei tedeschi. Voglio ricordare anche Norma Cossetto, nata a Santa Domenica di*

Umberto Cesasi Abbatecola, uno dei carnefici della Guardia Nazionale Repubblicana, fucilato alla schiena nel dopoguerra dopo condanna per i delitti commessi nell'aretino e nel varesino.

All'indomani della barbara uccisione di Bruna Sandroni, il 16 giugno alcuni partigiani del 3° Battaglione "Licio Nencetti", al comando di Ezio Ruspanti, operanti in Val di Chiana, dopo aver salvato un pilota alleato di un aereo abbattuto presso Montecchio Vesponi, catturarono e uccisero immediatamente vicino a San'Egidio (Cortona) un soldato tedesco. Lo stesso giorno ad Ortignano, presso un negozio alimentare, in uno scontro a fuoco con due tedeschi rimasti mortalmente feriti, decedette il partigiano Caiani di Firenze, della 22ª Brigata "Lanciotto".

Sempre il 16 giugno, durante un'uscita di cecchinaggio, due pattuglie della 7ª Compagnia poterono conoscere che nella loro zona dell'alto Pratomagno di fascisti compromessi non ve ne erano più, e che rimanevano soltanto quelli che non avevano compiuto alcun crimine. Da essi il comandante della compagnia si fece consegnare viveri e armi. La popolazione della zona appariva alquanto favorevole ad aiutare in tutti i modi i partigiani del 3° Battaglione che, nonostante la presenza di soldati tedeschi, potevano muoversi anche in pieno giorno.

Ancora il il 16 giugno si presentarono alla Compagnia "I" due ex prigionieri britannici di nome Max e Federico, il primo conducente di carri armati il secondo di fanteria, entrambi dell'8ª Armata britannica, che erano riusciti a evadere dal campo di

---

Visinada, attualmente comune croato, vicino a Pola. Non era una ausiliaria, non aveva alcun incarico politico, era una studentessa dell'Università di Padova, figlia di un dirigente del Partito Nazionale Fascista. Nel settembre del 1943 fu incarcerata dai partigiani comunisti, portata nella scuola di Artignana, legata ad un tavolo e stuprata dai suoi numerosi carcerieri. Nelle prime ore del 5 ottobre fu gettata, con altri prigionieri in una foiba". Cfr., Giuliana Tofani, *"Lettera al Presidente dell'Anpi: la verità sugli stupri e i massacri commessi dai partigiani"*, in Internet.

concentramento. Accompagnati personalmente da mio padre al Comando del tenente Sacconi a Montebòrgnoli, i due ex prigionieri restarono a operare nella zona di Castel Focognano, partecipando ai lavori di fortificazione e sbarramenti anticarro della zona.

Una famosa scena di Alberto Sordi nel film *Le quattro giornate di Napoli*.

Il 17 giugno la 5ª Compagnia attaccò quasi al completo due autocarri tedeschi sulla strada Scarpaccia – Consuma, uccidendo un soldato tedesco e catturando un fucile, una pistola e alcuni caricatori di proiettili. Nello stesso tempo la 6ª Compagnia s'impadronì nei pressi di Ortignano di un camion tedesco, carico di fusti di benzina, che fu nascosto nel bosco, mentre le ruote furono occultate in altra zona. Due dei fusti di benzina furono ceduti alla Fattoria Bonomi di Castrel Focognano, per permettere la trebbiatura del grano. Qualche giorno dopo, per ordine di Sacconi impartito al comandante della 6ª Compagnia, le ruote furono restituite ai tedeschi che, avendo rintracciato il camion, forse per una spiata, minacciavano di incendiare le case del paese di San Piero.

Ha scritto Sacconi, "*Purtroppo i tedeschi hanno a loro disposizione un'arma tra le più potenti, molto più terribile dei loro cannoni: 'la rappresaglia'. Di fronte a quell'arma, ai partigiani non rimase che cedere*".[75] Ma non tutti comandanti partigiani avevano la sua sensibilità, specialmente quelli che non essendo militari avevano una con diversa identità politica.

Sempre il 17 giugno Luigi Lastrucci, comandante della 1ª Compagnia, convinse gli uomini di una compagnia repubblichina appena arrivati a Bibbiena, già prigionieri in

---

[75] Raffaello Sacconi, *Partigiani in Casentino e Val di Chiana*, p. 99.

Germania e rimpatriati dopo la loro adesione alla Repubblica Sociale Italiana, a disertare e ad unirsi ai partigiani. Si trattava di trenta militi al comando del tenente dei carabinieri Cesare Ambrogi, che furono ben felici, scrisse Sacconi, di potersi unire ai partigiani per la difesa della loro terra. Dopo la defezione di quel plotone, accolti nel 3° Battaglione, arrivò a Bibbiena un reparto di trecento uomini di cui centoquaranta appartenenti alle SS tedesche e italiane. Ma Lastrucci nella sua opera di persuasione, oltre ad impadronirsi di una camion repubblichino, riuscì a convincere parte di altri militi italiani, la cui diserzione costrinse il Comando tedesco ad allontanare da Bibbiena il reparto della Repubblica Sociale Italiana.

Lo stesso giorno il comandante della 7ª Compagnia, l'avvocato Mario Migliorini ("Fulmine"), recatosi a Cetica per prendere contatto con una compagnia di partigiani fiorentini, fu accolto piuttosto freddamente dal "Potente" che lo invito a unirsi a loro oppure andarsene perché quella zona del Casentino era stata assegnata alla sua 22ª Brigata Garibaldi "Lanciotto" dal CTLN di Firenze. Migliorini accettò restando in qualità di addetto del CNL del Casentino, e ciò soprattutto allo scopo di effettuare la collaborazione della popolazione con i partigiani fiorentini; ma soltanto alcuni dei suoi uomini ne condivisero la scelta. Gli altri rientrarono raggiungendo le altre posizioni del 3° Battaglione. *"Così la 7ª compagnia si scioglie: numerosi partigiani tornano alle loro case, altri si uniscono al battaglione. Il reparto verrà ricostituito il 24 agosto in Arezzo, e parteciperà attivamente alla liberazione del Casentino".*[76]

Partigiani in montagna.

---

[76] *Ibidem*, p. 100 e p. 216.

Il 18 giugno una pattuglia della 7ª Compagnia, inviata a perlustrare la strada di Ciano, si scontro con militari tedeschi in viaggio su camion. Il partigiano Gino Municchi fu catturato e immediatamente fucilato. Nello stesso tempo pattuglie della 4ª Compagnia "Volante" erano inviati nelle zone di Crocina, Gello Biscardo, San Giustino Valdarno, per realizzare interruzioni stradali e attaccare automezzi tedeschi in transito. Un camion a nord di Gello fu reso inservibile, e furono anche uccisi due militari tedeschi. Per ritorsione i tedeschi arrivarono a Raggiolo e incendiarono quattro case del paese.[77] Sempre il giorno 18 la 3ª Compagnia fermò un'automobile FIAT 500 diretta a Castel Focognano, con autista il carabiniere Francesco Falsini (figlio di Zelinda Biondini la sorella di mia nonna) che, come vedremo, aveva disertato dalla Legione Carabinieri Repubblicani di Firenze, portando anche armi per i partigiani. La macchina fu nascosta sulle alture che dominano Castel Focognano.

Durante la medesima giornata, la 5ª Compagnia muoveva per Lucciano per raggiungere il comando del 3° battaglione, ma lungo la Strada Statale 63 della Consuma, presso Ommorto, alle ore 14.00 fu attaccata da un reparto di soldati tedeschi di una compagnia antiaerea (Flak) per l'insegnamento e l'addestramento della 10ª Armata tedesca (Fla.-Lehr und Ausbildungs-Kompanie AOK 10), che aveva per zona di guerra tutto il settore del Tirreno a iniziare dagli Appennini. Dopo un vivace scontro a fuoco, in cui rimasero uccisi tre tedeschi, un ufficiale e due soldati, e feriti altri due soldati nonché cinque partigiani, la 5ª Compagnia dovette rinviare il congiungimento con il grosso del battaglione. Durante il rastrellamento tedesco da parte del 2° Battaglione del 3° Reggimento Brandenburg un uomo di Ortignano, Raffaello Chiocchini, fu accusato da appartenere ad una formazione partigiana e fucilato. Nel frattempo, nel proseguimento della rappresaglia, i tedeschi arrivati a Montemignaio catturano quattordici uomini, due dei quali riuscirono a fuggire. Degli altri dieci furono fucilati nella piazza del paese. Ne sopravvisse soltanto uno che restò immobile facendo il morto, riuscendovi anche quando fu ferito nel colpo di grazia. Durante queste operazioni i tedeschi del Brandenburg, secondo un loro rapporto, ebbero uccisi due soldati e altri quattro feriti, ciò che portava il totale delle perdite in quell'azione di rastrellamento a cinque morti e sei feriti.

Il 21 Giugno i partigiani del 3° Plotone del 1° Battaglione "Licio Nencetti" della 23ª Brigata "Pio Borri" responsabile del settore tra Arezzo e Cortona, attaccarono in forze sulla strada di Chiavaretto veicoli in transito distruggendone tre, uccisero sei soldati tedeschi, venticinque rimasero feriti, e furono fatti quattro prigionieri. Le perdite dei partigiani furono di un solo morto e un ferito.

Il 3° Battaglione sferrò una numerosa serie di attacchi alle truppe tedesche per tutto il resto del mese di giugno. Il giorno 22, per cercare di evitare che i tedeschi potessero impossessarsi della lista degli uomini della popolazione civile di Castel Focognano di età tra i diciotto e i sessanta anni, otto partigiani guidati da Raffaele Sacconi distrussero i registri dell'anagrafe del paese (trasferita a Villa Sassolini, a metà strada tra Pieve a Socana e Castel Focognano), dedicandosi per tutta la notte a scegliere e bruciare i documenti. L'indomani, i tedeschi catturarono alcuni ostaggi civili, e minacciano di fucilarli se l'elenco distrutto non fosse consegnato. Nel frattempo Sacconi, allo scopo di scagionare da ogni responsabilità dalla distruzione dell'archivio

---

[77] Cfr. Gerhard Schreiber, *La vendetta Tedesca 1943-1945. Le rappresaglie naziste in Italia*, Mondadori, Milano, 2001, p. 179 e p. 183-184.

del comune gli impiegati, aveva mandato al comando tedesco una lettera dichiarandosi unico responsabile della distruzione dell'archivio. I tedeschi liberarono gli ostaggi.

Sempre il 22 giugno il partigiano Santino Innocenti della 1ª Compagnia rimosse a Sega, vicino a Bibbiena, le mine che erano state posizionate sotto il ponte della ferrovia dalle *SS-Polizei-Führer West (3/Einsatzkommando Bürger)*, per poi avvertire i tedeschi che nel caso ci fossero state rappresaglie, sarebbero state compiute delle contro-rappresaglie. Le mine non furono più sistemate dai tedeschi sul ponte che si salvò.

Nel frattempo il sottotenente Aldo Donnini, che con il suo 1° Battaglione operava con successo nella zona Alpe di Poti (dove aveva il suo comando), Passo dello Scopetone (sulla Strada Statale 73 Senese-Aretina), Palazzo del Pero e Val Cervone, per ordine del Comando della 23ª Brigata aveva stabilito il contatto con la 4ª Compagnia del 3° Battaglione a Talla, presso la fattoria di Nassa. I contadini della zona consegnano a Donnini una certa quantità esplosivo per far saltare un ponte, e due contadini lo accompagnarono. Ma il ponte era sorvegliato e l'ufficiale entrato di sorpresa in una casa vicina vi catturò due tedeschi e un carro a quattro ruote con un carico di materiale vario. Un altro mulo e un cavallo furono requisiti nei pressi di Terrossola da una pattuglia di partigiani della 3ª Compagnia del 3° Battaglione.

Il 24 Giugno, una pattuglia di otto uomini della 2ª Compagnia, di presidio a Uzzano e guidata dal comandante Salvatore Vecchioni ("Pini"), si scontrò duramente con soldati tedeschi che stavano razziando bestiame sul ponte di San Piero in Frassina, presso Ortignano. Nel combattimento fu gravemente ferito il partigiano Piero Pieri, che dopo essere stato nascosto in un campo per sottrarlo alla vista di soldati tedeschi che stavano sopraggiungendo su automezzi, fu portato in salvo a Castel Focognano, trainato su una treggia dal compagno Dante Roselli, e ricoverato in un'aula della scuola elementare trasformata in infermeria, dove fu curato dal medico condotto di Rassina, anch'esso sfollato, dottor Alessandro Giorgi.

Il ponte sul torrente Teggina a San Pietro in Frassino, che i partigiani avevano danneggiato per impedire il passaggio di automezzi tedeschi, e nelle cui vicinanze, il 24 giugno 1944. si svolse con i tedeschi lo scontro a fuoco degli uomini della 2° Compagnia del 3° Battaglione in cui rimase ferito il partigiano Piero Pieri.

Il giorno 25 al rientro dall'Alpe di Catenaia dopo un incontro con il Comando della 23ª Brigata, una pattuglia della 3ª Compagnia si scontro con un reparto tedesco presso la frazione di Terranera (Subbiano), ma riuscì a fuggire. Inoltre la 2ª Compagnia affrontò ancora truppe tedesche in uno scontro a fuoco a Ponte Lame, sulla strada Rassina – Crocina – San Giovanni Valdarno. In queste azioni si ritenne che fossero stati uccisi quattro tedeschi e feriti altri in numero imprecisato.[78]

Partigiani Jugoslavi di una formazione operante tra l'Umbria e la Toscana. Ce ne erano moltissimi fuggiti dai campi di concentramento. Molti erano ex partigiani che gli italiani avevano preso prigionieri.

Sempre il 25 giugno si verificò, come detto, l'attaccò Pieve a Socana a un side-car, con ferimento di un maggiore tedesco da parte di Vladimiro del distaccamento, "Faliero Pucci" che poi trascinò e uccise a Carda barbaramente l'autista italiano Giuseppe Baldassarri.

Il 26 giugno il 4° Plotone della Compagnia "Volante" attaccò alcuni veicoli corazzati che diretti a Talla viaggiavano lungo la strada che va da Pieve a Socana al Passo della Crocina, mentre elementi della 6ª Compagnia ebbero uno scontro a fuoco con soldati tedeschi che stavano razziando bestiame nella zona di Valenzano.

---

[78] Gli scrittori di sinistra non amano né usano il termine Battaglione e Compagnia delle formazioni partigiane paramilitari, preferendo usare nei loro racconti di guerra partigiana, a modo di distinzione, il distaccamento o squadrone delle formazioni Garibaldi. È anche questo un modo scelto per minimizzare sull'attività dei paramilitari, e rendere ancora più importate quella delle formazioni comuniste, particolarmente reclamizzate e con successo. Ciò è dimostrato ancor oggi nell'aretino dove le sinistre, puntando molto sulle ricorrenze della guerra partigiana ed osannando la condotta dei partigiani comunisti nella lotta anti-fascista, ignorando quella ben più consistente dei paramilitari, hanno dalla loro parte la maggioranza della popolazione.

Il 27 giugno i partigiani della 22ª Brigata "Lanciotto" uccisero a Strada un militare tedesco di sanità (quindi non armato) e ne ferirono un altro. Per rappresaglia i tedeschi rastrellarono tutti gli uomini del paese e li tennero prigionieri nella chiesa del Paese per tre giorni, prima di liberarli. Poteva essere un'altra strage, da dover attribuire al comportamento irresponsabile di quella formazione "Garibaldi", che fortunatamente non avvenne perché, evidentemente, il comandante tedesco nella zona si dimostrò più umano. Un altro esempio di pietà i tedeschi lo dettero il 28 giugno quando, avendo catturato ad Ortignano, dopo uno scontro con una pattuglia di partigiani, dieci ostaggi, portandoli nella località di La Sega, presso Bibbiena, li liberarono per interessamento del parroco di Ortignano, don Silio Baldi, accompagnato del podestà Guido Brandi, dell'avvocato Gioacchino Teucci e dal sacerdote don Domenico Bigliazzi.

Lo stesso giorno 28 una pattuglia della Compagnia Comando del 3° Battaglione si scontrò a Lucciano con un nucleo di soldati tedeschi a cavallo, uno dei quali fu ferito, mentre due partigiani della 4ª Compagnia "Volante" al rientro da una missione per recuperare armi e munizioni a Bibbiena, furono attaccati da una pattuglia di soldati tedeschi che catturarono e fucilarono il partigiano Danilo Paperini. Un'altra azione si verificò sempre il 28 giugno, da parte della 4ª Compagnia "Volante" che, con una decina di uomini del distaccamento operante di Ripa, attaccò presso Villa Farina un autocarro tedesco uccidenti i sette militari che si trovavano a bordo del mezzo. Sempre lo stesso giorno furono fatti saltare a Pieve a Socana il ponte sul torrente Soliggine e il ponte sul torrente Bonano presso Talla, e fu sbarrata in più punti con tronchi d'albero incrociati e con grosse pietre la strada per il passo della Crocina, in modo da bloccare al traffico tedesco il collegamento tra il Casentino e il Valdarno. Infine, la 2ª Compagnia quasi al completo dei suoi effettivi, attaccò un'autocolonna tedesca nei pressi di Chitignano, sulla strada Rassina – Chiusi della Verna. Ma a questo punto i tedeschi persero la pazienza.

Il 29 Giugno 1944, il 2° Battaglione del 3° Reggimento Brandenburg (i Brandenburg erano unità speciali tedesche, l'equivalente dei commando britannici), da tre giorni in marcia di trasferimento dalla Valtiberina per dislocarsi nel Casentino settentrionale allo scopo di difendere le strade dei valichi della Consuma, Calla e Mandrioli dagli attacchi dei partigiani, raggiunsero Strada dove passarono alle dipendenze del comando stradale di Arezzo Koruck 594 (Kommandant rückwärtiges Armeegebiet 594). Quindi la 6ª e la 7ª Compagnia diressero insieme per attaccare e distruggere a Cetica, a sud-est di Montemignaio, i partigiani fiorentini della 23ª Brigata Garibaldi "Sinigaglia" in quella che era la base di alcuni distaccamenti che la presidiavano, poiché da Cetica vi erano possibili vie di accesso alle montagne più alte del Pratomagno.

I soldati di una unità Brandeburg nelle loro divise mimetiche

La 2ª Compagnia della "Sinigaglia" di Lazio Cosseri fu accerchiata e annientata. Ma successivamente altre forze partigiane della 1ª e poi della 4ª Compagnia sopraggiunsero, ma tenendosi in posizione difensiva. In serata Lazio Cosseri con una quindicina di partigiani tese un agguato ai tedeschi, mentre si ritiravano sulla strada di Pagliariccio, tra Cetica e Montenignaio, e ottimisticamente ritenne di aver inflitto loro gravi perdite, quantificate in modo particolarmente irreale in cinquantacinque uomini,[79] mentre in realtà, tra il 27 e il 29 giugno le perdite tedesche furono di tre morti e sei feriti.[80] Di essi due morti e cinque feriti nel combattimento di Cetica del giorno 29.

Nel combattimento, durato secondo un rapporto tedesco otto ore, contro trecento partigiani (sic), dei quali quarantacinque ritenuti uccisi, la "Sinigaglia" ebbe quattordici morti e un gran numero di feriti, perse due bandiere catturate dal nemico, e dovettero ritirarsi. Nella rappresaglia che era seguita al primo scontro, oltre ad un gran numero di abitazioni, quantificate in centonovanta tra distrutte e semidistrutte, persero la vita diciotto civili: tredici a Cetica e cinque a Montemignaio, quest'ultimi ad opera dei soldati del Korük 594 durante un rastrellamento nella valle del torrente Scheggia.[81]

---

[79] Brigata Sinigaglia, *La Battaglia di Cetica*.
[80] Fonte: BA-MA, RH 2/663 Ia-MM 30/6.44; RH 19 X/107 K; PRO, WO 204/11487; DD (WASt), NVM.
[81] Secondo le fonti tedesche nella rappresaglia sarebbero stati uccisi 45 persone a Cetica e 10 persone nella Valle Scheggia/Poppi, più altri 10 il 30 giugno a Montemignaio. Evidentemente ci sono nei dati delle due parti macroscopici errori.

Un soldato dei Brandenburg con il suo fucile speciale automatico di precisione.

L'episodio di Cetica fu fatto passare dai partigiani della "Sinigaglia" come una grande vittoria, ottenuta nonostante vi fossero stati, come fu detto, fascisti in borghese che guidavano i tedeschi e il tradimento da parte di un ex maresciallo dei carabinieri che avrebbe fornito ai nemici il punto in cui si trovavano i partigiani, fatti non riscontrati nei documenti tedeschi, e pertanto da considerare come una scusa. In realtà, anche per le perdite umane di civili e le distruzioni di edifici, l'attacco dei partigiani contro i commando Brandenburg fu un disastro, mentre il parroco del paese che davanti alla distruzione e scene di morte del suo paese li *"accusò violentemente di aver provocato quell'attacco"*; e per averlo detto per poco non fu ucciso da uno dei partigiani, Nello Giorgi ("Scalabrino"), fermato all'ultimo momento dal vice commissario politico Vasco Palazzeschi.[82]

Ne conseguì che la Brigata "Sinigaglia", che già il 20 giugno a Pian d'Albero, vicino a Figline Valdarno, per attacco dei paracadutisti tedeschi della 4ª Divisione, aveva perso diciannove partigiani (furono uccisi per avergli dato ospitalità anche venti civili), molti dei quali erano giovani in addestramento, dovette finalmente lasciare il Pratomagno, dove aveva contribuito a generare lutti e rovine, per ricostituirsi nella zona di Monte Giovi, nel Chianti, restandovi fino alla conquista britannica di Firenze, inquadrata nella nuova Divisione "Arno", comandata dal "Potente".[83] Da parte tedesca,

---

[82] *I massacri di Arezzo nel 1944. Il Pratomagno Centrale e Orientale.*
[83] Furono concentrate nel Comando della Divisione "Arno", costituita il 6 luglio 1944, la 22ª Brigata "Lanciotto" del "Potente" con Giulio Bruschi ("Berto") commissario Politico, e Alessandro Pieri vicecommissario politico e amministratore. La 22ª Brigate "Lanciotto", con le Brigate "Caitani", "Bruno Fanciullacci", e la 22ª Brigata bis "Sinigaglia" (costituita nel mese di giugno), era suddivisa in compagnie e distaccamenti, di cui ognuno aveva un comandante militare e un commissario politico, naturalmente comunista. Aligi Barducci all'arrivo a Firenze dei britannici, chiesto il permesso di essere in testa alle

come vedremo, il 2° Battaglione del 3° Reggimento Brandenburg, la cui efficienza non era stata minimamente intaccata, proseguendo nella sua opera di controguerriglia, il 4 luglio, cinque giorni dopo il combattimento di Cetica, attaccò Castel Focognano.[84]

Lo Stato Maggiore della Divisione Assalto Garibaldi Arno, comandata dal tenente Aligi Barducci "Potente", costituita il 6 luglio 1944, dopo le perdite riportate contro i tedeschi nella battaglia di Cetica del 29 giugno 1944, da farle abbandonare la zona del Pratomagno ritornando nelle zone del Monte Giovi – Chianti per ricostituirsi. L'immagini, del 22 agosto 1944, è posteriore alla morte accidentata del "Potente" avvenuta a Firenze l'8 agosto per l'esplosione accidentale di una granata britannica, da taluni fatta passare come un colpo di mortaio tedesco.

Sempre nella giornata del 29 giugno il Comando della 4ª Compagnia "Volante" del 3° Battaglione, trovandosi presso Salutio, fece segnali ad aerei erroneamente ritenuti degli Alleati, nella speranza che lanciasse armi e munizioni. Un aereo tedesco sganciò una bomba che uccise il partigiano Gino Braconi, di Faltona e ferì gravemente ad una gamba il comandante della compagnia, Bruno Fantoni.

---

colonne avanzanti, entrò in città con le sue formazioni, ma poi fu gravemente ferito l'8 agosto 1944 per l'esplosione accidentale di una granata britannica a Piazza Santo Spirito, decedette tre giorni dopo. Fu decorato con la Medaglia d'Oro alla memoria al Valor Militare.

[84] Gerhard Schreiber, a pag. 184 del suo libro *La vendetta tedesca*, di cui è particolarmente attento ai particolari e perdite tedesche nelle azioni contro i partigiani, è in questo caso sostanzialmente avaro sui combattimenti, scrivendo: " *morirono sotto o colpi di fucile dei tedeschi 13 abitanti del villaggio di Cetica (Arezzo), che minacciati di una morte imminente tra le fiamme, avevano tentato di fuggire dalle loro case a cui era stato appiccato il fuoco*". Nient'altro. Se vi fossero state pesanti combattimenti e perdite tedesche, quando la distruzione di Cetica era stata già conclusa, è immaginabile che ciò avrebbe portato a un massacro di civili, da ritenere molto superiore a quello delle Fosse Ardeatine.

Infine, il 30 giugno, a conclusione delle operazioni del mese, i partigiani della 2ª Compagnia distrussero, presso Chitignano, 11 tonnellate d'esplosivo.[85]

Al crescente numero di attacchi contro gli obiettivi tedeschi parteciparono anche le formazioni partigiane del 2° Battaglione "Pio Borri" dell'Alpe di Poti, a est di Arezzo, che il 22 giugno superato l'Arno catturarono alla Nassa un camion tedesco con materiali vari, mentre il 28 la 1ª Compagnia del 1° Battaglione "Sante Tani" distrusse a Ponte alla Talla, a sud di Capolona, alcuni automezzi con l'uccisione di tre soldati tedeschi.[86]

Sempre il 22 agosto 1944. Lo Stato Maggiore della 22ª Brigata "Vittorio Sinigaglia", di cui faceva parte Vladimiro. Tutti gli uomini erano stati costretti a consegnare le armi ai britannici, tranne quelle che furono nascoste. Al centro con gli occhiali e il comandante della brigata Angelo Gracci.

Dal crescente numero degli attacchi, e dalle perdite umane e di mezzi tedeschi, era da attendersi nella zona del Comune di Castel Focognano, essendovene state create dall'attacco dei partigiani tutte le premesse, una violenta rappresaglia tedesca, e questo avvenne a iniziare dai primi di luglio.

---

[85] Le operazioni descritte sono state estratte dal libro di Raffaello Sacconi, *Partigiani in Casentino e Val di Chiana*.

[86] Il 1° Battaglione "Sante Tani" della 23ª Brigata Garibaldina "Pio Borri" operava tra l'Alpe di Catenaia e l'Alpe di Poti, le due catene montuose che si estendono da Chiusi della Verna a nord fino alla strada che collega Arezzo a San Sepolcro a sud. La sua attività si svolsero lungo la Valle dell'Arno e dalla zona pedemontana dell'Alpe di Catenaia, da Valenzano, Vogognano e Falciano oltre Subbiano e Ponte della Chiassa fino ad Agazzi ad ovest di Arezzo. Dall'inizio di luglio, in seguito alla conquista di Cortona da parte delle truppe britanniche del 13° Corpo, il 1° Battaglione, in previsione della conquista di Arezzo, fu affiancato nell'Alpe di Poti dalle prime due compagnie del 2° battaglione "Favalto" (1ª Compagnia "Favalto", 2ª Compagnia "Castiglion Fiorentino"), che aveva operato nella zona di Palazzo del Pero dalla sua base di Rassinata.

Il ferimento di Bruno Fantoni ebbe conseguenze spiacevoli per la 4ª Compagnia "Volante", poiché il 2 luglio 1944 un gruppo di partigiani del "Potente" rimasti nel Pratomagno si portò a Castelluccia, presso Salutio, e con un'azioni di sorpresa disarmò quindici uomini della compagnia, la maggior parte dei complementi, per poi restituire le armi a coloro che accettarono di arruolarsi nella 22ª Brigata dalla stella rossa. Il motivo di questo raid, come dichiarò l'allora vice comandante della "Volante" Donato Canaccini, risiedeva sul fatto che Fantoni "*aveva ricusato, su pressione dei propri partigiani, il commissario politico – naturalmente comunista – impostogli da Potente*". Alcuni capi partigiani, poi interrogati da Sacconi, sostennero che il disarmo era avvenuto dall'esigenza "*che tutta la zona del Pratomagno era stata affidata dal CTLN alla Divisione Garibaldina "Arno", che pertanto non poteva permettere la presenza di altre formazioni*".[87]

Evidentemente a Firenze, nel Comando delle Brigate Garibaldi, non erano graditi i partigiani paramilitari della Divisione "Arezzo". Per questo nei libri e articoli di scrittori di sinistra, e nei canali della televisione controllati da redazioni di sinistra, della resistenza degli aretini non si parla quasi mai; così come si tratta assai poco dell'attività dei sei Gruppi di Combattimento del Regio Esercito, che pure avevano una struttura militare di uomini, armi e mezzi di trasporto che i partigiani si sognavano.

La 4ª Compagnia "Volante", si ricostituì riarmata e continuò a combattere "*valorosamente*" contro i tedeschi, come poi avrebbe dimostrato il gran numero di caduti.

Un altro argomento che interessa Castel Focognaro, senza che però Sacconi accenni alla fucilazione di quattro presunti fascisti da parte della banda di Vladimiro (uccisioni che evidentemente non erano da reclamizzare), riguarda un gruppetto di pseudo - partigiani, che secondo loro erano stati inviati nel paese dal "Potente". Essi, come fu appreso dopo la guerra, non erano partigiani ma squallidi giovanotti che vissero alle spalle dei contadini, e che dovettero essere tollerati dal 3° Battaglione "Licio Nencetti", "*per non incrinare ancora più le già tese relazioni con la brigata "Arno"*, cui appartenevano.[88]

***

Accenniamo adesso a quanto stava accadendo nelle altre zone del Casentino, sulla sponda destra dell'Arno, nelle zone tra l'Alpe di Poti e l'Alpe di Catenaia, in una guerra senza esclusione di colpi, in cui a volte le rappresaglie tedesche per le azioni dei partigiani e perdite di soldati e di mezzi militari non ci furono o furono lievi, altre volte spietate, essendo attuate a discrezione dei comandanti dei reparti attaccati. Naturalmente ve ne erano di buoni e di cattivi.

D'altronde Hitler era stato molto chiaro:[89]

"*Gli attentati di qualunque tipo rappresentano un crimine nei confronti del popolo tedesco e dei soldati al fronte ... La truppa è perciò autorizzata e tenuta in*

---

[87] *Ibidem*, p. 217.
[88] *Ibidem*, p. 217.
[89] *I massacri di Arezzo. Ad Est dell'Arno*.

questa lotta senza esclusioni di colpi a usare qualunque mezzo anche nei confronti di donne e bambini".

Nella zona Chiassa Superiore – Passo della Libbia operavano due compagnie del 1° Battaglione "Sante Tani" della 23ª Brigata "Pio Borri", comandata dal tenente Aldo Donnini, che il 22 giugno catturarono quattro tedeschi a San Giuseppe Subbiano, mentre il 2° plotone distrusse un camion, uccidendo tre soldati, ferendone un altro e fecendo prigionieri altri due soldati. Tutti i prigionieri erano portati in un campo di prigionia, in attesa di consegnarli agli Alleati al loro arrivo. La Compagnia "Volante" del "Sante Tani" uccise tre soldati tedeschi, ne ferì uno e ne catturò altri due a Monte Giovi, dove per risposta si verificò un'immediata rappresaglia con l'uccisione di sei civili. Nei giorni che seguirono la 1ª Compagnia del "Sante Tani", operando nell'area tra Molino di Falciano e Chiassa Superiore, attaccando i mezzi di trasporto della 334ª Divisione di Fanteria, distrusse sei automezzi, uccise ventiquattro tedeschi, ne ferì otto e catturò altri otto militari, compreso un ufficiale e un sottufficiale, nonché due cavalli, un mulo e una notevole quantità di armi. E' bene chiarire che queste cifre, che mi sembrano eccessive, sono quelle dichiarate dai partigiani, e non abbiamo i riscontri tedeschi.

Nel frattempo la 1ª Compagnia del 2° Battaglione "Sante Tani", il 22 giugno a Palazzo del Pero sulla Strada Statale 73 Arezzo – San Sepolcro, uccise due motociclisti del 1° Dipartimento Gendarmerie 692 (1° Feldgendarmerie-Abteilung 692), e il 24 la 4ª Compagnia Volante catturò tre tedeschi. Per rappresaglia lo stesso giorno, in base al concetto dell'uccisione di dieci uomini per ogni tedesco ucciso, anche se nell'occasione fu impiegato più moderatamente, vennero fucilati dieci civili italiani; episodio avvenuto a Molino Nuovo sulla Strada Statale 73, tra Arezzo e Sansepolcro, per il quale il comandante tedesco si dichiarò dispiaciuto, scrivendo:[90]

Sono convinto della loro innocenza, come pure sono convinto che noi abbiamo perduto la guerra; però debbo farli fucilare egualmente.

Per il proseguimento degli attacchi a reparti tedeschi, due giovanotti furono catturati e con l'accusa di essere partigiani impiccati nelle vicinanze di Monterchi, sulla strada per Città di Castello. Poi, per lo stesso motivo, durante una missione di rastrellamento di rappresaglia per la morte di alcuni tedeschi, nei giorni 25-26 giugno i soldati del 2° plotone motorizzato del 1./Feldgendarmerie-Abteilung 692, catturarono e impiccarono un partigiano e quattro civili presso Chiavaretto, sulla strada Giovi – Anghiari.

Il 26 giugno presso Falsano (Cortona) tre soldati nazisti, con la minaccia delle armi, obbligarono il Fattore della tenuta Crocioni ad Aiuola a consegnar loro una cavalla ed alcune botti di vino. Mentre stavano uscendo dalla fattoria i tedeschi s'imbattono in una pattuglia partigiana, e nello scontro a fuoco che seguì due soldati restarono uccisi mentre il terzo riesci a fuggire e raggiunto un ponte dove si trovava un reparto di genieri tedeschi. Si trattava di uomini dell'818° Battaglione Pionieri di montagna della Wermacht, che si trovavano di guardia ad un gruppo di civili che stavano riparando il ponte. Il soldato sfuggito ai partigiani riferì l'accaduto, e il mattino dell'indomani 27

---

[90] *I massacri di Arezzo. Ad Est dell'Arno.*

giugno un reparto di pionieri, al comando del maggiore Herbert Stommell, raggiunse la fattoria Crocioni, e aprendo il fuoco uccisero quattro persone, per poi far saltare con la dinamite l'edificio e le case adiacenti. Undici uomini rastrellati furono chiusi in una delle case coloniche destinate alla distruzione e, in seguito all'esplosione della dinamite, dieci perirono sotto le macerie. Si salvò, soltanto il quindicenne Gino Massetti, che venne a trovarsi sotto una trave del soffitto. Altri due uomini erano stati fucilati il 26 giugno a Foiano della Chiana.

Ancora il 26 giugno una banda di slavi evasi dal campo di concentramento di Renicci (Anghiari), comandanti da uno spietato personaggio chiamato il "Russo", catturò a La Speranza, sulla strada tra Chiavaretto e Arezzo, il tenente colonnello barone Maximilian Anton Heinrich Adolf von Gablenz, discendeva da un'antica famiglia della nobiltà prussiana, comandante del Korük 594 (l'organismo di difesa delle retrovie della 10 armata) e il suo autista. Gli slavi intendevano fucilare i due prigionieri, e non volevano sentire ragioni. Di fronte alla minaccia di uccidere 300 uomini rastrellati alla Chiassa – Borgo a Giovi – San Lorenzo, e rinchiusi in chiesa alla Chiassa Superiore, se i due tedeschi non fossero stati liberati, la liberazione avvenne per intervento di due ufficiali italiani.

Il capitano Siro Rossetti, comandante della 23ª Brigata "Pio Borri", inviò il sottotenente Giovan Battista Mineo ("Gianni), comandante del Gruppo X (formato da una ventina di partigiani), accompagnato da Giuseppe Rosadi, a parlare con i tedeschi per ottenere altre ventiquattrore di tempo, e poi raggiunto il gruppo di partigiani slavi riuscì a convincerli, dopo lunghe e difficili discussioni, a liberare i due ostaggi. Una volta liberato, il 29 giugno, e arrivato alla Chiassa, von Gablenz, vero gentiluomo, ordinò al comandante del Panzer-Jäger-Abteilung 334 la immediata liberazione degli ostaggi, ,im tutto 209, perché, come spiegò l'indomani per telefono il generale Hans Röttinger, Capo di Stato Maggiore della 10ª Armata, al suo superiore generale Heinrich von Vietinghoff, "bisognava rispettare la parola data". Cosa che non era condivisa da tutti gli ufficiali tedeschi, perché secondo alcuni occorreva dare almeno un esempio. Due giorni più tardi, il 1° luglio 1944, von Gablenz fu promosso colonnello.[91]

Nondimeno l'attività partigiana, particolarmente motivata, da far perdere la pazienza ai tedeschi, come sarebbe accaduto in qualsiasi esercito sotto attacco di irregolari che uccisero e ferirono molti soldati e distrussero diversi mezzi ruotati, era continuata. Il 28 giugno, sulla strada Rassina - Chiusi della Verna, i partigiani, uno dei quali fu ucciso, distrussero cinque automezzi e uccisero tre soldati tedeschi. Ma nei tre giorni successivi, in due imboscate a Molin del Buco e a Marcena ad altri automezzi, i partigiani ebbero la peggio, perdendo due uomini. Lo stesso giorno nella zona collinare a sud e a ovest di Arezzo il 3° battaglione della 24ª Brigata Garibaldi "Bande Esterne" del capitano Enzo Droandi attacco a Il Matto, a 2 chilometri a sud di Olmo sulla Strada Statale 71, una pattuglia, uccidendo tre tedeschi che cercavano di fuggire.

---

[91] Il 28 giugno 2014 la Provincia e il Comune di Arezzo promossero una cerimonia nel corso della quale fu collocata una lapide sulla Piazza della Chiesa della Chiassa e venne intitolato il locale Parco Pubblico a "*Giovan Battista (Gianni) Mineo*" con la motivazione "*Salvò da strage nazista la popolazione della Chiassa*". Forse, con un po' di coraggio, la stessa targa, per altrettanta riconoscenza, poteva portare anche il nome di Maximilian Anton Heinrich Adolf *von Gablenz.*

Da sinistra, Gianni Mineo e Giuseppe Rosato. Il 24 aprile 2019 i familiari hanno ricevuto dal Ministro della Difesa Elisabetta Trenta la Medaglia d'Oro al Valor militare per aver salvato i 209 civili racchiusi nella chiesa della Chiassa Superiore.

Il tenente colonnello Maximilian Anton Heinrich Adolf Freiherr von Gablenz a cui va la riconoscenza di aver rispettato la parola data ordinando il rilascio degli ostaggi. Fu promosso colonnello due giorni più tardi il 1° luglio 1944.

Ma in questa mattanza l'episodio più tragico accaduto nell'aretino fu quello del 29 giugno a Civitella in Val di Chiana, e avvenne dopo l'uccisione, il giorno 18, di tre soldati tedeschi (Gustav Bruettger, Ernst Menschig e Camillo Haag) e il ferimento di un altro (Gerhard Schulz), che stavano bevendo vino nel circolo ricreativo, a opera di cinque partigiani dell'8ª Banda del Raggruppamento patrioti comunista, guidati dal sottotenente paracadutista Edoardo Succhielli, che l'8 settembre 1943 si trovava in Sardegna. Chiamato "Renzino", dal nome di una frazione di Foiano della Chiana, di modesta famiglia che lo aveva fatto studiare fino a diventare maestro elementare, Succhielli al posto della coccarda tricolore, che distingueva i partigiani della formazione monarchico – badogliana "Monte Amiata" da cui egli dipendeva portava sul cappello la stella rossa. Seguì poi per un altro incidente del giorno 21 l'uccisione del sergente Otto Fabri della Divisione della Luftwaffe Hermann Göring (generale Wilhelm Schmalz) ed ebbe luogo un combattimento che si svolse il 23 con i partigiani di "Renzino" che ebbero ucciso Gino Nistri.

A quel punto tre compagnie della Hermann Göring, quella dei fatti di Vallucciole, raggiunsero Civitella e oltre a distruggere abitazioni, inclusa la chiesa, uccisero, in modo anche molto brutale, 251 persone fra uomini e donne: 115 a Civitella, 78 a San Pancrazio (Bucine) e 58 a Cornea.

Un soldato britannico a Civitella in Val di Chiana, dopo il massacro della popolazione civile e la devastazione degli edifici del paese, compresa la chiesa, compiuti per rappresaglia dalle truppe tedesche della Divisione della Luftwaffe Hermann Göring.

Altro soldato britannico, con la pistola in pugno, controlla tra le rovine di Civitella.

Le rovine della chiesa di Civitella di Santa Maria Assunta in Val di Chiana.

Al prete di Civitella, Don Alcide Lazzeri, il 27 giugno i tedeschi arrivati con una macchina avevano detto di aver ricevuto l'ordine di uccidere cinquanta civili per ogni soldato tedesco ucciso dai partigiani. Questa sembrò una minaccia a cui non fu dato gran peso, ma in realtà era vera, e il massacro avvenne due giorni dopo, quando i tedeschi della Hermann Göring arrivati in paese fecero irruzioni nelle case e spararono agli uomini che si trovavano all'interno senza distinzioni per vecchi infermi o malati, per poi raggruppare altri uomini trovati all'esterno delle abitazioni (molti trovati alla messa in chiesa perché era un giovedì festa dei Santi Pietro e Paolo patroni di Civitella), nella piazza del paese, per poi fucilarli dopo che Don Lazzeri aveva avuto il permesso di benedirli. La tragedia si consumo con la distruzione delle abitazioni di Civitella per mezzo di granate incendiarie, dopo che le donne e i bambini, che piangevano per la morte dei loro mariti e i loro padri, erano state costretti ad allontanarsi.

In totale risulta che siano 771 le persone, uomini, donne e bambini, uccisi dai tedeschi nelle rappresaglie del mese di giugno 1944 nella provincia di Arezzo. Una vera mattanza. Ma anche il mese di luglio stava cominciando con rappresaglie, in una delle quali il giorno 3, per l'uccisione di un tedesco, furono fucilati tre contadini presso il podere Vagnetti a Santa Caterina di Cortona. E ciò avvenne il giorno in cui i britannici del 13° Corpo d'Armata raggiunsero la città.

Parte delle vittime della strage di Civitella in Val di Chiana e i loro aguzzini.

Ciggiano, 1944. Il sottotenente Edoardo Succhielli, nome di battaglia "Renzino", già paracadutista del 184ª Divisione "Nembo" in Sardegna, poi capo partigiano dell'8ª Banda del Raggruppamento comunista patrioti "Monte Amiata", che operava nel Valdarno aretino. Sul berretto portava la stella rossa, segno della sua fede politica.

L'intervento di "Renzino" e di alcuni suoi uomini fu legato alla strage di Civitella in Val di Chiana dove i tedeschi, per rappresaglia all'uccisione di quattro soldati, uccisero nella zona 251 civili. Nell'immagine, assieme a suoi partigiani e a soldati britannici, Succhielli porta al Comando britannico di Ciggiano una presunta spia tedesca, poi sottoposta a interrogatorio. Dopo essere stato eletto nelle liste del PCI sindaco di Civitella dal 1951 al 1955 e aver subito un processo che lo assolse, ma che non pose fine alle polemiche, è morto a novantanove anni, con sulle spalle il peso dell'eccidio di Civitella in Val di Chiana, che dai parenti e paesani non è stato dimenticato.

Gli ordini impartiti dal Feldmaresciallo Kesselring per la lotta contro i partigiani, e l'attacco a Castel Focognano

Fin dall'aprile 1944, per combattere i partigiani, il feldmaresciallo Albert Kesselring, che era considerato in Germania un italofilo, e lo era realmente, adeguandosi agli ordini di Hitler aveva emanato direttive riguardo alla difesa del territorio italiano con le quali s'invitavano i comandanti delle unità tedesche ad intervenire energicamente e con decisione, anche se ciò avrebbe comportato danni per i civili.

Poi il 1° maggio, per ordine del feldmaresciallo Wilhelm Keitel, Comandante dell'Esercito tedesco (Oberkommando della Wehrmacht - OKW), Kesserling, ebbe il compito della responsabilità della lotta antipartigiana e antiguerriglia, fino ad allora diretta dal Comandante delle SS e della polizia Karl Wolff. E in conformità con questo incarico e per la necessità di incrementare la lotta alle bande in Italia il 10 maggio Kesselring aveva impartito il seguente ordine:[92]

"*La situazione dei partigiani in Italia, particolarmente nel centro Italia, si è recentemente acutizzata, e ciò costituisce un serio pericolo per le truppe combattenti e per i rifornimenti, sia per ciò che concerne il materiale bellico, sia per il potenziale economico. La lotta contro i partigiani deve essere combattuta con tutti i mezzi a nostra disposizione e con la maggiore severità. Io proteggerò quei comandanti che eccedessero nei loro metodi di lotta ai partigiani. In questo caso suona bene il vecchio proverbio che dice: meglio sbagliare la scelta del metodo ma eseguire gli ordini, che essere negligenti e non eseguirli affatto. Soltanto la massima prontezza e la massima severità nelle punizioni saranno valido deterrente per stroncare sul nascere altri oltraggi o per impedire la loro espansione*".

Il 6 giugno il Comandante degli Alleasti in Italia, generale Harold Alexander trasmise un ordine con il quale, per appoggiare l'avanzata delle forze Alleate verso la Linea Gotica, si invitava i partigiani a incalzare le retrovie tedesche, chiudendole in una morsa, e questo sapendo bene che ciò avrebbe agevolato l'avanzata ma nello stesso tempo comportato rappresaglie.

Ed infatti il 13 giugno Kesselring in un dispaccio che includeva la cosiddetta "*clausola dell'immunità*" ordinò che in caso di uccisione di un soldato tedesco o di sabotaggi degli irregolari fossero uccisi dieci italiani Con questa misura egli si adeguava a quella ordinata da Hitler e diramata OKW dopo l'attentato di via Rasella a Roma del 23 marzo 1944, da parte dei Gruppi di Azione Patriottica delle Brigate "Garibaldi" (GAP), al comando di Giorgio Amendola, contro l'11ª compagnia del 3° battaglione del Reggimento di Polizia "Bozen" (Bolzano), che comprendeva anziani altoatesini incaricati della sorveglianza di edifici pubblici, come il Viminale, ove marciando ogni giorno si stavano recando. L'attentato uccise 33 soldati e ne ferì 50, dei quali, come testimoniò il generale Siegfried Westphal, Capo di Stato Maggiore di Kesselring, 9 morirono negli ospedali romani nei giorni seguenti. Testimonianza che non fu accettata dal tribunale, perché, è da ritenere, portava il numero dei caduti nell'attentato a 42, scagionando Kesselring e gli esecutori SS della rappresaglia.

Gli attacchi dei partigiani furono numerosi, ma con i britannici alle porte di Arezzo sarebbe stato necessario, da chi li coordinava, ragionare sugli effetti delle rappresaglie. Ne conseguì che i tedeschi, considerando gli italiani degli infami traditori, ed essendo già in difficoltà nel cercare di contenere la spinta dei britannici, trovandosi attaccati alle spalle, reagirono duramente effettuando in una settimana eccidi efferate con i soldati dell'Esercito e della Luftwaffe, non soltanto sugli uomini in armi ma anche sulla popolazione civile, considerata anch'essa partigiana.

---

[92] C. Di Pasquale, Il *ricordo dopo l'oblio: Sant'Anna di Stazzema, la strage, la memoria*", Donzelli, Roma 2010, pag. 22.

```
ORGANICO E FORZA DELLA COMPAGNIA "I" ALLA DATA DEL 30 GIUGNO 1944

                  UOMINI......N° 39
A T T I V I    -  DONNE ......N° 2
                                          T O T A L E........N° 73
COLLABORATORI     UOMINI......N° 18
                  DONNE ......N° 4


              COMANDANTE LA COMPAGNIA - BURRONI LIBERO
              ISPETTORE DELLE GUARDIE ARMATE-BONCOMPAGNI LEO

         I°  P L O T O N E                    II°  P L O T O N E
COM/te Maresc. MATTESINI ANTONIO       COM/te S.Ten. NICCOLAI VALDO

         1°  S Q U A D R A                     3°  S Q U A D R A
Com/te Serg. CARLONI FRANCESCO         Com/te G.P.S. CONTI      VASCO
V.Com. Car.  FALZINI Francesco         V.Com.        BOSI       ALVARO
             FALZINI TULLIO                          CINTI      DOMENICO
             CONTI    ADELMO                         CAMPRIANI  QUIRINO
             CEROFOLINI FRANCESCO                    TOCCHI     TOSELLO
             BIANCHINI ALESSANDRO                    PALOMBI    ANGELO
             FERRI    FERRUCCIO                      STENDARDI  PIER LUIGI
             BIONDINI PIETRO                         BIONDINI   ANTONIO
             CARLONI  SANTI                          PALOMBI    NATALE
             GIORGI   CARLO

         2°  S Q U A D R A                     4°  S Q U A D R A
Com/te       CARDETI  UBER             Com/te I°Av.  BURRONI   EMIDIO
V.Com/te     PAPERINI GIUSEPPE         V.Com/te Ten. FINI      DANTE
             PALOMBI  ADOLFO                         MARTINI   ANTONIO
             CONTI    REMIGLIO                       MAESTRINI UMBERTO
             CEROFOLINI CESARE                       GIOMMONI  LIVIO
             CEROFOLINI ADOLFO                       TOCCHI    ASCANIO
             SERENI   ANGELO                         BIONDINI  MATTEO
             MALATESTI SIRIO                         SERI      RICCARDO
             TOCCHI   IRMA                           CEROFOLINI MIRELLA

N.B.- Durante le assenze per ragioni del servizio d'informazioni,
      dei Capi Squadra: Sergente Carloni Francesco e I° Av. Burroni
      Emidio, il comando delle squadre viene automaticamente passa-
      to ai V.Capi Squadra: carabiniere Falzini Francesco e Tenente
      Fini Dante.
```

Copia della Relazione del Maresciallo Antonio Mattesini trasmessa all'AMPI di Firenze.

L'armamento della Compagnia "I" comprendeva: 14 pistole varie, di cui 3 consegnate dal carabiniere Francesco Falzini, prelevate al C.C. di Firenze, con 860 proiettili cal. 9; 7 moschetti mod. 91 e 6 fucili mod. 91, con 318 pallottole cal. 6,5; 3 mitra; 7 fucili da caccia; 35 bombe a mano; armi bianche. La dinamite era stata tutta impiegata per minare i ponti.

Infatti, di fronte agli attacchi sempre più decisi e letali dei partigiani, il 17 giugno Kesselring impartì nuovi ordini affinché le azioni di controguerriglia adottassero comportamenti ancora più coercitivi nei riguardi dei collaboratori dei partigiani, quindi delle popolazioni che davano loro appoggio e sussistenza. L'ordine (detto Bandenbefehl, provvedimenti contro le bande) era il seguente

Misure antipartigiane (ordine del 17 giugno 1944)

Nel mio appello agli italiani io ho annunciato che severe misure sarebbero state intraprese contro i partigiani. Questo annuncio non deve rappresentare una inconsistente minaccia. È preciso dovere di tutte le truppe e della polizia sotto il mio comando di adottare le più severe misure. Ogni atto di violenza commesso dai partigiani deve essere punito immediatamente. I rapporti dovranno fornire in dettaglio le contromisure intraprese. Laddove vi sia presenza di bande partigiane di notevoli proporzioni, una percentuale della popolazione maschile della zona dovrà essere arrestata e nel caso in cui si verifichino atti di violenza, questi uomini saranno fucilati. La popolazione deve essere informata di questo. Se si avvertiranno spari provenienti da un paese, il paese sarà incendiato. Gli esecutori e i capibanda saranno impiccati sulla pubblica piazza. I paesi circostanti devono essere ritenuti responsabili di sabotaggi a cavi o danni a pneumatici. La contromisura più efficace è l'utilizzo di pattuglie locali. I membri del partito fascista non devono essere inclusi nelle misure di rappresaglia, le persone sospette devono essere consegnate ai Prefetti e i rapporti sui loro casi mi devono essere spediti. Fuori dai paesi i soldati si devono proteggere con armi da fuoco. I comandanti di ciascun distretto militare decideranno se e in quali città sarà necessario trasportare armi. Ogni genere di saccheggio è proibito e sarà punito severamente. Le contromisure dovranno essere dure, ma giuste. La dignità del soldato tedesco lo esige.

Firmato: Kesselring
Comandante Supremo
(Comando supremo del Gruppo d'Armata C)

Nel sito *I massacri di Arezzo 1944*, all'argomento *La Val d'Amra*, è riportato:

C'erano una serie di gruppi di partigiani che operavano nell'area della Val d'Ambra benché nessuno di essi avesse sede lì, a meno di considerare la Banda Renzino che il 23 giugno prese parte alla battaglia di Montaltuzzo e che operava da Valibona sulle colline tra Civitella e San Pancrazio. Il 14 giugno il 3° distaccamento della 22ª Brigata 'Vittorio Sinigallia', il 'Chiatti', che di solito operava nell'area attorno a Cavriglia, catturò un intero battaglione di ingegneri repubblichini che stavano riparando la ferrovia danneggiata nel tratto Chiusi-Firenze. **L'unità militare che consisteva di cento ufficiali e cinquecento uomini fu annientata** [il grassetto è dell'Autore], *e così i partigiani si procurarono una grande quantità di attrezzature, compresi revolver e pallottole. Le vittime ammontarono a sette tra morti e feriti, e* *furono fatti due prigionieri. Il 23 giugno, i partigiani uccisero due ufficiali tedeschi appartenenti alla Fallschirm-Panzer-Division 'Hermann Göring' tra Radda e Badia Coltibuono nei Monti del Chianti ad occidente. L'8° Raggruppamento Patrioti 'Monte Amiata', che operava principalmente sulla riva opposta dell'Arno, sferrò due importanti attacchi nella Val d'Ambra all'inizio di luglio. Il primo del mese distrussero tredici veicoli tedeschi vicino Levane e il 5, in un attacco ad altri veicoli, due partigiani rimasero uccisi. Il distaccamento 'Valentini' della 24ª Brigata Garibaldi 'Bande Esterne', assalì l'ufficio di reclutamento della Guardia Nazionale Repubblicana a Levane e ne disarmò le reclute il 23 giugno, mentre il 6 luglio ad Acquaborra, Levane, uccise cinque soldati tedeschi durante un contrattacco".*

Cosa ci si potesse aspettare, per la popolazione civile della zona, dopo queste imprese dei partigiani del Valdarno, era prevedibile! E' infatti, il sito *I massacri di Arezzo 1944*, riferendosi alla strage del paese di San Pancrazio, prosegue scrivendo:

All'alba del 29 giugno le truppe tedesche, dopo aver circondato la località chiamata Castello, svegliarono i civili inermi a scariche di mitragliatrice e ordinarono loro di lasciare le case e raccogliersi nella piazza. Separarono gli uomini dalle donne e bambini, li rinchiusero in una enorme cantina appartenente alla proprietà dei Perangioli e poi appiccarono il fuoco al paese. Quelli che erano rimasti nascosti nelle proprie soffitte o cantine furono costretti a fuggire dai loro nascondigli per evitare di rimanere bruciati vivi, e furono catturati dai tedeschi. Alcuni dei più coraggiosi cercarono di scappare ma furono falciati dal fuoco delle mitragliatrici. Infatti nella zona attorno al castello e nella campagna circostante furono trovati dodici cadaveri. Agli uomini nella cantina dissero che avevano bisogno di loro per riparazioni stradali e altri lavori urgenti. Poi fu loro ordinato di mettersi in una unica fila in modo tale che ciascuno potesse vedere la fine penosa di colui che lo precedeva; furono fatti passare attraverso la porta principale e poi uccisi con un colpo di pistola puntata alla nuca. Sessantadue corpi furono accatastati uno sull'altro, cosparsi di benzina e bruciati, mentre le donne ed i bambini nella piazza urlavano e chiedevano invano pietà per i loro cari che erano tutti innocenti. Quella giornata terribile terminò con settantaquattro morti, e ancora una volta il prete del paese, Don Giuseppe Torelli, si trovava tra le vittime.

Il 26 giugno, per fronteggiare gli attacchi contro i convogli di rifornimento nella Provincia di Arezzo il Feldmaresciallo Kesselring fu poi costretto a ordinare alla 2° Battaglione del 3° Reggimento Brandenburg di spostarsi, dalla Valle del Tevere (dove si trovava a difesa del fianco sinistro del fronte tedesco la 305ª Divisione di Fanteria) nel Casentino, con Comando a Castel San Nicolò (Poppi). Subito dopo, come detto, due compagnie del 2° Battaglione impegnò i partigiani del "Potente" a Cetica, uccidendone quattordici. Nel frattempo, da una settimana un reparto di polizia delle Waffen SS (*Schutz-Staffel*), si era dislocato da San Sepolcro a Bibbiena.[93]

---

[93] Dall'elenco dei morti per le rappresaglie tedesche riportato da Enzo Gradassi si ha per località il seguente numero di caduti: a Badicroce 12, Mulinaccio 15, Rigutino 5, Policiano 2 donne uccise e una ferita, Sant'Andrea e Pigli 2, San Leo 6, Fontaccia di Castiglion Fibocchi 14, l'Orenaccio sulla Setteponti 31, nell'assalto dei partigiani al Molin dei Falchi e Pietramala 15, San Polo 48 e San Severo 17. Cfr., Enzo

Poiché le forze partigiane erano considerevolmente aumentate di effettivi, il 1° luglio 1944, tutti i battaglioni e le varie formazioni autonome della Provincia di Arezzo furono inquadrate nella Divisione Partigiani "Arezzo", alle dipendenze di Siro Rossetti, che dette l'ordine di:[94]

- continuare autonomamente le azioni di disturbo e gli atti di sabotaggio sul tergo dello schieramento nemico, cercando di sfuggire la reazione, ma sostenendola se eventualmente impegnati, fino al completo esaurimento delle munizioni;

- disporre ed attuare l'occupazione preventiva dei paesi situati sulla riva destra dell'Arno, da Rassina a Stia. Tutto ciò, naturalmente, in relazione alle possibilità date dai mezzi a disposizione.

Quello stesso 1° di luglio, si verificarono due avvenimenti non certamente incoraggianti per il 3° Battaglione "Lucio Nencetti". Nella zona di Romena, durante uno scontro a fuoco, i tedeschi catturarono due partigiani della 5ª Compagnia, Ferruccio Milanesi e Giacomo Alcamo, che per loro fortuna furono deportati in Germania per poi rientrare in Patria alla fine della guerra. Non furono invece altrettanto fortunati altri quattro partigiani della 2ª compagnia, spostatasi alla Pretella (a nord-ovest di Castel Focognano) per ordine del Comitato Liberazione Nazionale del Casentino, che organizzò una spedizione ad Arezzo per ritirare dal comando provinciale due mitragliatrici e relative munizioni e alcune provviste.[95]

Furono incaricati della missione, i partigiani Leonello Lenzi (Fischino), Giuseppe Ceccaroni e l'ex prigioniero russo "Stefano" che, tutti in possesso di falso permesso della Todt, dovevano raggiungere il capoluogo aretino con una macchina Fiat 508, che secondo la storiografia aretina sarebbe stata catturata dai partigiani a Bibbiena e nascosta a Monte Fallito. Il 2 luglio, poco prima di arrivare a Terrossola, ai tre partigiani in auto guidata da Ceccaroni si uniscono i due contadini Niccolino Niccolini e Elio Vannucci, anch'essi partigiani, che si proposero di accompagnarli come scorta per un tratto di strada. Percorse poche centinaia di metri, nei pressi della località della Vite, l'intero gruppo incontrò soldati tedeschi del 2° Battaglione Brandenburg, che stavano effettuando un rastrellamento a est e ovest di Monte Fallito e anche verso Castel Focognano, e fu catturato senza opporre resistenza.[96]

Verso la tarda mattinata, alla Pretella, dove si trovava il comando dei partigiani della Compagnia "I" di Linea di Libero Burroni, il vice-comandante Leo Boncompagni

---

Gradassi, "*L'azione dei reparti neozelandesi su Lignano fu decisiva per la liberazione di Arezzo*", postato in *InformArezzo*.

[94] Raffaello Sacconi, *Partigiani in Casentino e Val di Chiana*, p. 105.

[95] Sempre il 1° Luglio la 2ª Compagnia del 3° Battaglione catturò Tullio Giannini ("Giroletta"), di Soci, e dopo un "*tribunale di guerra*" lo fucilò con le motivazioni di essere stato un ex Guardia Nazionale Repubblicana e quindi collaboratore con i tedeschi e per una rapina a mano armata ai danni di Massimo Dei. Sacconi a pag. 105 del suoi libro *Partigiani in Casentino e Val di Chiana*, ha scritto essersi trattato di un "*Giusto castigo*".

[96] C'è da chiederci chi organizzò quella geniale spedizione in macchina. Fare 30-35 km per raggiungere Arezzo, e altrettanti per tornare, con uomini armati e armi a bordo della FIAT, senza documenti validi, percorrendo strade sature di tedeschi, e con posti di blocco, quella missione era destinata a fallire e infatti fallì in partenza.

e altri due uomini del reparto si diressero verso Terrossola per avere notizie dei compagni catturati e della dislocazione ed entità dei tedeschi. Quando alle 11.00 arrivarono a breve distanza dal nemico, a circa 200 metri, furono individuati e attaccati, ma riuscirono a sganciarsi e a rientrare alla Pretella, dove poi arrivarono alcuni civili da Castel Focognano, che supplicarono di non sparare sui tedeschi per evitare rappresaglie nei confronti loro, delle famiglie e verso il paese. La sorte dei quattro italiani sarà trattata successivamente mentre nulla conosciamo di quella del russo "Stefano", di cui non si sa il vero nome, e se effettivamente faceva parte di quel gruppo di partigiani, e come eventualmente avrebbe fatto a fuggire, a meno che non fosse stato un traditore o una spia.

Riguardo alla macchina FIAT 500 mod. 508, ricordando le discussioni cui assistetti in cucina, dove nella tarda serata, lontani da ogni occhio indiscreto si riunivano con mio padre attorno al tavolo quattro o cinque partigiani della Compagnia "I" di Linea, si trattava della stessa vettura che il 18 giugno il carabiniere Francesco Falsini (figlio di Zelinda Biondini sorella di mia nonna Giuseppa) disertando, aveva portato a Castel Focognano, dopo averla sottratta alla Legione Carabinieri Repubblicana di Firenze assieme ad armi e bombe a mano, diventando un partigiano della Compagnia "I". La targa della macchina REI (Regio Esercito Italiano)[97], sta a dimostrare che la 500 era quella portata da Francesco, e non, come si è scritto erroneamente, tedesca o fascista catturata dai partigiani a Bibbiena, che avrebbero avuto ben altro tipo di targa.

Arrivò anche il fratellastro di mio padre, Francesco Carloni, che come sergente capopezzo del 3° Reggimento Artiglieria Contraerea aveva fatto tutta la campagna d'Africa dal giugno 1940 al maggio 1943.

Essendo stato ferito (era la terza volta), come già ho accennato nell'introduzione, per richiesta di mio padre a un ufficiale superiore del Comando Supremo, il colonnello del genio Giuseppe Cordero Lanza di Montezemolo (considerato dopo l'8 settembre il primo militare a organizzare la guerra partigiana e poi ucciso alle Fosse Ardeatine), era rientrato in Patria con l'ultima imbarcazione italiana partita dalla Tunisia (da Kelibia), la nave ospedale *Aquilea*. Sbandato dopo l'8 settembre 1943, nel febbraio 1944 Francesco era stato catturato dai tedeschi. Costretto, con minaccia di fucilazione, a riprendere servizio presso una batteria contraerea nella zona di Terontola - Lago Trasimeno, disertò alla fine di aprile, nascondendosi nelle zone di Cortona e Castglion Fiorentino. Il 1° maggio, ancora con la divisa della repubblica, raggiunse Castel Focognano, entrando anche lui a far parte di una formazione partigiana dislocata a Serravalle, con nome di battaglia "Cecchino", dove rimase fini al mese di ottobre 1944, per poi sposarsi finita la guerra con una signorina del luogo, Ada Ricò. Fu riconosciuto *"patriota"*, com'è confermato dalla *"Banca Dati – Partigiani Toscani.*

---

[97] Carla Nassini e Massimo Martinelli, *Castel Focognano. Obiettivo sul novecento. Identità e trasformazioni di una comunità casentinese*, Comune di Castel Focognano, 202, p. 97.

Il fratellastro di mio padre, Francesco Carloni, sergente del 3° Reggimento Artiglieria Contraerea di Firenze, a Bengasi, in Cirenaica, il 25 novembre 1940.

La nave ospedale *Aquileia*, con la quale Francesco Carloni rientrò in Italia dalla Tunisia

Sul clima che si aveva in quel periodo a Castel Focognano e dintorni, nel sito *I massacri di Arezzo – Il Pratomagno centrale e orientale*, è scritto:

Le splendide pendici superiori del Pratomagno orientale ammantate di boschi degradano verso una serie di torrenti tra i quali lo Scheggia, il Teggina e il Talla, che saltano giù da ripide coste nel Casentino dove si immettono nell'Arno. Dall'inizio di giugno 1944 queste valli e la massa montuosa di cui fanno parte erano sotto il controllo dei partigiani. La paura che attanagliava le bande nasceva dai cartelli che i tedeschi avevano distribuito ovunque, che dicevano 'Achtung Banden gehiet. Nur im geleit fahren'. Ossia 'Attenzione, territorio infestato da banditi. Viaggiare solo sotto scorta'. Tutti i convogli tedeschi erano accompagnati dalle scorte da Bibbiena in poi verso nord per valicare i passi montani di Calla e Consuma. Il Diario di Guerra della Feldpolizei Geheimdienstbericht for July riferisce che la popolazione, specialmente nella parte orientale del Pratomagno da Talla a Montemignaio si trova completamente sotto l'influenza dei banditi e li aiuta, in particolare, con il passaggio di informazione.

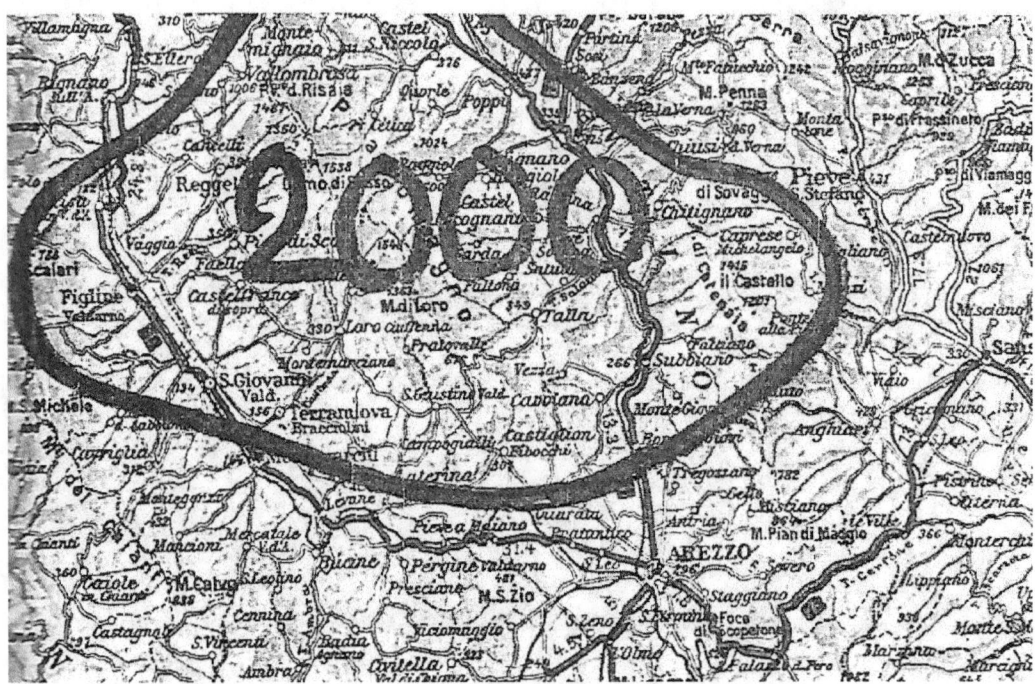

Dalla carta di un Comando tedesco, nel libro di Enzo Droandi, *Arezzo Distrutta 1943-44*, p. 16. I partigiani nella zona a nord di Arezzo era stimato fossero 2.000, mentre invece in tutta la provincia ve ne erano non più di 1.300. Secondo le stime britanniche nel 1944 i partigiani combattenti in Italia sono stati 10.000, cui vanno aggiunti 90.000 collaboratori. Anche in un documento dello Stato Maggiore Generale del 28 febbraio 1946 (Prot. n. 333/S), inviata al Ministero degli Affari Esteri, si afferma che nel corso della guerra partigiane (1943-1945) vi fossero "*state "nelle bande 100.000 uomini*", ma senza specificare quanti fossero i combattenti e quanti i fiancheggiatori. Ricordo che a quell'epoca la popolazione italiana era di 45.000 milioni di persone.

Segue uno scorcio della Relazione dell'attacco tedesco a Castel Focognano del 4 luglio 1944, trasmessa all'ANPI dal maresciallo Antonio Mattesini.

OPERAZIONI D'ATTACCO E D'ACCERCHIAMENTO DI CASTEL FOCOGNANO DA PARTE DELLE SS TEDESCHE, CONTRO I PARTIGIANI DELLA COMPAGNIA "I" DEL III BATTAGLIONE 23ª BRIGATA GARIBALDINA[98]

- 4 LUGLIO 1944 -

Circa le ore 6 del giorno 4 luglio 1944, il Presidio di Castel Focognano venne di sorpresa attaccato da parte delle SS tedesche[99], con nutrito fuoco di armi automatiche pesanti e leggere, nonché da moltissimi colpi d'artiglieria mortaio in direzione della montagna.

Lo scopo dei nazisti era di sopraffare e catturare tutti i componenti del reparto, accerchiando il paese da tutte le direzioni.

Difatti un plotone di circa 60 uomini, provenienti da Nord, puntò sul paese assumendo tre direzioni: - la prima da Casa Nuova (q. 589) scese a Castel Focognano, seguendo il fosso del Fontanone; - la seconda seguendo la mulattiera per le Vaglie e Ghizzano, nonché il fosso dei Fagiani, raggiunse il capoluogo; - la terza da Ghizzano, attraversando il fosso Fagiani alla confluenza con fosso Vallezzi, risalì a Cerreto (q. 513), e seguendo poi la rotabile, puntò pure sull'abitato.

Questo plotone, durante la marcia lasciò per misure di sicurezza, due pattuglie distaccate: - una con un'arma pesante a 200 metri circa ad est di Casa il Sasso Grosso; - la seconda, pure con altra arma pesante ad ovest di Cerreto e più precisamente alla Maestà.

Altro plotone, proveniente da Terrossola portando seco i già quattro noti partigiani, catturati nei pressi della Vite, da Podere Greta scese a Belvedere, puntando anch'esso sull'abitato di Castello.

Il grosso, (autotrasportato), proveniente da Rassina, giunto presso il ponte di Pieve Socana, si arrestò a causa dei primi sbarramenti anticarro, formati con tronchi d'albero, i quali vennero in parte distrutti col fuoco, in parte scansati con i mezzi corazzati pesanti.

Per ultimare quest'opera si crede che abbiano silenziosamente lavorato a lungo per stabilire a Castel Focognano, il contatto con gli altri reparti.

Ma giunti al ponte del Molino (q. 343), furono completamente bloccati a causa del ponte distrutto dalle mine dei partigiani.

---

[98] La compagnia "I" (Informazioni) era stata organizzata e comandata da mio padre. La relazione contiene una grossa cartina a colori delle operazioni (con le quote metriche), che per la sua grandezza è omessa.

[99] Le truppe tedesche coinvolte nell'azione a tenaglia su Castel Focognano appartenevano alla 16ª Compagnia del 4° Reggimento Brandenburg, che il 30 giugno si era spostata in quella zona per rinforzare i loro commilitoni della 11ª Compagnia del 3° Reggimento Brandenburg. Entrambi i reparti erano specializzati nella guerra antiguerriglia, con i medesimi sistemi adottati in Jugoslavia.

Intanto che i tedeschi provvedevano al loro piano e alle nuove direzioni da seguire, elementi partigiani di guardia in quei pressi, cercarono di portare velocemente la notizia al Comando, altrettanto fecero quelli dislocati nelle altre zone già citate.

Il grosso assumeva intanto le seguenti direzioni di marcia:

Un plotone prese l'itinerario della mulattiera delle Fontacce e Casa il Giardino, raggiunsero il paese seguendo il Soluggine; un altro plotone, marciando pari passo col primo, seguì il torrente per circa un chilometro, e attraversando i campi, attaccò il paese ad est della fattoria "Bonomi"; - altra colonna di circa 35 uomini, marciò sulla rotabile, evitando il passaggio dagli sbarramenti, già deposti dagli uomini del presidio.

Questa terza colonna del grosso, per protezione inviò tre pattuglie, armate pure con armi pesanti, nei seguenti luoghi: - una nei pressi delle Casine (q. 428), una a Balestro e l'altra nelle alture del Ceppato, in prossimità di Casa Farneto.

Tutte le suddette colonne tedesche serrando il cerchio a morsa, raggiunsero Castel Focognano, quasi contemporaneamente, facendovi (come abbiamo detto) un fuoco concentrato da ogni parte.

Dopo circa mezz'ora di sparatoria accanita, entrarono a gruppi in ogni casa, catturarono tutti gli uomini rimasti in paese e perquisirono inoltre minutamente ogni luogo, asportando molto bottino.

Durante il fuoco, vennero feriti: Cinti Remigio, Conti Adelmo e Paperini Giuseppe. Tra i catturati vennero presi alcuni componenti la compagnia, non potuti evadere in tempo il paese, per raggiungere il reparto in montagna. Tra i catturati rimase ferito anche Cerofolini Cesare, perché malmenato col calcio del moschetto da parte di un caporale tedesco.

Alcuni dei catturati, vennero rilasciati dopo qualche tempo, altri sfruttando la accidentalità del terreno, riuscirono a raggiungere miracolosamente il bosco, riunendosi ai compagni; altri ancora meno fortunati vennero trattenuti, fotografati e sottoposti ad uno stringente interrogatorio da parte di tre ufficiali nazisti. Alle insistenti domande tutti gli interrogati negarono compatti di appartenere a bande armate e di essere a conoscenza di piani e formazioni partigiane.

Verso le ore 11, vennero condotti nella piazzetta, di fronte all'ingresso della Chiesa, (forse per commettere in quel luogo sacro i delitti già prefissi)[100], portando seco

---

[100] La relazione compilata da mio padre dovette essere concordata con i vari capi delle compagnie partigiane, ognuno dei quali, riunitisi ogni sera nella nostra casa di Arezzo (al 2° piano di via Cavour n. 126), volle metterci del suo; motivo per cui vi sono parecchie omissioni, alterazioni e esagerazioni dei fatti reali, che doverosamente vanno considerati. Avevo poco più di otto anni e ricordo, infatti, che a parte gli uomini tenuti parecchio tempo con le mani alte, guardati da soldati col fucile spianato, prima degli interrogatori, che si svolse al primo piano del palazzo sotto il nostro appartamento, e tutti liberati meno i quattro partigiani catturati, non vi fu alcun atto di offesa nei confronti delle donne e dei bambini né distruzione delle abitazioni. Il ferimento di quattro uomini citato da mio padre, era avvenuto mentre i tedeschi sparando entrarono nel paese. Ricordo bene Remigio Conti, il più grave, perché accompagnai mio padre quando, con i tedeschi che si erano allontanati, andò a trovarlo per conoscerne le condizioni. Restò con il ginocchio menomato. Durante l'interrogatorio degli uomini io curiosamente scesi le scale che portavano nel cortile senza che i tedeschi si curasse di me, e dalla porta aperta del grande salone vidi benissimo i tre ufficiali che, seduti a un tavolo interrogavano due uomini in piedi davanti a loro. Gli interrogatori si svolgevano a turni, gli ultimi furono i quattro partigiani, che catturati con le armi e in un'auto compromettente, e quindi da considerare franchi tiratori (banditi per i tedeschi), non avevano scampo, come stabiliscono le norme del diritto internazionale.

anche i quattro partigiani catturati nei pressi di Terrossola, i quali a differenza degli altri, erano stati legati precedentemente, con le mano dietro la schiena.

Anche il partigiano Pieri Piero, della 2ª compagnia, già ferito nello scontro di San Piero in Frassina, benché in condizioni fisiche debolissime per le gravi ferite riportate, scoperto dai nazisti in un'aula delle scuole elementari (ospedale da campo del III° btg.) dove era stato condotto dai compagni per meglio essere curato dal medico Dott. Giorgi venne fatto alzare seminudo e tradotto anch'esso assieme agli altri. Il parroco [Enrico Lachi], vedendolo in quelle tristi e pietose condizioni, lo ricoprì col suo manto, anche perché in quel momento imperversava la pioggia.[101]

Il Pieri, si salvò dichiarando, che venne giorni addietro ferito da sconosciuti mentre mieteva un campo di grano. Altrettanto asserirono i presenti interrogati dai tedeschi presenti alle domande.

I nazisti dopo aver fatto con la violenza preparare il pranzo in alcune case, consumarono quanto esisteva per i bisogni propri e dei componenti di quelle povere famiglie.

Usciti dal pranzo molto avvinazzati, condussero i quattro partigiani (legati) nella strada che dal paese conduce a Rassina e nei pressi del ponte del Condotto, li impiccarono alle piante; tre su alberi da uva il quarto ad un gelso dalla parte opposta della strada.

Tutti gli altri già obbligati a rimanere al muro con le braccia alzate per oltre 6 ore, vennero poi rilasciati compreso il Pieri.

I criminali lasciarono il paese facendo ritorno a Rassina, Chitignano e Bibbiena nel pomeriggio, trasportando inoltre al seguito il bottino già citato.

In prossimità dei quattro martiri ancora appesi alle piante, venne condotta e data al fuoco l'automobile del Dott. Giorgi, perché accusato di prestare le proprie cure ai partigiani feriti e malati. Anche il dottore poté salvarsi, perché raggiunse per tempo la montagna.

---

[101] In una sua testimonianza Piero Pieri, dichiarò: "*Ero ricoverato in un'aula della scuola elementare di Castelfocognano, ove saltuariamente il dr. Alessandro Giorgi di Rassina veniva a medicare le mie ferite. La popolazione ed il parroco del paese mi prestavano i loro aiuti ed ogni tanto ricevevo la visita dei miei compagni partigiani. Il mattino del 4 luglio fui svegliato dal rumore di spari d'arma da fuoco, che si avvicinavano sempre più. Capii che si trattava di un rastrellamento tedesco. Qualcuno entrò di corsa nella mia camera, forse il maresciallo Mattesini, partigiano della compagnia "I", e dalla finestra gettò nelle ortiche del sottostante campo la mia pistola e gli oggetti che avevo con me e che potevano denunciare la mia condizione di partigiano*". Cfr., Raffaello Sacconi, *Partigiani in casentino e Val di Chiana*, La Nuova Italia, Firenze 1975. E infatti, fu il coraggio e la tempestività di mio padre ad evitare che Piero Pieri fosse scoperto e fucilato. Subito dopo questo gesto mio padre torno a casa, poco distante, con l'intenzione di portare via la famiglia e i parenti, scappando verso la montagna, ma non né ebbe il tempo per il ritardo delle donne a prepararsi e resto intrappolato dall'arrivo dei tedeschi, che avanzavano da tutti i lati del paese. Libero Burroni ex comandante della Compagnia "I" di Linea del 3° Battaglione, venuto da Arezzo a Roma alcuni anni dopo per un impegno di lavoro come marmista, mi disse: "*Non ho mai incontrato uno più freddo del tuo babbo. Nei momenti difficili in cui avevo paura il tuo babbo mi diceva: stringi i denti, stringi i denti*".

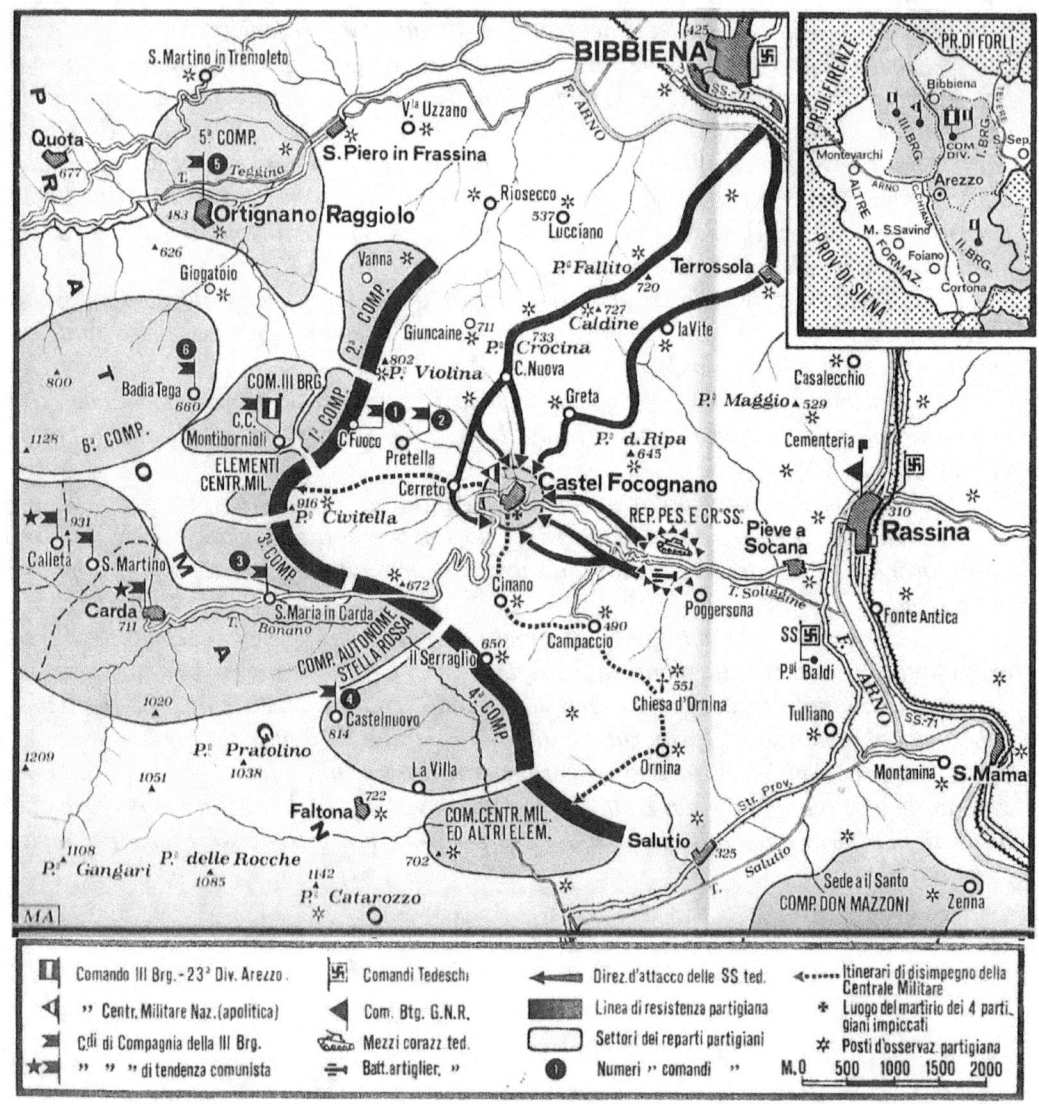

Le operazioni tedesche su Castel Focognano del 4 luglio 1944. Disegno compilato di Antonio Mattesini per la sua relazione all'ANPI di Firenze.

I componenti la compagnia "I" ad eccezione dei catturati poco prima dell'arrivo dei tedeschi ripiegarono in montagna, una parte protetti dalla 3ª compagnia, puntò su Monti Cornioli, dove si erano concentrati quasi tutti i reparti del III° btg., per portarsi nella linea già preparata a difesa dal Comandante Sacconi Raffaele. Altri elementi furono invece costretti a ripiegare verso sud perché nuovamente attaccati dai centri di resistenza tedeschi lasciati nelle zone già citate.

Questi ultimi, perduto il collegamento col grosso si portarono nella zona controllata dalla 4ª compagnia, riuscendo però ad incontrare solamente pochi elementi di retroguardia, rimasti ancora verso Ornina e Salutio.

Il grosso del III° btg., accettò battaglia nella zona già preparata a difesa, ma i tedeschi anziché accettare il fuoco, preferirono il ritorno ai loro accampamenti, forse perché avevano previsto il nostro piano difensivo a nostro favore.

Su quest'ultimo episodio io non vidi nulla, e neppure sentire sparare un colpo d'arma, forse perché ero troppo distante dalla zona dei combattimenti. Ricordo che una trentina di partigiani armati della 1ª Compagnia "I" di Libero Burroni, e della 2ª Compagnia, sbucarono come dal nulla dalla vegetazione al momento che i cadaveri dei quattro impiccati furono trasportati al cimitero dal biroccio di un mio parente, il contadino Luigi Falsini (la moglie Zelinda Biondini era la sorella di mia nonna), che aveva anche provveduto a staccarli dagli alberi aiutato ad altri uomini del paese, tra cui il figlio Tullio, carabiniere, che era stato uno degli uomini messi al muro e interrogati. Io, con altri ragazzini, dopo aver assistito al distacco dei morti dagli alberi, avevo seguito il trasporto proprio dietro il piccolo biroccio (le gambe degli impiccati, coperti da un lenzuolo, oscillavano davanti a noi), e Burroni che mi conosceva bene, essendo quasi ogni sera a casa nostra in consultazione con mio padre, mi disse "*che fai qui, torna a casa*", costringendomi ad allontanarmi. Ma non andai troppo lontano e continuai e guardare. Per il resto, mentre i tedeschi indisturbati si erano allontanati in buon ordine, marciando in tre righe nella strada per Rassina, quel giorno 4 luglio non avvenne altro.

Durante la permanenza dei tedeschi, tra gli uomini, messi al muro nel cortile interno del palazzo in cui abitavamo, e si svolsero gli interrogatori che portarono alla condanna a morte dei quattro partigiani, vi furono miei parenti, tra cui Alessandro Bianchini, infermiere dell'Ospedale Civile di Arezzo, marito della sorella di mio padre, Maria Mattesini, i due carabinieri Tullio e Francesco Falzini, e Sirio Malatesti (Titti), zio di Rossana. Mio padre, che contemporaneamente attendeva in casa il suo turno per essere interrogato, pregando Santa Rita fu miracolato, poiché durante la perquisizione della nostra camera, il giovane soldato tedesco, che ordinatamente stava controllando il baule di legno in cui si trovavano, sotto i vestiti, i suoi effetti personali e soprattutto la sua pistola d'ordinanza (Beretta cal. 9 del 1934, brevetto del 1937, matricola n. 639885) e i suoi documenti militari, fu richiamato al piano terra da un altro soldato prima di poter avvistare l'arma. Il soldato non torno, ma io ricordo lo stato di apprensione e angoscia di mio padre, e soprattutto di mia madre Maria Giovanna Cariaggi, nel seguire la perquisizione, e poi nell'attesa del ritorno del tedesco. Inoltre l'interrogatorio di mio padre non avvenne, forse per dimenticanza, e mentre i tedeschi lasciavano il palazzo, egli uscendo dalla scala esterna, poté allontanarsi verso la montagna. Avendo mio padre fatto Voto di recarsi alla tomba di Santa Rita, andammo a Cascia nella primavera del 1948.

Niccolino Niccolini, uno dei quattro partigiani impiccati a Castel Focognano. Era della 1ª Compagnia ed era nato e abitava a Bibbiena. Nessuno dei condannati era del Comune di Castel Focognano.

Piero Pieri, in una testimonianza inserita da Sacconi nel suo libro *Partigiani in Casentino e Valdichiana"*, sostiene che soldati italiani erano con i tedeschi e da essi venne *"percorso ed insultato"* e che i *"fascisti, al seguito dei tedeschi"*, rivolti agli uomini in attesa dell'interrogatorio, *"si divertivano a colpirci ed a insultarci"*. Ciò è inesatto, almeno per la parte delle violenze e insulti, poiché non vi erano soldati italiani né fascisti di cui conoscevo bene le loro divise e le armi e non sentii mai parlare in italiano.[102] Ritengo invece possibile che alcuni italiani, pratici del luogo, fungessero da guida ai Brandenbug. Ed io, che curiosamente guardavo dalla finestra che dava sul cortile in cui al muro erano allineati i prigionieri, non ho visto atti di violenza, ma solo il fatto che tre o quattro tedeschi tenevano rigorosamente gli uomini con le braccia alzate, sorvegliandoli in un silenzio assoluto, da incubo, con i mitra spianati. I quattro partigiani in testa alla linea, che furono interrogati per ultimi, erano legati alle mani dietro la schiera, ma silenziosi si comportavano dignitosamente. Anche i miei parenti, che avevano seguito quella sorte in silenzio ed erano stati poi lasciati liberi dopo l'interrogatorio, non si lamentarono di essere stati malmenati ma soltanto che avevano avuto la gran paura di essere condannati e uccisi.[103]

---

[102] Soltanto nel 2° Battaglione del 3° Reggimento Brandenburg, che non partecipò alle operazioni, vi era una compagnia di soldati italiani, assieme a quattro compagnie di soldati tedeschi, dalla 5ª all'8ª. Dal sito *Weapons and Warfare – Abweher II Department Brandenburgers*.

[103] Sull'episodio che portò all'impiccagione dei quattro partigiani, nel sito *I massacri di Arezzo 1944* é scritto: *"Iniziano gli interrogatori ed il Pieri, dopo aver negato di avere a che fare con i "ribelli" ma di essere a conoscenza di un aviolancio degli Alleati, viene riaccompagnato nella scuola per poi essere nuovamente prelevato e condotto, con gli altri partigiani catturati, nei pressi della fontana ai margini della piazza del paese. Al giovane che, ormai esausto, si è seduto sull'orlo della vasca, due soldati tedeschi gli*

A questo punto occorre considerare quanto hanno scritto, senza fare commenti, Carla Nassini e Massimo Martinelli, riferendo che il 16 dicembre 1944 il sindaco di Castel Focognano [Olinto Sacconi] in un resoconto sulle stragi nazi-fasciste inviato al pretore di Bibbiena, spiegò l'episodio dell'impiccagione dei quattro partigiani in modo inesatto e retorico:[104]

Le donne presenti vedendo i giovani ammanettati [erano legati dietro la schiera] intuirono qual fine sarebbe stata preparata per essi e vedendo in loto i loro figli piansero ed implorarono dal comandante un'umana clemenza. Con il solito modi di fare rassicurante, questi garanti alle stesse che nulla di male sarebbe avvenuto a quei giovani – "noi buoni e non fare nulla" – Però quei giovani baldi e fieri sapevano quale poteva essere la loro fine e i loro sguardi parlavano chiaramente. In questi le donne lessero l'impavida fierezza del nuovo e libero italiano che nulla temeva [espressioni fasciste]. Di fatti l'antico e vecchio rancore del tedesco – unico erede dell'antico goto e visigoto e vandalo del medio evo – discepolo assoluto del bestiale Barbarossa si rinnovava nello sfogo contro l'italica gente. Il loro cuore fatto di pietra è rimasto tale da secoli non ebbe palpito di umana civiltà! Il tedesco che vive nel sangue e per la guerra non ebbe esitazione cosciente e la libera Italia ebbe un nuovo olocausto sulle impervie preappendici appenniniche. Quattro nodi scorsoi a cui penzolarono i corpi di quattro patrioti oscillarono tenebrosi – emulazione e ricordo dell'eroico Battisti fu lo sfogo della ferocia nazista e i quattro ragazzi, nella loro piena giovinezza, esaltarono il loro ultimo alito e, nell'ultimo alito di vita avranno pensato al loro grande ideale e alle loro mamme lontane. Ma la macabra e sarcastica maschera dell'impiccato fu lo sberleffo alla loro ferocia.

A parte le parole di esaltazione patriottica scelte dal sindaco Sacconi, in un periodo in cui le esagerazioni facevano parte della Storia da scrivere, e ansi erano non solo tollerate ma anche incoraggiate, dobbiamo fare una doverosa considerazione. Tutti i partigiani sapevano che se uccidevano o ferivano un solo tedesco la rappresaglia sulla popolazione civile era sicura e spietata. La fucilazione di partigiani rientrava nelle norme internazionali, perché chi trovato senza divisa o con falsa divisa e armi in mano, o si rendeva esecutore di sabotaggi, era da considerare "*franco tiratore*" (banditi per i

---

dicono di guardare bene e ricordare la scena a cui sta assistendo: gli altri quattro vengono acciuffati dai loro carnefici ed impiccati uno ad uno agli alberi della piazza. Muoiono con coraggio e dignità Niccolino Niccolini (I Compagnia), nato a Bibbiena (AR) (1) il 1° Aprile 1923, residente a Terrossola, operaio del Cementificio "Sacci"; Leonello Lenzi (2) ("Fischino") (II Compagnia), nato il 7 Luglio 1921, tessitore di Soci; Elio Vannucci (Compagnia Comando), nato il 1° Settembre 1922, operaio di Bibbiena e Giuseppe Antonio Ceccaroni, nato a Cesena il 14 Agosto 1915, residente nella frazione di Macerone, manovale, coniugato (quest'ultimo appartenente della XXIX Brigata Garibaldi "Gastone Sozzi" operante in Romagna). Poi Pieri sviene e quando si riprende si ritrova nella sua stanza. I tedeschi ed i fascisti se ne sono andati e lui va a vedere i corpi dei martiri. Solo più tardi alcuni abitanti provvedono a staccare i cadaveri dagli alberi e a trasportarli nella cappella del locale cimitero. Successivamente, dopo la tumulazione, giungono a Castel Focognano le prime pattuglie di partigiani che prelevano il Pieri con un cavallo per ricondurlo al sicuro in montagna. Dell'ex prigioniero russo, di cui è sconosciuto anche il nome, non si saprà più nulla. Niccolini e Vannucci sono ora sepolti nel cimitero di Bibbiena, mentre Lenzi riposa nella Cappella dei Martiri del cimitero di Soci".

[104] Carla Nassini e Massimo Martinelli, *Castel Focognano. Obiettivo sul novecento. Identità e trasformazioni di una comunità casentinese*, p. 98.

tedeschi), e quindi passibile di morte. Pertanto mi sembrano fuori luogo le tante accuse di barbarie che vengono sostenute, nelle commemorazioni, ai soldati tedeschi, altrimenti che dire degli attentati e uccisioni nei loro confronti una volta catturati. Di barbarie si può parlare quando si commemorano gli eccidi indiscriminati.

Nelle rappresaglie noi italiani facevamo lo stesso in Iugoslavia e in Grecia. Invito a leggere nell'Archivio dell'Ufficio Storico dell'Esercito i Diari e documenti della 2ª Armata (generali Ambrosio e Roatta) e le relazioni e i fonogrammi delle unità che operavano in qual settore balcanico, per non parlare di un "*Libro bianco jugoslavo*", con esaustivi riferimenti anche fotografici, che fa accapponare la pelle.

Fucilazione di partigiani Iugoslavi. Nell'Esercito italiano non esisteva il barbaro sistema dell'impiccagione.

Ma dall'altra parte, uno zio di mia moglie delle Camicie Nere, Antonio Orsini di Bassano di Sutri, che aveva combattuto in Jugoslavia, mi riferì di particolari raccapriccianti, come quelli di soldati italiani che catturati venivano segati vivi in più tronconi dai partigiani comunisti di Tito A quel punto i comandi e i nostri soldati perdevano il lume degli occhi. Lascio ai lettori di immaginare quale sarebbe stata la loro reazione. Oppure andate a consultare le pratiche delle condanne a morti applicate ai fascisti negli anni 1944-1945, quando catturati da italiani e Alleati erano accusati di essere delle spie o collaboratori del nemico e fucilati senza pietà da soldati italiani e carabinieri.

Rassina, 12 ottobre 1964. Due altri protagonisti del mio racconto, zii di mia moglie, che avevano combattuto nella RSI. Al centro Antonio Orsini, che mi aveva informato sulla guerra partigiana in Iugoslavia. A sinistra Alvaro Coralli, che diciassettenne milite era stato accusato ingiustamente di aver partecipato alla fucilazione di Licio Nencetti, mentre invece si trovava ferito all'ospedale di Subbiano. L'odio verso chi aveva indossato una divisa fascista era tanto nell'immediato dopoguerra che molti dell'altra parte, nell'accusare di crimini, mentivano spudoratamente.

Differente è il caso dei quattro uomini uccisi dalla banda di Vladimiro, poiché condannati senza la prova di essere pericolosi fascisti e fucilati senza sentenza. Ciò rappresenta un intollerabile omicidio, come lo è quello dell'uccisione di un prigioniero. Per questo, pur nelle difficoltà del momento, nel dopoguerra in parecchi episodi denunciati di crimini, la magistratura ha voluto vederci chiaro, purtroppo non sempre riuscendovi per lo stato di omertà, o perché i colpevoli erano fuggiti oltre cortina o in Argentina. Occorre dire che alcuni squallidi episodi avvenuti, soprattutto quelli per vendetta, erano stati non solo tollerati ma anche incoraggiati dai capi dei partigiani e di chi li dirigeva. Sempre nel dopoguerra alcuni ex partigiani che avevano votato comunista, e che non concordavano con il modo in cui erano protetti ad oltranza episodi inqualificabili a cui avevano assistito, restituirono la tessera del partito. Non scopro nulla. In Internet e nelle serie pubblicazioni vi sono diverse testimonianze, che purtroppo sono considerate come una forma di revisionismo inaccettabile. Ho scritto all'ex Sindaco di Castel Focognano, per aver conoscenza dei nomi dei quattro fucilati, e la data della notte della fucilazione, ma non ho avuto nessuna risposta. E quando ho chiesto in paese, completa omertà!

Inoltre, avendo assistito a tutto il *"macabro"* rito dell'interrogazione e dell'impiccagione dei quattro partigiani, posso assicurare che di donne piangenti e imploranti grazia al comandante tedesco non né ho assolutamente viste alcuna come ha sostenuto il sindaco Sacconi. Anche perché, nello stato di tribolazione, nessuno sapeva cosa sarebbe successo. Le donne di tutte le famiglie sfollate o residenti a Castel Focognano, restarono con i figli nelle loro case sottoposte a perquisizioni accurate dai soldati tedeschi, alla ricerca di armi, e nel cortile dove gli uomini che dovevano essere processati erano allineati al muro, essi avevano davanti soltanto i soldati che, mitra in pugno, li sorvegliavano. Non vi erano persone del paese e nessuna scena di dolore o d'isterismo per strada, ma soltanto una trepida attesa carica di tensione, pianto e paura nelle abitazioni, e ciò continuò anche quando ebbe luogo l'impiccagione.

Avendo la camera dell'abitazione nel piano superiore di un grosso palazzo, della famiglia Niccolai, sul lato destro della piazza di Castel Focognano, dove la strada proveniente da Rassina gira per Carda, trovandoci proprio sopra il luogo dell'impiccagione, distante non più di 40 metri, io i miei genitori e i nonni, dalla finestra della nostra camera vedemmo tutto e lo ricordo come se fosse oggi. A quel punto mia madre e mia nonna scoppiarono a piangere, e la scena fu ancora più raccapricciante nel vedere che il più alto dei quattro giovani, quello impiccato al Gelso sul lato sinistro della strada in direzione di Rassina, poiché con la punta dei piedi toccava il terreno scosceso della strada, due soldati tedeschi lo girarono su se stesso affrettandone la morte. Poi i tedeschi incendiarono nella stessa zona, vicino al ponte del Condotto, la Fiat 1.100 del medico condotto di Rassina dottor Alessandro Giorgi, che in quella zona abitava da sfollato e, con il fumo nero che usciva dalla macchina in fiamme, ordinatamente se ne andarono marciando su tre file nella strada per Rassina.

Quando è veritiero e testimoniato seriamente, il revisionismo storico va scritto esattamente come gli episodi anche i più crudi sono realmente accaduti, ma non sopporto esagerazioni e tanto meno la faziosità, che mi è particolarmente odiosa quanto è originata da cause politiche o interessi di parte, volendo nascondere o alterare la realtà degli avvenimenti.

Castel Focognano. Il palazzo in basso a sinistra, che ha sul tetto l'abbaino, era dove la famiglia Mattesini e la famiglia Bianchini, sfollati da Arezzo, abitavano ospitati da parenti. Al primo piano, dove c'è la terrazza, si svolse l'interrogatorio degli uomini, una ventina compresi i quattro partigiani, da parte di tre ufficiali tedeschi. Il cortile a sinistra, quello delle stalle, e dove gli uomini, a sinistra del cortile, erano stati tenuti allineati al muro in attesa dell'interrogatorio. La nostra abitazione era quella dove sulla facciata del palazzo vi è in alto una finestrella, quella della nostra camera da cui assistemmo all'esecuzione dei partigiani, proprio sopra alla sala della sottostante abitazione in cui si svolgevano gli interrogatori. La strada che scende, dopo la fila di alberi della piazza, è quella in cui i quattro partigiani furono impiccati, a 30-40 metri circa dalla nostra finestra. Le case lungo la strada non esistevano, essendo moderne, e nello stesso punto vi erano i campi con i vigneti.

Fare una targa ai quattro uomini uccisi dai partigiani a Castel Focognano, persone del proprio paese mentre gli impiccati non lo erano (ed erano partigiani e quindi, lo ripeto, se catturati passibili di morte) dovrebbe essere doverosa; ciò anche come segno di pace e giustizia, ma sono convinto che, temendo le reazioni che sempre ci sono manca la volontà e il coraggio, che non tutti hanno. Io su questo episodio, come senso di giustizia, ci metto la faccia come sempre ho fatto nelle mie moltissime pubblicazioni, stampate dagli Uffici Storici delle Forze Armate e in forma privata. Per me l'obiettività storica e la cosa più importante, e in questa mia caratteristica tratto tutti allo stesso modo, siano italiani o stranieri, e di questi ultimi alleati oppure no.

La facciata del palazzo Niccolai. Sopra il terrazzo era la mia abitazione. *Fotografia recente di Francesco Mattesini*. La finestra in alto a sinistra dell'immagine è quella da cui assistevo a quanto accadeva nel sottostante cortile, dove erano gli uomini catturati dai tedeschi, al muro con le mani alzate.

Lo stesso giorno 4 luglio, mentre si svolgeva l'episodio di Castel Focognano, un partigiano della 4ª Compagnia "Volante", Otello Giusti, inviato in ricognizione per conoscere la dislocazione di uomini e mezzi tedeschi, fu catturato e impiccato a Poggio al Pino, nel Comune di Capolona.

L'indomani 5 luglio, alle ore 06.00 i tedeschi cercarono di sorprendere la 6ª Compagnia a Vallenoci, a 700 metri da Ortignano, da dove si poteva sorvegliare la strada che da Bibbiena porta a Raggiolo, e di qui dirigere verso Montebòrgnoli e la Pretella, dove era dislocata la maggior parte degli elementi del 3° Battaglione. Nello scontro che ne seguì furono feriti i partigiani Pietro Ceccherini e Alfonso Valentini. Quest'ultimo decedette per la gravità delle ferite a un piede qualche giorno dopo nell'ospedale di Poppi.

Ma non era finita, poiché nel vasto rastrellamento messo in atto dai tedeschi quale rappresaglia per l'aiuto fornito dalle popolazioni ai partigiani, sempre il 5 luglio a Talla furono bruciate diverse case, compreso il municipio. Poi, il 6 luglio, Ivo Calbi e Silvano Righi, partigiani della 4ª Compagnia "Volante", furono fermati mentre si recavano in chiesa per prelevare alcune armi, e subito fucilati. Lo stesso giorno per l'esplosione di una mina su un autocarro decedettero tre soldati tedeschi.

In questa foto del dopoguerra questo è il posto dove i quattro partigiani furono impiccati il 4 luglio 1944, tre sul lato destro della strada verso Rassina dove è il monumento commemorativo, su tre grosse piante da uva allineate sulla strada (vedi foto) del campo di un mio parente (Luigi Falzini), e uno sul lato sinistro su un gelso. Il monumento del comune di Castel Focognano (sede a Rassina), tra l'altro riporta il nome delle quattro vittime. Sulla destra della fotografia, a una trentina di metri di distanza vi è il grosso palazzo (fattoria – non ripreso) su cui, ospitati dai parenti, vivevamo io e la mia famiglia. La finestra, in alto, era quella della nostra camera. Di lì, in prima fila (sic), tra i pochi testimoni, vedemmo tutto.

Vedendo l'incendio delle case di Talla, e per errata informazione che i tedeschi erano soltanto in sette, l'8 luglio una pattuglia della 4ª Compagnia "Volante" si recò nella zona per far pagare agli incendiari la loro impresa. Ma al posto di sette uomini ne trovarono molti di più, un battaglione al comando del maggiore Raede, e nel combattimento i partigiani, prima di allontanarsi con Riccardo Ottorelli ferito, persero l'appuntato dei carabinieri Angelo Valentini, che rimasto indietro prima di essere catturato si era comportato valorosamente sparando sul nemico fino all'esaurimento delle munizioni, sebbene fosse stato ferito ad una mano da schegge di bombe a mano. Interrogato dai tedeschi fu impiccato due giorni più tardi, il 10 luglio. Ventidue anni dopo il suo comportamento fu premiato alla memoria con la Medaglia d'Argento, e alla famiglia fu concesso un soprassoldo annuo di 18.750 lire.

Il monumento ai quattro partigiani come è oggi. Le case che vedete dietro il monumento allora non cerano, sono costruzioni moderne.

Il fallito tentativo di passare la linea del Fronte per raggiungere Arezzo

Ho un altro indimenticabile ricordo di quei giorni, che dimostra come anche tra il nemico può esservi umanità.

Dopo l'uccisione dei quattro partigiani, il 5 luglio 1944, partendo a piedi da Castel Focognano, e seguendo la strada per Cinano, Carpaccio, Chiesa d'Ornina, Ornina e Salutio, mio padre (che portava sempre le carte topografiche al 25000 della zona da attraversare per scegliere le strade più sicure) con tutta la sua famiglia (la moglie Giovanna e i figli Francesco e Marcello), tentarono di passare la linea del fronte, per raggiungere Arezzo che stava per essere raggiunta dalle truppe britanniche della 6ª Divisione corazzata e della 2ª Divisione fanteria neozelandese, senza potervi riuscire. Nella piana a sud di Arezzo, si svolgeva con la 15ª divisione Panzergrenadier e altre unità germaniche, un grosso combattimento contro le unità del 13° Corpo d'Armata britannico, che avevano quale unità di punta nella zona a sud di Olmo (Strada Statale 71) la 6ª Divisione corazzata. E con i tedeschi appostati anche nella zona meridionale del Monte Pratomagno, arrivati alle Torri di Belfiore (sopra Capolona), e vedendo in lontananza nella piana di Arezzo i duelli d'artiglieria che sollevavano con le esplosioni dei proiettili colonne di fumo, mio padre si rese conto che il passaggio del fronte era impossibile.

Soldati britannici esaminano un carro Tedesco Panzer IV immobilizzato presso Monte San Savino, circa 15 km a sud di Arezzo. Probabilmente appartenente al 115° Battaglione Corazzato della 15ª Divisione Panzergrenadier.

Soldati tedeschi ben mimetizzati sul terreno con un lanciarazzi controcarro Panzerschreck, il corrispondente del famoso Bazooka statunitense.

Monte Lignano, con in basso la Collina di San Donato, visto dall'Alpe di Poti. Arezzo e nella conca tra Lignano e Poti.

Arezzo visto dal monte Lignano. Sullo sfondo il Monte Pratomagno ai piedi del quale scorre l'Arno, dal Casentino (a destra) al Valdarno. Il possesso di Lignano permetteva a tedeschi e britannici di aver il controllo sulla valle di Arezzo.

16 luglio 1944. Gli automezzi della 2ª Divisione Neozelandese a Castel Fiorentino sulla SS 71 dopo la cattura di Monte Lignano dirigono per Arezzo. Foto George Kaye.

Un cannone controcarro tedesco da 75 mm. Un vero Killer per i carri armati degli Alleati.

Castiglion Fiorentino 4 luglio 1944, Sherman della 6ª Divisione Corazzata britannica a 12 chilometri da Arezzo.

Pertanto, tornando indietro ci fermammo nella frazione di Badia a Cornano (tre case con una piccola chiesetta) oggi completamente distrutta, e i campi abbandonati. Vi trascorremmo una decina di giorni, prima di riprovare a passare il fronte, amorevolmente assistiti dalle famiglie dei contadini, che ospitandoci nella loro chiesetta ci fornirono di tutto il supporto necessario, materassi, coperte, lenzuoli, vitto. Ne fummo sempre riconoscenti, tanto che negli anni successivi, il giorno di successivo alla Pasqua (Pasquetta), tornavamo a Badia a Cornano, invitati a pranzo con gli immancabili maccheroni e carne arrosto.

Nei giorni 7 e 8 luglio, in seguito ai rastrellamenti tedeschi, che ricercavano i partigiani, e con gli aerei degli Alleati che di notte illuminavano la zona con bengala, abbandonando le abitazioni fummo tutti costretti a nasconderci in una grande caverna sulle rive del fosso della Zenna, chiamata Buca del serpente. Erano le prime luci del giorno, ed eravamo appena arrivati con un'altra una ventina di persone, quando un giovane partigiano in fuga, con la divisa color cachi ma senza berretto e armi, scendendo di corsa il torrente cercò di unirsi a noi entrando nella grotta, già satura di gente; ma le proteste degli adulti, specialmente delle donne, che temevano le rappresaglie tedesche, lo costrinsero a continuare nella fuga. Io, bambino di otto anni e mezzo, guardandolo angosciato ci rimasi male, ma il tutto faceva parte del clima di quella tragica guerra civile che oggi, per capirla, bisogna anche averla vissuta. Il bene e il male venivano da due parti, non da una sola, e spesso l'egoismo causato dalla paura faceva da padrone.

Una notte, dopo che aerei britannici avevano continuato ad illuminare la zona per localizzare se vi erano reparti o obiettivi tedeschi, tutta la gente della piccola frazione di Badia a Cornano, spentesi le luci dei bengala, corse al buio verso il luogo dove i paracadute erano scesi, per recuperarne la stoffa. Andammo anche io e mio padre; ma per quanto cercassimo noi non trovammo nulla. Gli altri più fortunati, e pratici del terreno, tornarono al paese con due paracadute, e ricordo che tutti, compresa mia madre, li toccarono discutendo poi sulla bontà della quantità del prodotto. Un'altra volta, mentre da una località vicina tornavamo alla chiesetta, nostra abitazione, vedemmo degli aerei che si avvicinavano, e immediatamente mio padre, che capiva il significato e quello che poteva derivarne, temendo un mitragliamento ci ordinò di gettarsi tutti sul fosso sul lato sinistro della strada dove stemmo per qualche tempo stesi, completamente incollati al terreno. Fortunatamente non accadde nulla.

Poiché eravamo più vicini al fronte, e di soldati tedeschi ve ne erano tanti, ed anche in quella zona proseguiva la caccia al partigiano, mio padre decise di tornare a Castel Focognano, dove avevamo lasciato gli altri parenti, nonché i vestiti e la biancheria per cambiarci, e finalmente il nostro letto per dormire.

La strada a gradini che porta alla chiesa San Giovanni Evangelista di Castel Focognano. Da *Eco Museo del Casentino*.

Raggiunta la strada provinciale Valdarno - Casentinese, che da Loro Ciuffenna porta a Rassina, trovandoci, a Tulliano a circa 6-7 chilometri da Catel Focognano, nel passare vicino a una grande villa in leggera collina attorniata da alti cipressi (ci sono ancora), dove si trovava un comando tedesco, incontrammo alcuni soldati di guardia, che si limitarono a farci passare, senza recarci alcun disturbo, il quale sarebbe stato tragico in quel momento di paura collettiva. Perché avevamo paura ogni volta che vedevamo un soldato tedesco, specialmente mio padre che al massimo poteva mostrare il suo documento di *"Licenza illimitata"*, ma con il dubbio che non servisse a convincere i tedeschi. Uno di quei soldati, molto giovane, con i capelli biondi, vedendo che mia madre, una bella donna alta e bionda, faticava a portare in braccio il mio fratellino Marcello di appena due anni, si offrì, gentilmente, di trasportarlo lui, mettendolo a cavalcioni sulle spalle. Mio padre, per non destare sospetti, non poté dire di no.

Durante la notte percorrendo la strada, sterrata che da dopo Pieve a Socana portava, in salita, alla nostra destinazione, il soldato, non immaginando che mio padre fosse un maresciallo dell'Esercito sbandato e per di più partigiano, parlò del più e del meno; e mio padre non mancò di far sapere, naturalmente mentendo, che eravamo di fede fascista ed eravamo partiti da Arezzo in seguito all'avvicinamento degli Alleati, e che raggiungevamo dei parenti a Castel Focognano, per essere ospitati. Arrivati a destinazione, non ci restò che ringraziare quel giovane, senza poterlo accogliere in casa perché i nostri parenti (quelli della sorella di mia nonna) guardavano il tedesco con diffidenza, se non odio. E scrutavano anche noi mettendoci in un clima d'imbarazzo, anzi apparivano irritati per aver portato nella loro casa il tedesco, e non potemmo offrire a quel giovane neppure un bicchiere d'acqua. Partito il militare, ne seguirono discussioni, anche accese. Forse i parenti non avevano torto, considerando cosa era capitato ai quattro uomini fucilati dalla banda di Vladimiro.

Di quel soldato, che non era armato e che per tornare al suo reparto dovette ripercorrere al buio (in zona partigiana) i 7 chilometri in senso inverso, non sapemmo più nulla. Come si vede la guerra non fa distinzione fra buoni e cattivi, e questa realtà, quando si fanno le varie ricorrenze, a volte piene di odio e di livore, si dovrebbe ricordarlo.

La 6ª Divisione Corazzata britannica conquista Arezzo – 16 Luglio 1944

I partigiani hanno liberato Arezzo, combattendo! E' la solita stucchevole retorica che dura da 74 anni, e che ancora oggi serve con varie cerimonie commemorative estese a tutta la provincia aretina, per mantenere il consenso da parte dei partiti della sinistra.[105] Permettetemi di dire che ciò è inammissibile. E' difficile che non si sappia, o che non si vuole ammettere, che la liberazione di Arezzo (cattura o conquista per i testi britannici) è avvenuta da parte del 13° Corpo d'Armata britannico (generale Sidney Kirkman). In particolare della 6ª Divisione corazzata del generale Vyvyan Evelegh, il cui organico comprendeva 5.000 mezzi da combattimento e ruotati, di cui 350 carri armati, 100 cannoni semoventi e controcarro, e un migliaio di cingolati trasporto fanteria; ossia, soltanto in quella divisione, vi era un numero di mezzi superiore a tutti i partigiani della Toscana e dell'Emilia che combattevano nella zona appenninica.

Vi era poi la famosa battagliera 2ª Divisione Neozelandese del generale Bernhard Freyberg, su tre brigate, che attaccando nelle notti del 12-13 e 13-14 luglio conquistò dapprima il Monte Castiglion Maggio (sopra Castiglion Fiorentino) e poi il Monte Lignano, a sud di Arezzo, baluardi della difesa tedesca. Più a est, sostenuta dal tiro di mortai, avanzava verso l'Alpe di Poti – Foce dello Scopetone la 4ª Divisione Indiana, quest'ultima del 10° Corpo d'Armata che operava in Valtiberina, che era difesa, sul lato dell'Alpe di Catenaia, dalla 305ª Divisione di fanteria tedesca.

La 15ª Panzergrenadier (Granatieri corazzati) del generale Hans-Valentin Hube e le altre unità tedesche del 76° Panzerkorps (generale Traugott Herr), la 1ª Divisione Paracadutisti e le Divisioni di Fanteria 334ª e 719ª, dopo una resistenza accanita al Lago Trasimeno (tra Chiusi e Castiglion del Lago), sulla Linea Albert che doveva trattenere gli Alleati fino al completamento della linea Gotica sugli Appennini, erano ormai costrette ad arretrare velocemente oltre il Fiume Arno per non essere tagliate nella ritirata dal 13° Corpo d'Armata britannico, che aveva alle sue estremità occidentali della

---

[105] Per saperne di più vedi il saggio dell'Autore *Due Falsi Storici*, in Accademia Edu.

Val di Chiana altre due divisioni la 4ª di Fanteria britannica e la 6ª Corazzata sudafricana.

Occorre considerare che l'offensiva britannica e statunitense, su tutto il fronte dall'Adriatico al Tirreno, oltre alle forze logistiche che seguivano le unità combattenti era appoggiata dagli attacchi di centinaia di aerei, in particolare i micidiali cacciabombardieri. Gli Alleati nell'estate del 1944 avevano in Italia 2.900 aerei, che avevano l'assoluta padronanza del cielo. E' soprattutto che non vi furono combattimenti da parte di pochissimi partigiani nelle strade di Arezzo (forse in tutto quaranta), poiché i tedeschi erano ormai lontani, e i fascisti li avevano preceduti nella ritirata. In definitiva non risulta che ad Arezzo avessero sparato un colpo d'arma.

Eppure il piano per concentrare i partigiani ad Arezzo era stato pianificato. Il 1° luglio tutti i partigiani dell'aretino erano stati inquadrati nella Divisione "Arezzo" del capitano Siro Rossetti, per liberare la città, prima dell'arrivo dei britannici. La 23ª Brigata "Pio Borri" aveva i suoi tre battaglione nella seguente dislocazione: il 1° Battaglione, comandato dal sottotenente Ferdinando Caprini, nella zona di Poti, Molin dei Falchi; il 2° Battaglione. comandato dal tenente dell'Aeronautica Bruno Villa nella zona di Monte Favaldo; il 3° Battaglione, Comandato dal tenente Raffaello Sacconi sulle pendici del Pratomagno, versante Casentino.

Ma i partigiani quelli del 3° Battaglione "Licio Nencetti", come vedremo, non arrivarono in tempo poiché causa un ampio rastrellamento di tre giorni nel Pratomagno, riuscirono a superare le linee tedesche nella ritirata verso nord, incalzate dagli alleati, soltanto il 29 Luglio, mentre Arezzo era stata raggiunta dai britannici il giorno 16.

Nel frattempo, mentre i partigiani della 23ª Brigata "Pio Borri" si spostavano verso il Passo dello Scopetone, sulla SS 73 per Sansepolcro – Ancora, per conquistarlo e poi scendere su Arezzo, manovra che non riuscì e portò a forti perdite di uomini, in un ampio rastrellamento contro la medesima brigata realizzata dai soldati di un reparto del 274° Reggimento Granatieri corazzati della 94ª Divisione furono liberati tredici dei venticinque prigionieri tedeschi tenuti in ostaggio dai partigiani. Proseguendo nel rastrellamento il 14 luglio i tedeschi, al comando del tenente Wolf Ewert, catturarono presso San Polo quarantotto uomini, compresi civili, e tra essi il vice comandante della brigata Eugenio Calò, di religione ebraica, mentre invece riuscì a sottrarsi alla cattura il comandante della Divisione "Arezzo", Siro Rossetti. Portati a San Polo, secondo una relazione di un'unità britannica che arrivata nella zona scoprì il crimine, confermato da due medici italiani, gli uomini furono seppelliti vivi e poi fatti saltare con la dinamite, per non lasciare dei corpi alcuna traccia. La stessa sorte subirono il 16 luglio altri sei uomini, uno dei quali trovato con una pistola, a Staggiano.

Secondo i tedeschi a San Polo furono fucilati quarantasette banditi, liberati dodici soldati tedeschi, catturata una postazione di mitragliatrici dei banditi e quattro banditi impiccati.[106]

---

[106] Fonte: BA-MA, RH 2/665, Ic-M 14.07.44.

Il recupero dei corpi degli uomini uccisi barbaramente a San Polo.

Soldati della 1ª Brigata della Guardia, 6ª Divisione Corazzata britannica, in sosta presso la SS 71 ad ovest di Arezzo, il 16 luglio 1944.

Fanteria britannica in marcia verso Arezzo il 16 luglio 1944. Gli uomini sono armati di fucile mitragliatore statunitense Thompson.

Carri armati Sherman Firefly dello Squadrone C del Reggimento "Pretoria" dell'11 Brigata della 6ª Divisione Corazzata sudafricana incrociano un contadino con un carro trainato da due buoi di razza chianina. Questa divisione, assieme alla 4ª Divisione di fanteria britannica, entrambe del 13° Corpo d'Armata, era fronteggiata da elementi della divisione tedesca Hermann Goering all'estremità occidentale della Val di Chiana, e dirigeva verso il fiume Arno, dopo aver superato la strada statale n. 69, che da Arezzo porta a Siena.

Nella notte tra il 12 e il 13 luglio i neozelandesi della 2ª Divisione, fatti arrivare urgentemente da Sora (Frosinone), conquistarono Monte Maggio e Monte Lignano, due cime dell'Appennino occidentale che danno sugli accessi meridionali di Arezzo. Poi, all'01.00 del 16 luglio, dopo un bombardamento aereo sulla città, cominciò a muovere la Iª Brigata della Guardia della 6ª Divisione corazzata, con in testa i carri armati Sherman del 16° Squadrone del 5° Reggimento Lancieri (16/5) Queen's Lancers (dal 1959 Queen's Royal Lancer), al comando del Colonnello Henry Cecil Lloyd Howard. Superata una tenace resistenza da parte di unità della 15ª Divisione Panzergrenadier, che fortemente battuta da un forte attacco aereo e da una micidiale concentrazione d'artiglieria si ritirò prima dell'alba, alle 07.00 del 16 luglio i carri Sherman e i mezzi cingolati da ricognizione Stuart cominciarono ad entrare in città per la Strada Statale 71. Essi attraversando via Romana passarono la linea ferroviaria Firenze – Roma presso la Stazione completamente distrutta, e proseguendo per Porta Santo Spirito, facendo acrobazie fra le rovine dei palazzi sventrati o demoliti dalle bombe all'inizio del Corso Vittorio Emanuele, superarono quella che è oggi Banca Etruria, non trovando nessuno ad applaudire, anzi sembrava che gli aretini fossero tutti scomparsi. Di partigiani, neanche l'ombra.

16 luglio 1944, circa ore 10.30. Uno dei primi carri armati M4 Sherman del 16° Squadrone del 5° reggimento (16/5) "Queen's Royal Lancers" (colonnello Henry Cecil Lloyd Howard), percorrendo la SS 71, supera la ferrovia Firenze – Roma, a sud della stazione di Arezzo, completamente distrutta dai bombardamenti alleati. I movimenti dei carri e mezzi corazzati che attraversano Arezzo sono riportati anche in un filmato.

Alle 9.30 il Comando del 16/5 Lancers riferì che la città era stata conquistata. Entro le 13.00 il 2° Reggimento Lothians and Border Horse della 26ª Brigata Corazzata, raggiunse l'Arno a Quarata, dove sorprendentemente trovò intatto il ponte Buriano, in modo da superare immediatamente il fiume entrando nel Valdarno. Nel frattempo, la Compagnia B del 16/5 Lancers rimase in posizione nella città di Arezzo fino alle 18.00 del 16 luglio, quando sopraggiunse a dare loro il cambio il Reggimento King's Dragoon Guards. Avanzando per una ricognizione verso Antria e Palazzolo, a nord-ovest di Arezzo, la Compagnia B del 16/5 Lancieri della 1ª Brigata della Guardia giunse fino a San Polo, entrando brevemente in contatto con truppe tedesche, e dove il 18 luglio, come detto, fu appreso della barbara uccisione di quarantotto italiani, avvenuta quattro giorni prima.[107]

---

[107] In uno Squadrone vi erano 16 carri armati Sherman armati con cannone da 75 mm e 3 mitragliatrici, una delle quali, anche per impiego contraereo, da 12,7 in torretta. Il carro aveva però lo svantaggio della torretta troppo alta e quindi individuabile anche in zone di boscaglie e in campi con alta vegetazione. Inoltre, avendo il motore a benzina, se colpito si incendiava facilmente ed esplodendo era

Un altro carro inglese mentre si avvicina al centro abitato di Arezzo, davanti alle mura medioevali della città.

---

messo fuori combattimento, mentre i carri tedeschi, tutti con motore a nafta, se colpiti facevano fumo, ma senza esplodere, e continuavano per quanto possibile a combattere.

Gli Sherman, superato l'incrocio con via Roma-Via Francesco Crispi, avanzano per via Corso Vittorio Emanuele. A sinistra l'edificio che è oggi la Sede della famosa Banca Etruria. Nonostante le rovine dei molti bombardamenti aerei degli Alleati, le strade erano percorribili.

I mezzi corazzati Stuart da ricognizione e carri srmsti Sherman della 6ª Divisione nel Corso Vittorio Emanuele, quasi all'altezza di Piazza San Michele, risalgono verso l'incrocio per la Pieve-Duomo e Via Cavour, entrambe le strade in direzione della Porta San Domenico, che porta in Casentino, e dalla porta di San Lorentino verso il Valdarno. Vedere che, a parte un curioso ragazzino con calzoncini corti, non c'è un'anima. Spesso le foto fanno la Storia, e non devono mai essere manipolare.

I britannici, che si aspettavano ovazioni da una grande folla di persone, com'era accaduto alla 6ª Divisione Corazzata il 20 giugno a Perugia, indispettiti hanno scritto che gli aretini, che avevano subito molti bombardamenti aerei dagli Alleati, erano noti cittadini fascisti e si erano rifugiati nelle montagne. In effetti, com'è dimostrato dalle mostrate foto ad Arezzo, città degli sfollati, non cera quasi nessuno, salvo poi, con l'arrivo dei britannici, ritornare dalla campagna in massa per riprendere possesso delle loro abitazioni e occupandone altre abusivamente, compresa quella della mia famiglia.

I carri e mezzi motorizzati si succedevano sulle principali strade dirette verso il Valdarno e il Casentino, un fotografo di guerra al seguito dell'8ª Armata britannica, per dare vivacità al suo servizio, ebbe l'idea di riunire una decina di persone, tra cui un prete, tutte disarmate tranne due partigiani, che erano raccolte vicino un mezzo corazzato d'esplorazione Turretless Stuart con davanti stesa la bandiera britannica (Union Jack).

La fotografie è stata presa, dal sergente Johnson dell'*Army Film and Photograpichic Unit* dell'Esercito britannico, come esempio dell'esultanza dei partigiani e della popolazione aretina verso gli Alleati in via di San Domenico, quasi all'angolo via Garibaldi, con alle spalle Porta San Clemente; ma l'immagine, che fa bella mostra nell'Ufficio del Sindaco di Arezzo ed è particolarmente reclamizzata, fu stampata tagliata perché a lato, sulla destra del mezzo corazzato completamente fermo, ci sono tre giovanotti che con la loro espressione perplessa sembra dicano del gruppo di entusiasti precostituito: "*Ma che fanno*".[108]

Le foto dello Stuart tagliata a destra, ma non dal fotografo inglese.

---

[108] Per saperne di più su questo episodio rimando il lettore al mio saggio *Due falsi storici. Fotografati durante la conquista di Arezzo e di Firenze da parte dell'8ª Armata britannica – 16 Luglio e 4 Agosto 1944.*

La foto dello Stuart esatta. Osservate, alle finestre del palazzi di via San Domenico non vi è nessuno. I due partigiani del 1° Battaglione della Divisione "Arezzo", due sottotenenti di Subbiano, con il mitra rappresenterebbero le forze combattenti aretine! Anche il titolo dato alla foto "*Civili si arrampicarono su questo A.F.V. e lo decorarono con la Union Jack mentre entrava ad Arezzo*", non è esatto, trovandosi il mezzo alla fine di via di San Domenico, ossia presso Porta San Clemente, dove aveva inizio, da Arezzo, la strada SS 71 del Casentino (Montefiascone – Cesena). Il che significa che dalla Stazione Ferroviario il mezzo aveva percorso tutta la città, preceduto dai carri armati Sherman che avanzavano verso le rive del fiume Arno, distante 6 chilometri. Una foto, questa, e un titolo che è tutto un disastro.

La fotografia fu scattata, probabilmente, nelle ore successive all'entrata dei primi carri britannici nella città di Arezzo, avvenuta alle ore 10.30 del 16 luglio 1944. Il fotografo, che immortalò lo "Stuart" da ricognizione, invitando evidentemente i civili a salire sul mezzo che era fermo e a salutare con il braccio alzato, era il sergente Johnson dell'*Army Film and Photograpichic Unit* dell'Esercito britannico, ossia uno dei tanti esperti incaricati di realizzare servizi di propaganda, col duplice obiettivo di dimostrare in Patria che il compito degli inglesi era quello di portare in Italia la libertà e di non far apparire agli italiani di essere considerati come occupati, come in realtà era. La fotografia, vedi sotto, porta il numero N.A. 16887.

```
EIGHTH ARMY.
CAPTURE OF AREZZO.                                    N.A. 16887.


For story see Caption Sheet.


Civilians climbed onto this A.F.V. and decorated it with the
Union Jack as it entered Arezzo.


Taken by Sgt. Johnson.   15/16.7.44.


N.Z. Division and 26 Armd. Bde., 6 Armd. Div.,
Arezzo.
```

PASSED AS CENSORED

Compito degli operatori fotografici era quello di fare apparire le immagini nel modo più conveniente. Pubblicata subito in uno dei giornali che in quel periodo di guerra si stampavano con mezzi di fortuna ad Arezzo, la foto dopo effettuato il taglio dei civili non esaltanti fu poi immortalata in pubblicazioni aretine tra il 1964 e il 1989, diventando il simbolo della liberazione della città, che non ci fu. Il fatto che i rappresentanti della resistenza aretina avessero preso il controllo delle sedi del Comune e della Provincia, sulla stessa piazza, non servì a niente, perché i britannici, una volta giunti ad Arezzo, "*catturandola*" (vedi il sovrastante messaggio), fecero come volevano. Comandavano loro, come avveniva al loro arrivo in ogni centro d'Italia.

Enzo Gradassi, in un articolo in *Informazioni Arezzo* del 6 ottobre 2012, dal titolo *16 luglio 44: La liberazione di Arezzo in una foto leggendaria,* in una ricognizione dell'immagine e della sua storia ha riconosciuto alcuni degli uomini che partecipavano alla sceneggiata. Tra le persone sulla "Stuart" o intorno ad esso, dove si trovavano i tre militari inglesi occupanti il mezzo, l'uomo a sinistra, con il braccio alzato e le camicia bianca è l'avvocato Arnaldo Funaro, ebreo rifugiato ad Arezzo per sfuggire alle leggi razziali, fervente antifascista poi del Patto d'Azione. Fece parte della Compagnia Comando del 2° Battaglione della 23ª Brigata partigiana "Pio Borri", della quale fu anche commissario politico, per poi arrivare nel dopoguerra a rivestire la carica di segretario del Comitato Provinciale Liberazione Nazionale (CPLN). Successivamente fondò il periodico *L'Informatore Aretino*.

Alla sinistra di Funaro, seduto sopra il cingolo, c'è Giannetto ("Giovanni") Lebole, partigiano combattente, sottotenente dell'Esercito e intendente di brigata, e poi famosissimo industriale nelle confezioni tessili di Arezzo e provincia. Dietro, più in alto, col braccio alzato e un fucile mitragliatore a tracolla, vi è Siro Giannini (nome di battaglia "Pantera"), combattente di Subbiano, anch'esso sottotenente e comandante di una delle "squadre volanti" della Divisione partigiani paramilitare "Arezzo". "*Giannini fu tra i primi sette o otto partigiani (oltre al gruppo che c'era già) ad entrare ad Arezzo la mattina del 16 luglio 1944*".[109]

Vi è poi con un'arma in mano Vittorio Martinelli, anche lui di Subbiano, partigiano combattente, sottotenente, comandante di battaglione nella 23ª "Divisione partigiani "Arezzo", e poi componente del Comitato Liberazione Nazionale di Subbiano.

Gli altri personaggi, compreso il frate, non sono stati riconosciuti, probabilmente perché non avendo avuto la medesima importanza di un partigiano militare o di un politico, non interessavano. A questo punto è chiaro che la fotografia era stata concordata tra i partigiani e il sergente Johnson, poiché faceva comodo a entrambi come elemento di propaganda. E bisogna dire che il trucco è riuscito, almeno fino a quando l'arcano non è stato scoperto. Ma egualmente, nonostante le denunce inequivocabili, il quadro con la fotografia manipolata è rimasto al suo posto, e continua a fare bella mostra per gli ignari, in particolare in Internet.[110]

Allo scopo di essere presenti in Arezzo quando gli Alleati sarebbero arrivati, l'8 luglio trenta partigiani della 23ª Brigata "Licio Nencetti" erano entrati in città segretamente dalla loro zona di Molin dei Falchi, in nodo che poter rivendicare la loro aspirazione di poter dichiarare che era loro il merito della liberazione di Arezzo, e non degli Alleati, arrivati a cose fatte. Ai pochi partigiani si aggiunsero le personalità dei vari movimenti di liberazione, usciti allo scoperto, prudentemente, dopo che i tedeschi se ne erano andati.

Per rendere la presunzione della liberazione di Arezzo più plausibile, quando alle ore 10.00 del 16 luglio i primi due carri armati britannici Sherman, provenienti da Corso Vittorio Emanuele e via dei Pileati raggiunsero Piazza del Comune, appena denominata *"Piazza dei martiri antifascisti"*, trovarono che nella torre del palazzo pavesato di bandiere britanniche (*Union Jack*), sventolava, issata dal tenente Aldo Donnini (poi generale), Comandante del 1° Battaglione della 23ª Brigata, la bandiera tricolore del 225° Reggimento Fanteria con lo stemma dei Savoia (la bandiera della Divisione "Arezzo"), e in segno di festa per l'avvenuta liberazione il campano della torre merlata (Ghibellina) suonava a martello. Non vi era gente nelle strade vicine e tra le pochissime persone rimaste ad Arezzo, che secondo quanto in precedenza era stato concordato, si erano affrettati a spartirsi il potere cittadino il giorno prima eleggendo un Sindaco, nella persona del sottotenente professor Antonio Curina, del Partito d'Azione. In rappresentanza dei cinque partiti politici, vi erano in piazza del Comune l'avvocato

---

[109] Enzo Gradassi, *16 luglio 44: La liberazione di Arezzo in una foto leggendaria*.
[110] Non bisogna criticare l'autore della foto, ma chi la tagliata per uso propagandistico. Non è da criticare chi, non conoscendo i retroscena dell'accordo sulla foto, la usata come simbolica della resistenza. Criticabile è chi la conosceva pubblicandola tagliata, o chi ritiene ancora di pubblicarla, dopo anni su libri e articoli sulla resistenza senza mettere sull'avviso il lettore, con esatta didascalia della foto stessa, inducendolo a credere che si trattò di una testimonianza di esultanza di aretini spontanea. Nelle pubblicazioni britanniche generalmente non si parla di liberazione di Arezzo ma di cattura o conquista. E anche questa, ad Arezzo e nella provincia, essendovi molta ignoranza sull'argomento se non malafede, è una convinzione dura a morire.

ebreo Arnoldo Funaro anch'esso del Partito d'Azione (e poi protagonista della sceneggiata di Porta San Clemente), Giovanni Ciarpaglini, rappresentante dei comunisti nel Comitato Nazionale Liberazione aretino, monsignor Carlo Tanganelli rettore del Seminario di Arezzo e anche l'anziano Vescovo monsignor Emanuele Mignone, uscito dal palazzo Vescovile, che si trova accanto al Duomo.[111]

Il vescovo di Arezzo, monsignor Emanuele Mignone. Nel 1947, il giorno in cui al Duomo di Arezzo avrei dovuto cresimarmi, ero influenzato. Allora mio padre si dette da fare con le sue conoscenze ecclesiastiche, e dopo un certo tempo il vescovo Mignone mi cresimò in forma privata nella sua cappella del palazzo vescovile, presenti i miei familiari.

---

[111] Il 17 luglio il Times riportò un servizio del suo corrispondente speciale presso l'8ª Armata, dal titolo "*Arezzo Falls*" scritto il giorno stesso (16 luglio) della conquista della città: "*La bella cattedrale di Arezzo, serena sulla sua altezza sopra le strade della città e lontana dai danni e dallo scempio che la guerra aveva prodotto in basso. Il municipio in un angolo della piazza e il palazzo del vescovo all'altro erano ugualmente intatti. Il vescovo di Arezzo era rimasto in città per tutta la sua attesa, e questo anziano prelato, giunto al settantatreesimo anno, fu tra i primi ad accogliere i soldati britannici. Il peggior danno alla città era nella zona della stazione ferroviaria e ai binari, dove ovviamente in qualche momento c'erano stati grandi incendi. Molti degli abitanti erano fuggiti sulle montagne e questa mattina i partigiani italiani in città hanno raccontato che i tedeschi avevano attaccato queste persone sulle montagne negli ultimi tre giorni. I partigiani hanno anche fornito alcune utili informazioni sull'estensione delle mine tedesche e sulla creazione di trappole esplosive all'interno di Arezzo*".

Arezzo. Sopra, a sinistra la Prefettura, a destra il Comune (Palazzo Cavallo). Sotto, alle spalle del monumento di Ferdinando I dei Medici, Gran Duca di Toscana (1587 – 1608), vi è il Duomo, grande cattedrale gotica.

L'interno della cattedrale.

Una parte del meraviglioso soffitto dipinto, assieme alle vetrate laterali, dal grande maestro vetraio e pittore francese Guillaume de Marcillat che lavorò al duomo tra il 1517 e il 1524.

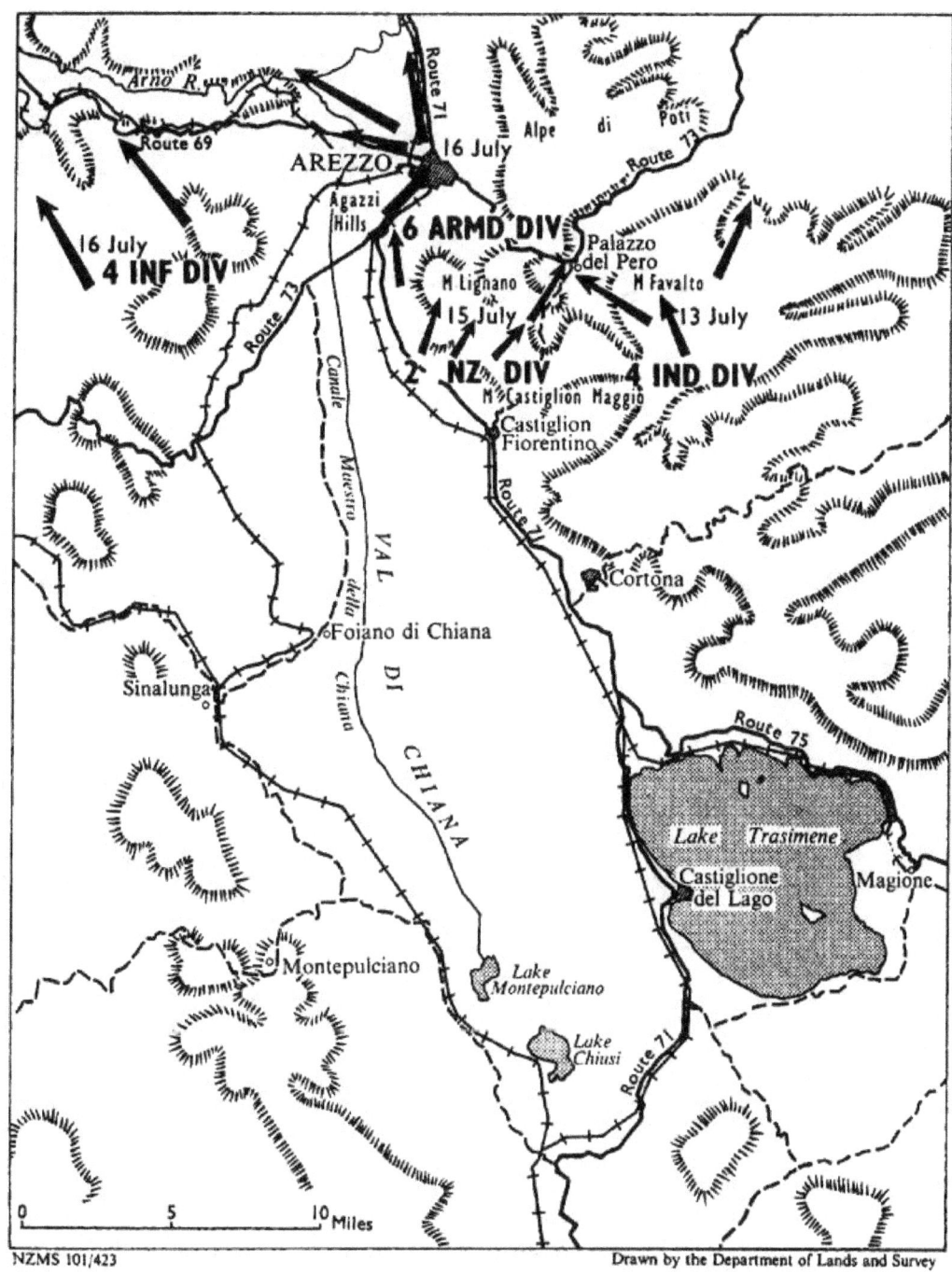

L'avanzata del 13° Corpo d'Armata britannico dal Lago Trasimeno ad Arezzo, da Noel James Hosking – *The Battle for Arezzo*. La difesa delle posizioni tedesche a sud di Arezzo era affidata, a destra alla 305ª Divisioni di Fanteria e a sinistra alla 15ª Divisione Panzer Grenadier, entrambe del LXXVI Panzer Corps della 10ª Armata del Gruppo di Armate C.

Da una carta tedesca. Il dispositivo difensivo di Arezzo del LXXVI Panzer Korp, con da sinistra la 15ª Panzergrenadier, la 305ª Divisione di fanteria e la 44ª Divisione di Fanteria. Lo schieramento britannico del 13° Corpo, sempre da sinistra, vede presenti la 6ª Divisione corazzata, la 2ª Divisione di fanteria neozelandese e la 4ª Divisione di fanteria indiana, quest'ultima del 10° Corpo. Da Enzo Droandi, *Arezzo distrutta 1943-44*, p. 236.

Di questo incontro, deludente per i britannici dopo le ovazioni ricevute dalla 6ª Divisione corazzata all'arrivo a Perugia, non esiste neppure una fotografia, almeno conosciuta.

19 luglio 1944. Arezzo, Piazza della Stazione Ferroviaria, sotto il Poggetto del Sole. Un nuovo tipo di carro appoggio fanteria "Churchill" viene scaricato da un trasportatore per carri armati.

E scritto nel sito *"I massacri di Arezzo del 1944. L'arrivo delle truppe britanniche"*:

Nel Cimitero di Guerra di Indicatore giacciono 1,266 soldati britannici, neozelandesi ed indiani che morirono durante le battaglie che liberarono Arezzo ed il Casentino. Non solo non veniva riconosciuto ai britannici il merito di aver creato le condizioni che avevano costretto i tedeschi a ritirarsi, ma sembrava addirittura che non fossero benvenuti. ... Curina stesso, a proposito del progetto del CLN di inviare i partigiani nella città in anticipo dell'arrivo alleato, scrisse che l'occupazione preventiva di Arezzo effettuata dalle forze della Resistenza, avrebbe notevolmente aumentato il prestigio delle formazioni partigiane e rafforzato l'autorità del Comune e della Provincia. (Casella p. 232) ...

Come si poteva prevedere, non ci fu tanta simpatia tra il Comando Alleato e il Comitato di Liberazione. I partigiani sembravano contrari a riconoscere che il grosso dello sforzo bellico era stato fatto dalle truppe alleate; per scopi di propaganda avevano bisogno di essere riconosciuti come coloro che avevano costretto i tedeschi a ritirarsi verso la Linea Gotica. Un commento riporta: **"Per gli Alleati la parola 'Liberazione' rappresentava una stonatura e quasi un'offesa considerato che Arezzo era stata da loro 'liberata' il giorno dell'occupazione e cioè il 16 luglio del 1944"**.[112]

---

[112] Antonio Curina, *Fuochi sui monti dell'Appennino Toscano*, 1964, p. 8.

Indicatore. Il cimitero di guerra britannico che raccoglie i 1.266 caduti del 13° Corpo d'Armata durante le operazioni per la conquista di Arezzo.

***

Anche i partigiani del 3° Battaglione della "Divisione Arezzo" del capitano Raffaello Sacconi, avevano ricevuto l'ordine di lasciare le loro posizioni del Pratomagno e raggiungere Arezzo per prendere possesso della città prima dell'arrivo degli Alleati; ma i tedeschi stavano ovunque sulla linea del fronte, e non tutti vi riuscirono, e quelli che lo fecero arrivarono con ritardo, quando la città era interamente in mano ai britannici, le cui avanguardie si trovavano ormai alle porte di Firenze.

Fucilieri della Compagnia "C" del 10 Battaglione, Reggimento Prince Consort' Own, della 61ª Brigata Fanteria, della 6ª Divisione Corazzata, avanzano sulle sponde dell'Arno il 17 luglio 1944.

Ha scritto mio padre nel suo rapporto per l'ANPI di Firenze:[113]

Si fa doverosamente noto che, la quasi totalità degli uomini non prese parte alla liberazione di Arezzo perché dati i continui attacchi tedeschi contro i reparti del battaglione subiti dal 4 luglio e dopo la liberazione della città e dato anche il frazionamento del reparto non fu possibile raggiungere per tempo il capoluogo. Solamente una parte degli uomini che aveva seguito il III Btg. riuscì il 29 luglio a raggiungere gli Alleati a Campogialli, seguendo l'itinerario P. Catarozzo – Anciolina – Campogialli. ...

---

[113] Carteggio Maresciallo Antonio Mattesini.

In data 20 luglio 1944 dati gli eventi bellici, la Compagnia "I", viene disciolta per formare un altro reparto operante con gli elementi sbandati. Un discreto numero di uomini operò fino al 24 agosto 1944, epoca in cui dati i continui rastrellamenti in ogni luogo da parte della soldataglia tedesca furono costretti ad occultarsi per non essere deportati e massacrati.[114]

Il guado del Fiume Arno il 20 luglio 1944 da parte di una colonna di carri armati Sherman della 6ᵉ Divisione Corazzata sudafricana. Anch'essa faceva parte del 13° Corpo d'Armata, e durante l'avanzata aveva operato all'estremità occidentale della Val di Chiana. La colonna di carri da un'idea di quale quantità di mezzi disponessero le divisioni britanniche, mentre i pochi partigiani dell'aretino potevano al massimo disporre di qualche mitragliatrice, a scopo difensivo.

---

[114] Il 24 agosto, quando arrivarono i britannici, la Compagnia "I", ora comandata dal maresciallo Antonio Mattesini e con vice comandante il sottotenente Valdo Niccolini, era ridotta a disporre a Castel Focognano di una forza di 25 persone, compresa la signorina Irma Tocchi, poi ufficialmente riconosciuta partigiana.

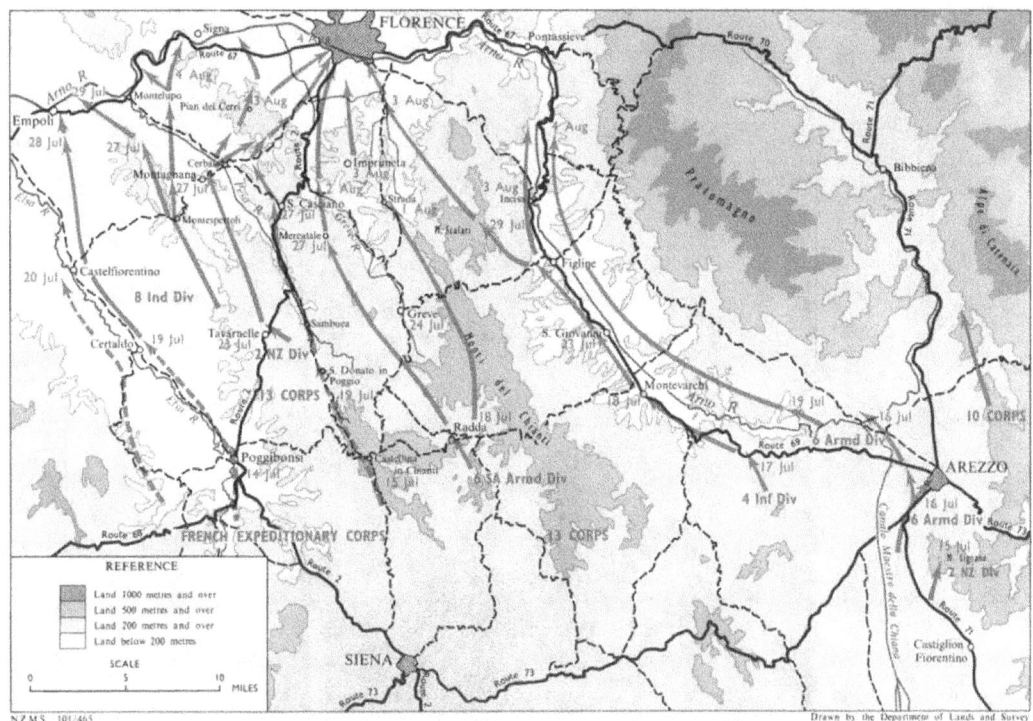

The Advance to Florence, 14 July – 4 August 1944

Osservare le varie colonne britanniche del 13° Corpo che puntano su Firenze. Ma si è fatto in modo di far credere che poche decine di partigiani della Brigata "Sinigaglia", ricevuto dai britannici il permesso di avanzare in testa a una delle loro formazioni, avessero raggiunto per primi Firenze, e pertanto "liberato" la città toscana. L'incredibile è che ancori oggi vi sia a Firenze quella convinzione. Come si vede il 16 luglio 1944 la 6ª Divisione Corazzata si era divisa su due colonne, una che puntava su Arezzo, l'altra avanzando ancora più rapida che stava già superando il Fiume Arno a Ponte Buriano attraverso lo storico ponte romanico lasciato dai tedeschi intatto. Lo stesso accadde a Firenze per il Ponte Vecchio. Evidentemente i tedeschi avevano più rispetto dei monumenti storici di quanto non lo fossero gli Alleati con i loro bombardamenti indiscriminati, che non risparmiavano neppure gli edifici sacri, e non solo. Sulla sinistra della cartina avanzano speditamente su Firenze le formazioni della 6ª Divisione Corazzata britannica, della 6ª Divisione Corazzata sudafricana, della 4ª Divisione di Fanteria britannica, e della 2ª Divisione di Fanteria neozelandese, mentre alla 4ª e alla 10ª Divisione indiana, facenti parte del 10° Corpo d'Armata che operava in Val Tiberina, fu riservato il compito di risalire il Casentino passando tra l'Alpe di Catenaia e il Monte Pratomagno.

Il Re d'Inghilterra, George VI, in visita nel fronte italiano, il 26 luglio 1944 in Valtiberina, ad est di Arezzo dove operava il 10° Corpo d'Armata britannico, nomina sul campo il Comandante dell'8ª Armata, generale Oliver Leese, cavaliere dell'ordine del bagno. Il sovrano, sbarcato a Napoli dall'incrociatore *Orion*, era poi atterrato in un aeroporto rimesso rapidamente in funzione dalla RAF a Foiano della Chiana. Durante la sua visita (che comportò anche Perugia per poi spostarsi a Cecina per salutare i reparti statunitensi della 5ª Armata del generale Mark Clark), nella sua sosta a Palazzo del Pero, poco ad est di Arezzo, George VI visitò i reparti della 4ª Divisione indiana.

La vita a Castel Focognano fino all'arrivo dei "Liberatori"

Su quello che avvenne a Castel Focognano dopo il nostri ritorno da Badia a Cornano, riporto ancora stralci della relazione di mio padre per l'ANPI. Vediamo nel frattempo come si stava svolgendo la guerra e i massacri nella zona del Pratomagno, dove continuavano a operare nei suoi versanti del Casentino e del Valdarno la 23ª Brigata "Licio Nencetti" e la 8ª Banda Autonoma di Raoul Ballocci. Finalmente l'indesiderabile 22ª Brigata Garibaldi "Lanciotto", tranne alcuni elementi ancora presenti, era tornata nei suoi acquartieramenti di Monte Giovi e del Chianti, per attendere l'arrivo dei britannici che avanzavano verso Firenze.

Partigiani comunisti del distaccamento "Faliero Pucci" della 22ª Brigata "Sinigaglia", forse una ventina, sventolando l'immancabile bandiera rossa con falce e martello entrano a Firenze, con il permesso richiesto ai britannici di fare da battistrada alle loro truppe come ha scritto Siro Ungheretti ("Gianni") Commissario Politico della Brigata. Vuol rappresentare che i partigiani, dall'aspetto non certamente marziale, anzi direi piuttosto malandato, arrivarono in città prima dell'arrivo dei britannici (neozelandesi e australiani), giunti il 4 agosto 1944. Si tratta soltanto di pochi uomini, armati e sullo sfondo la popolazione disarmata e che, come reazione ai tedeschi, non aveva mosso un dito, e che ora festeggiava i "liberatori"! A destra, con il berretto con la stella rossa, il comandante del "Faliero Pucci" Angelo Gracci, nome di battaglia "Gracco".

Cominciamo con una nuova impresa del 3° Battaglione "Lucio Nencetti" del 9 luglio a Ponte alle Lame, com'è stata spiegata da Sacconi:[115]

Truppe autotrasportate tedesche, in numero non precisato, transitano da Ortignano, dirette a Raggiolo. Un gruppetto di partigiani di altra formazione, comandata da Wladimiro [Vladimiro ?], decise di attaccarle. Poiché la zona è sotto il controllo del gruppo "Licio Nencetti", i partigiani della formazione si oppongono all'intervento di Wladimiro, il quale insiste nel suo proposito. Allora viene deciso che se l'azione deve essere compiuta nonostante le prevedibili rappresaglie contro la popolazione del luogo, l'intervento spetti al gruppo "Licio Nencetti".

---

[115] Raffaello Sacconi, *Partigiani in Casentino e Val di Chiana*, p. 110-111.

E così la 1ª compagnia con alcuni volontari di altre compagnie, scende da Monteborgnoli e si apposta nei pressi di Ponte alle Lame, sulla rotabile Raggiolo – Ortignano, mentre la 2ª, la 3ª e la 6ª si appostano sul costone a monte e a valle di Ponte alle Lame, costone che domina un lungo tratto della rotabile, pronte ad intervenire, qualora i tedeschi, di cui ancora non conosciamo il numero, abbandonati gli automezzi, dovessero intraprendere un'azione di rastrellamento.

Ecco spuntare, provenienti da Raggiolo, due autovetture tedesche, scortate da due motociclisti. I partigiani della 1ª compagnia li lasciano avvicinare e poi intervengono con azione a sorpresa. I tedeschi si difendono disperatamente, ma per loro c'è poco da fare. Due restano uccisi e tre sono fatti prigionieri ... uno dei quali precipitandosi nella scarpata della strada riesce a fuggire.

Ponte alle Lame, presso Ortignano, dove il 9 luglio 1944 i partigiani della 1ª Compagnia del 3° Battaglione "Licio Nencetti" tesero un'imboscata ai tedeschi.

Temendo Sacconi rappresaglie, il Comando del 3° Battaglione e le altre compagnie lasciarono le loro sedi di Montebòrgnoli e Pretella per spostarsi nei pressi di Carda, e nello stesso tempo fu inviata una lettera al comando tedesco in cui si minacciava di uccidere i due prigionieri (Walter Kolber e Wilhelm Zahngjz) se vi fossero state rappresaglie provenienti da una qualunque parte contro la popolazione. Quello stesso pomeriggio i tedeschi incendiarono otto case ad Ortignano e tra le fiamme morì una donna. Conseguentemente i partigiani giustiziarono uno dei due prigionieri tedeschi, poiché l'altro era già deceduto per le gravi ferite riportate nel combattimento.

Alle operazioni di rastrellamento dei partigiani parteciparono alle due estremità del Casentino alcuni reparti della Divisione Hermann Göring, del 3° reggimento Brandenburg, dalla 15ª divisione Panzergrenadier, delle Divisioni di fanteria 94ª e 334ª, che in tal modo vennero a mancare ai loro reparti impegnati a contenere l'avanzata dei britannici. In questo caso la zona di Castel Focognano fu fortunata, e lo sarà anche dopo perché non vi furono attacchi sconsiderati contro i tedeschi fino all'arrivo delle truppe britanniche, il 24 agosto 1944.

Soldati tedeschi durante una pausa dei rastrellamenti.

In altre zone, per gli attacchi dei partigiani, con morte di tedeschi, tra il 4 e il 7 luglio si ebbero esecuzioni in massa di civili: come nel Valdarno, a Castel Nuovo dei Sabbioni, Matole, Meleto Valdarno, Massa dei Sabbioni e alla fattoria di San Martino in Pianfranzese presso Cavriglia, con più di duecento vittime a opera dei soldati del 76° Corpo d'Armata Corazzato. Il 7 luglio due soldati tedeschi furono uccisi a Bucine, ma caddero anche sette partigiani dell'8° Gruppo Autonomo di Roal Bellucci, in un combattimento con i paracadutisti della Divisione Hermann Göring, che poi il 9 luglio nella rappresaglia uccisero a Cavriglia altri quindici uomini, considerati banditi. Successivamente, nella zona di Loro Ciuffenna. la 2ª Compagnia del 3° Battaglione Brandenburg segnalò di aver fucilato nei giorni 10, 11 e 14 luglio novantotto banditi, impiccati altri quattro, e liberato dodici prigionieri, distrutta una base partigiana, catturate armi, tra cui una mitragliatrice, ed esplosivi, senza aver riportato perdita alcuna.[116]

Tornando al Pratomagno, il 10 luglio nella frazione di Quota, nella valle del torrente Teggina, i tedeschi fucilarono nella piazza di quella località cinque uomini che tenevano in ostaggio. Si era ormai nel pieno della spirale delle violenze, e di una reazione tedesca che, con l'avvicinamento del fronte terrestre e gli attacchi dei partigiani diventava sempre più violenta. L'11 luglio i tedeschi attaccarono Montebòrgnoli, dove non era più il Comando del 3° Battaglione "Licio Nencetti", e incendiarono le abitazioni, per poi andarsene dopo aver razziato e prelevato tutto quello che gli serviva, portandosi dietro cinque italiani e due inglesi, il signor William Pallanti con la moglie.

La valle del torrente Teggina in una ripresa aerea. Sulla destra la frazione di Quota, sullo sfondo il Monte Pratomagno.

Pallianti fu poi fucilato in Emilia, a Torre Quinto (Forlì). Sacconi ritiene che con i tedeschi vi fossero alcuni italiani: *"vili italiani, bendati per non farsi riconoscere, che guidavano i tedeschi sul posto"*.[117] Probabilmente erano delle guide, che conoscevano bene la zona.

Tornando a Ortignano i soldati tedeschi del 2° Battaglione Brandenburg, che nella loro opera di rastrellamento erano sempre in movimento, incendiarono altre dieci

---

[116] Fonte: BA-MA, RH 2/665, Ic-M 14.07.44; Tognarini, *Guerra di sterminio*, p. 395-396.
[117] Raffaello Sacconi, *Partigiani in Casentino e Val di Chiana*, p. 114.

case compresa quella del prete. In totale tra il 9 e il 18 luglio trentuno case furono distrutte e vennero uccise dodici persone. Anche singole famiglie che si opposero alle richieste dei tedeschi furono vittime del terrore. E le rappresaglie continuarono nei vari paesi del Casentino fino all'arrivo dei britannici, e nel frattempo proseguivano le azioni dei partigiani.

Lo stesso 11 luglio in cui fu incendiato Montebòrgnoli, e in cui si impegnarono per soffocare gli incendi alle abitazioni del paese i partigiani della 3ª Compagnia del 3° Battaglione arrivati dopo la partenza dei tedeschi, alla Crocina una pattuglia della stessa formazione attaccò di sorpresa due sentinelle tedesche uccidendole. Era ormai una guerra, da ambo le parti, senza esclusione di colpi, ma in cui, occorre ricordarlo, ci andava di mezzo la popolazione civile. I tedeschi catturarono nella frazione di Quota trenta ostaggi ma poi, per intervento del professor Maggini, insegnante di scienze all'università di Firenze e sfollato a Quota, si limitarono a fucilarne cinque scegliendoli tra quanti non avevano figli, come testimonio padre Sergio del convento di Poppi. Altri tre innocenti cittadini di Ortignano furono fucilati quello stesso giorno 11 nei pressi del ponte di Toppoli.

Quota, il punto dove avvenne la fucilazione per rappresaglia di cinque civili. Il piccolo monumento ha una lapide con il nome dei caduti.

Il 12 luglio, di fronte ai rastrellamenti tedeschi, le cui direttrici d'attacco provenivano da Faltona, Ortignano Raggiolo, La Trappola (Loro Ciuffenna) e Rassina, il 3° Battaglione si spostò dagli acquartieramenti di Carda e Calleta per portarsi in posizione di difesa sul poggio Catarozzo, da dove sorvegliare i movimenti dei tedeschi; ma pur avendoli avvistati con i binocoli, e i tedeschi avvistato a loro volta otticamente i partigiani, non si arrivò a nessun contatto. Poi temendo che i nemici, probabilmente del 2° Battaglione del 3° Reggimento Brandenburg, ricevessero rinforzi, il tenente Sacconi, con una mossa per far credere al nemico che stava tornando verso Carda, già occupata dai tedeschi, si sganciò manovrando in tutt'altra direzione. Volendo ancora ingannare i tedeschi, Sacconi mandò una pattuglia per raggiungere la zona di Carda e sparare qualche colpo d'arma, in modo da convincere il nemico che il 3° Battaglione era proprio diretto a Carda; ma la pattuglia fu scoperta e nel conflitto a fuoco decedette il partigiano di Rassina Emanuele Paolanti della Compagnia Comando, due civili del paese di Carda, Jacomo Mascalchi (partigiano della 4ª Compagnia), nonché tre partigiani slavi; fu ferito il partigiano Luigi Alasia. Cannelli e Mascalchi furono sepolti nel cimitero di Carda, il partigiano Paolanti in quello di Rassina.

L'indomani 13 luglio, in una condizione in cui i tedeschi cercavano i partigiani, i quali lasciati i loro accampamenti dormivano all'addiaccio (e per nutrirsi, per non accendere fuochi, mangiavano funghi crudi, ciliegie selvatiche, erbe, bacche e chicchi di grano) si verificò un vero stato di crisi, dovuto al fatto che parecchi partigiani presi dal panico cominciarono a scappare precipitosamente lasciando anche le armi. Si creò, ha scritto Sacconi, *"un momento di pericolosa confusione, ma l'ordine viene subito ristabilito*. E ciò avvenne, con Sacconi e gli altri comandanti di plotone che cercarono di rincuorare gli uomini più impauriti, e permettendo a coloro che lo volevano di lasciare le formazioni dopo aver consegnato le loro armi, in considerazione che in caso di bisogno nella loro condizione non sarebbero *"stati di aiuto"* e *"procurare solo danno"*. Se ne andarono circa una trentina di uomini, per tornare alle loro abitazioni e alle loro famiglie che raggiunsero senza riportare perdite. Ai partigiani che restarono, Sacconi disse chiaramente che sarebbero stati *"immediatamente passati per le armi"* se si fossero comportati vigliaccamente, e concluse l'episodio scrivendo: *"Così torna il coraggio e la fiducia perché i rimasti son ben decisi a combattere"*.

Sempre il 13 luglio si verificò la morte del partigiano Ferdinandfo Bardelloni, boscaiolo e mugnaio, ucciso dai tedeschi a Calleta mentre tentava di passare le linee con medicinali. Un altro partigiano, Orazio Chiaroni della 5ª Compagnia, che continuava a operare nell'alto Casentino, catturato vicino a Raggiolo fu fucilato.[118] I tedeschi affermarono di aver catturato a Raggiolo *"3 capobanda"*.[119]

Nel rastrellamento tedesco, che ebbe termine nel pomeriggio del 14 luglio, e in cui una pattuglia di cinque partigiani, spintasi nella zona di Calleta per procurarsi provviste uccisero una sentinella tedesca, le perdite maggiori furono riportate nel versante del Valdarno aretino dall'8ª Banda Autonoma di Raoul Ballocci, che sorpresa dai tedeschi, ebbe con loro parecchi scontri, come quello descritto di Bucine il 7 luglio, con la morte di sette partigiani.

Dopo che i tedeschi ritirandosi oltre la riva destra dell'Arno abbandonarono Arezzo conquistata dai britannici il 16 luglio, i partigiani rimasti sul Pratomagno, in una zona ancora in possesso dei tedeschi, cominciarono a prendere contatto con i comandi britannici, fornendo informazioni sulla dislocazione e sui movimenti del nemico, riportati anche su mappe. Il primo a stabilire questi contatti fu il comandante della 1ª Compagnia del 3° Battaglione Luigi Lastrucci ("Rossi"), mentre particolarmente apprezzabile fu l'attività dell'appuntato dei carabinieri Giuseppe Mugnai, della 2ª Compagnia, che per portare le informazioni agli Alleati più volte passò la linea del fronte. Un servizio che i britannici mostrarono di gradire. Nello stesso tempo, nella seconda quindicina di luglio, l'attività dei partigiani fu interamente limitata a raccogliere le informazioni da passare ai britannici. Ma la situazione andava peggiorando a causa

---

[118] *Ibidem*, p. 118-119.
[119] Fonte: BA-MA, RH 2/665, Ic-M, 14.07.44.

della mancanza di viveri, medicinali e munizioni. Il 19 luglio pattuglie della 3ª Compagnia sbarrano in più punti la strada per Carda, per rallentare la marcia di eventuali pattuglie tedesche.

Il 22 luglio 1944, i tedeschi manovrarono per rastrellare i civili di Castel Focognano e dintorni per adibirli ai lavori. Gli uomini, avvertiti in tempo, diramarono la notizia in ogni luogo e abitazione in modo che al loro arrivo i tedeschi non trovarono in paese soltanto donne uomini anziani e bambini. Il 24 luglio, dopo un giorno di tregua, i tedeschi alle prime luci del mattino iniziarono un nuovo rastrellamento, ma gli uomini restarono nascosti e dai tedeschi non ne fu trovato alcuno.

Il 26 luglio i tedeschi tornano a Carda e costringono i civili a lavorare per riparare la strada. Nello stesso tempo (il 31 luglio secondo i documenti di mio padre) i tedeschi riparano alla meglio il ponte di Molin del Forti (già distrutto dai partigiani della Compagnia Comando del 3° Battaglione), e ebbero libero accesso con i loro automezzi a Castel Focognano e a Carda, per trasportare in quelle zone della linea del fronte materiale bellico. Per i partigiani del 3° Battaglioni, privi di viveri e rifornimenti nonostante le sollecitazioni di aviolancio avanzate agli Alleati, che non furono realizzate, non restava che passare il fronte per rientrare ad Arezzo.

Nella notte del 29 – 30 luglio il tenente Sacconi con parte dei partigiani della Compagnia "I", e gli elementi della Compagnia Comando, della 1ª, 2ª, 3ª e 6ª Compagnia, partirono da Casa La Villa, per raggiungere il varco dell'Anciolina, che porta a San Giovanni Valdarno. Nello stesso tempo i partigiani della Compagnia "Volante" e della 5ª e 7ª Compagnia decisero di non aggregarsi al grosso del Battaglione ma di passare la linea del fronte per conto proprio. Evitato un campo minato, grazie alle informazioni di una donna, alle 10.00 del 30 luglio Sacconi e i suoi uomini entrarono in contatto a Campogialli con un reparto britannico, e accolti con cordialità e curiosità poterono rifocillarsi presso una loro cucina campale.

Poi la dura realtà per una nazione che considerata la formula della *"Cobelligeranza"* era in realtà politicamente ancora *"nemica"* degli Alleati, e tale lo restò fino al trattato di pace di Parigi del 1947, che fu particolarmente punitivo per l'Italia.

Il primo impatto negativo avvenne quando Sacconi, portato con una Jeep al Comando britannico, fu poi riportato indietro perché il generale comandante non era disponibile. In definitiva non volle avere alcun contatto con l'ufficiale italiano. I partigiani, nel trasferirsi ad Arezzo a piedi, lungo la strada dovettero consegnare le loro armi ai britannici, e quelli più decisi a rifiutarsi di farlo furono arrestati. Qualcuno, come Sacconi, riuscì a nascondere le proprie pistole. Si sentivano umiliati perché comprendevano che non servivano più ad appoggiare le azioni degli Alleati, e ciò fu confermato dal fatto che il loro Alto Comando aveva disposto il disarmo di tutte le formazioni partigiane. Poco tempo dopo ci fu un ripensamento e ai partigiani che volevano continuare a combattere contro i tedeschi, le armi furono restituite. Comunque la delusione fu grande, poiché ha scritto Sacconi gli inglesi, evidentemente, non si fidavano dei partigiani, nonostante gli ordini che avevano ricevuto trasmessi da Radio Londra, da essi accettati combattendo il nemico. E Sacconi concluse amaramente scrivendo:[120]

---

[120] *Ibidem*, p. 124.

Ma il disarmo se ci doveva essere non doveva mai essere attuato in quel modo! In altre formazioni, la consegna delle armi era avvenuta con solenni cerimonie, con discorsi, elogi e riconoscimenti ufficiali. E noi che avremmo tante tenuto a presentarci ai commilitoni della brigata "Pio Borri", ad Arezzo, bene inquadrati con le nostre belle armi catturate al nemico, ci sentimmo umiliati e mortificati.

Ad Arezzo, tra abbracci e baci, i partigiani del 3° Battaglione, arrivati a gruppetti, trovarono i loro compagni del 1° e 2° Battaglione della Divisione "Arezzo", la cui bandiera, lo ripetiamo, era quella del tricolore del 225° Reggimento Fanteria con lo stemma dei Savoia, e conobbero partigiani di quelle formazioni paramilitari che non conoscevano. Erano affamati, sporchi e con le barbe lunghe, e avevano bisogni di cambiarsi con nuovo vestiario, e di fare un buon sonno. In città mancava la luce elettrica e l'acqua e i Bulldozers britannici erano al lavoro per aprire nelle strade passaggi tra le alte macerie, e per demolire, tramite lunghi cavi d'acciaio agganciati al mezzo, gli edifici più pericolanti.

Dopo il mio ritorno ad Arezzo con la famiglia, li ho visti all'opera quei pachidermi, guidati da soldati indiani e del genio britannico, in via Garibaldi e via di Porta Buia, dove erano le rovine del distretto, del convitto Santa Caterina trasformato in ospedale militare, e della caserma della Scuola Ufficiali di Complemento, e ed era uno spettacolo che con altri ragazzi seguivo con interesse. Ho assistito anche alla ricerca di mine, da parte dei genieri britannici con metal detector, in Piazza Vittorio Emanuele II; e poiché abitando in via Cavour, vicino a quella grande piazza, spesso mi ci trovavo con gli amici, curiosando rimanemmo sorpresi dal fatto che le centinaia di grosse mine rotonde e di candelotti esplosivi raggruppati, messe allo scoperto dai genieri, collegate l'una all'altra con cavi di vari colori, non fossero esplose sotto il nostro peso.

Evidentemente i tedeschi le avevano sistemate in quell'area, dove potevano stazionare mezzi pesanti, come carri armati o autocarri carichi di merci, ed erano, ma non sempre, innocue per gli uomini. I mezzi di combattimento e da trasporto degli Alleati ci furono frequentemente in quella grande piazza ma per qualche motivo, prima della scoperta delle mine, qualcosa nel progetto dei tedeschi andò storto. Se le mine fossero esplose, magari mediante telecomando, la detonazione e le distruzioni sarebbero state immense, con chissà quante perdite di vite umane. E' questa una testimonianza che, mi risulta, non sia stata mai riportata.

Soldati Gurka della 4ª Divisione Indiana all'attacco nell'Alpe di Catenaia. Notare il grande coltello nepalese kukri, la loro caratteristica arma da taglio.

I superstiti della Compagnia "I" rimasti a Castel Focognano.

Il 1° agosto, l'intera zona di Castel Focognano fu interamente rastrellata per tema dei partigiani e vennero fissati ovunque grandi cartelli con le scritte "ACTUNG – ACTUNG", e il giorno 3, in un rastrellamento nella zona di Reggello, i tedeschi sostennero di aver ucciso *"diciassette banditi in combattimento"*.[121] La 5ª Compagnia, l'unica del 3° Battaglione ancora rimasta nel Pratomagno, ebbe uno scontro a Vertelli (San Nicolò) nei pressi di Strada con un reparto tedesco che stava ripiegando, e nel combattimento uccise un soldato, ne ferì altri due e catturò due fucili e quattro bombe a mano. Nel frattempo i britannici avevano accettato che i partigiani di Arezzo passassero le linee per ricavare informazioni. Anche venti uomini della 4ª Compagnia "Volante" il 7 agosto raggiunsero Talla occupata dai britannici dove, però, la loro collaborazione militare sulla linea del fronte non avvenne, come sperato, essendo stata limitata al trasporto dei feriti. Come al solito gli Alleati non vedevano di buon occhio la collaborazione in combattimento degli Italiani, forse non fidandosi; ma in particolare

---

[121] Fonte: BA-MA, RH 2/667, Ic-M 03.08.44.

per non spartire con essi la cosiddetta *"liberazione"* (parola tanto usata da Radio Londra a cui tutti noi credevamo) di territori e località raggiunte dai loro soldati, che li faceva irritare.

Con i tedeschi ormai intorno al paese di Castel Focognano e nei dintorni, che sistemavano le difese difensive dei primi contrafforti della Linea Gotica, costingendo le formazioni partigiane a titirarsi verso la cima del Pratomagno, il Valdarno fiorentino e il Mugello, gli uomini della Compagnia "I" (Centrale Informazione), gli unici del 3° Battaglione rimasti in sede a Castel Focognano, avevano per nascondiglio la piccionaia del palazzo in cui vivevano la mia famiglia, i miei zii e i miei nonni. Dalla cucina, attraverso una miniscola entrata sul muro in alto, almeno 4 metri dal suolo, raggiungibile con una lunga scala, si poteva entrare nella piccionaia, sopra la quale stava anche un abbaino. La piccionaia, sopra la nostra camera da letto, era spiovente, e la parte più alta, quella dell'entrata, non lo era più di 1 metro. Per una lunghezza di circa 8 metri, l'angusto locale conteneva distesi uno vicino all'altro quindici uomini, tra cui mio padre, mio zio Alessandro Bianchini, tre miei parenti di Castel Focognano, Sirio Malatesti e i carabinieri Tullio e Francesco Falsini, e alcuni altri partigiani. E questo stato di fatto, continuò per circa un mese, fino all'arrivo degli alleati che, come detto, avvenne il 24 agosto.

Gli uomini, penetravano nella piccionaia dopo di che mia nonna e mia madre coprivano l'entrata con un grosso quadro della Madonna del Conforto di Arezzo, e ritiravano la scala appoggiandola all'altro muro. In questo modo nessuno poteva immaginare che dietro quel quadro religioso vi erano i ricercati partigiani. Questi trascorrevano il giorno distesi su coperte, e solo a notte, o a richiesta per un bisogno urgente o per mangiare qualcosa, scendevano per la scala, subito sistemata da mia madre e mia nonna, dopo che il quadro della madonna era stato tolto. Potevano solo trascorrere il tempo parlando e fumando (se avevano le sigarette), ma se i tedeschi li avessero trovati non potevano certamente dire che si nascondevano per non andare ai lavori di fortificazione della Linea Gotica, perché avevano nascoste con loro armi, munizioni e bombe a mano.

In questo frattempo, a me era stato dato l'incarico di stare di giorno sulla strada per Rassina, ed avvertire in caso stessero sopraggiungendo i tedeschi, appena sbucati dalla curva di Casa Fico, a circa 400 metri di distanza. Al grido *"i tedeschi, i tedeschi"*, dalla cucina alla piccionaia, per non essere gli uomini sorpresi, era una fuga nel risalire la scala, che poi mia nonna e mia mamma dovevano rapidamente ritirare da quel muro dopo aver sistemato il quadro della Madonna. Ricordo, che con il fronte ormai a qualche chilometro di distanza, in cui nella zona non era più possibile alcuna attività partigiana (anche la Compagnia "I" di Linea di Libero Burroni era stata disciolta e gli uomini avevano raggiunto Arezzo uscendo praticamente di scena), alcuni ufficiali tedeschi salendo le scale raggiunsero l'abbaino, per vedere con i binocoli se quella posizione d'avvistamento potesse essere utile; ma avevano davanti la collina con la pineta, ed evidentemente dovettero scartarla. Mentre si svolgeva questo soopralluogo, con mio padre e i suoi compagni che sotto il tetto della piccionaia trattenevano il respiro (come lo trattenevamo dabbasso in cucina), uno di essi, il carabiniere Francesco Falsini, essendo teso e innerevosito, accese una sigaretta; ma dovette subito spengerla per le fiebili invettive e minacce con i pugni tesi degli altri uomini, i quali temevano che i tedeschi, sopra di loro, potessero avvistare il fumo uscire dalle varie fessure del tetto della piccionaia..

In altra occasione, quando sempre nell'agosto iniziarono da parte britannica i bombardamenti notturni del paese con pezzi d'artiglieria di medio calibro, che colpirono diverse case, gli uomini nella piccionaia, sentendo i proiettili silbilare sopra la testa per poi esplodere nel paese o nei campi circostanti, urlarono di non voler restare in quel posto; e cosi mamma e nonna dovettero correre dalla cantina, in cui ci rifugiavamo, per proteggerci almeno dalle schegge, per sistemare la scala e farli scendere. Da quel momento mio padre e gli altri non vollero più restare nella piccionaia durante la notte.

Il problema più grosso per mio padre, fumatore incallito, era di poter disporre di sigarette. Non si trovava tabacco, sigarette non ve ne erano nelle tabaccherie, e lui per farsi una sigaretta provò anche a fumare, come se fosse tabacco, la scorza delle viti, cui macinava e dava un odore gradevole bagnandola con un goccio di cognac, che teneva gelosamente in una piccola bottiglietta di metallo argentato ricurvo. Ricordo le boccacce e la sua delusione, e quella di mio zio Alessandro Bianchini, anch'esso grande fumatore. Non di meno, in mancanza di altro, perseverarono.

Nel periodo tra il 2 e il 5 agosto, si disclocò a Castel Focognano, nei locali della fattoria Bonomi, nella parte più alta del paese, una compagnia di tedeschi a riposo, i cui soldati si dimostrano cortesi verso la popolazione e improvvisano anche spettacoli lirici all'aperto. Ma gli uomini, si guardarono bene dall'uscire dai loro nascondigli per farsi vedere.

Io, con amici coetanei altrettanto curiosi, restavo nella zona anche perché vi era la chiesa dove tutte le sere ci recavamo alle funzioni, che in quell'estate era anche un modo di passare il tempo. Un tedesco, non molto giovane, che seduto su degli scalini nella piazzetta della Fattoria Bonomi stava pulendo il suo fucile, mi chiese uno spago, ed io, ingenuamente, corsi a casa e, con gli uomini che stavano nascosti nella piccionaia, chiesi lo spago a mia madre. Avendolo ricevuto lo portai al tedesco che mi ringrazio, e mi dette una sigaretta. Io, ancora più ingenuo, corsi subito a casa e la detti a mio padre quando a sera scese dalla piccionaia. Lui la fumò con soddisfazione, ma prima, irritato, mi fece anche in grande rimprovero. Avevo messo a rischio l'incolumità di tutti, che sarebbe avvenuta se i tedeschi mi avessero seguito. Evidentemente, andando bene, quindici partigiani morti.

Il feldmaresciallo Albert Kesselring, Comandante in Capo del Fronte italiano, durante un'ispezione ai lavori difensivi sulla Linea Gotica nell'estete 1944. Bavarese, cattolico, italofilo, si recò più volte a Camaldoli, nella cui foresta di conifere rosse vi sono il Monastero e l'Eramo fondati nell'anno 1000 dal monaco San Romualdo, fondatore dell'Ordine Camaldolese, e di cui Kesselring ordinò di assicurare la loro incolumità, che non fu mai intaccata.

Nella notte del 6 agosto, la compagnia tedesca riparti per il fronte, guidata verso la montagna del Pratomagno dal signor Adelmo Conte che era stato ferito il 4 luglio, e che si trovava ancora in stato di convalescenza. Durante la marcia Conte trovo il modo per allontanarsi e rientrare a Castel Focognano. Nei giorni successivi, per nascondere gli uomini dai rastrellamenti e presenza dei tedeschi in paese, anche il parroco, Enrico Lachi, mise a disposizione le soffitte della chiesa parrocchiale.[122]

Questo per far comprendere come si viveva a Castel Focognano in quell'estate del 1944, essendo gli appartamenti e servizi privi di energia elettrica, poiché la piccola cabina sul sottostante torrente Soliggine, servita di acqua da un barignolo sotto la fattoria Bonomi, che bene o male aveva funzionato durante l'inverno dandoci la notte una fievole luce, era ormai fuori uso.[123] E anche il trovare da mangiare era un problema non facile da superare. Nel paese e dintorni non c'era più nulla, e chi aveva del vitto lo teneva per se, e gli altri erano costretti ad arrangiarsi, rubandolo, come capitò alla mamma di Rossana, Lidia Fenci che non trovò più fuori dalla finestra della cucina il tacchino del giorno di Pasqua; oppure, come facevamo noi, usando le vitalbe della

---

[122] Carteggio Maresciallo Antonio Mattesini.
[123] La cabina elettrica, forze 8 metri di lunghezza per 5 di lunghezza, aveva così bassa potenza che bastava un nulla in più di consumo da farla fermare. E non di rado l'operatore, risalendo la china che dal torrente Foliggine portava nella piazza di Rassina, si sentiva gridare: "*Chi sta usando il ferro da stiro. Spengetelo*".

vegetazione raccolte lungo la strada polverosa o in sentieri per far qualche frittata con uova che venivano donate dalla famiglia Falsini, ricercare crispignoli e altri tipi di verdura per modeste insalate, e spigolare il grano per poi andare, per due volte, a macinarlo al molino.

La prima volta andammo tutti al mulino del torrente Faltona (molto in basso rispetto alle abitazioni del paese di Faltona), e un'altra volta, ma solo mia madre e mia nonna, in quello del Molin del Forti, sul torrente Foliggine, sotto la frazione di Rapille. Ed erano faticate immani, marciando a piedi, doloranti e sanguinanti, in montagna e in rapida discesa per andare sul torrente Faltona, mentre nella seconda occasione mia mamma e mia nonna, con gli uomini nascosti nella piccionaia, dovettero spingere a braccia il carretto su cui avevano caricato il grano da macinare per almeno 4 chilometri di strada polverosa fino al molino del torrente Foliggine.

In questa seconda occasione accadde che le due donne spingendo il carretto per arrivare al molino, passando per la zona di Rapille in cui si era recentemente dislocata una batteria di cannoni contraerei tedeschi da 88 mm, incapparono in un'incursione di caccia bombardieri britannici. Io, che mi trovavo in piazza a Castel Focognano, vidi le esplosioni delle bombe, e le colonne di fumo nero degli obiettivi colpiti, ma non potevo immaginare che mia madre e mia nonna si trovassero in quell'inferno. Quando si preannunciò l'attacco aereo le due donne si trovavano nelle curve in discesa a tornanti della strada dopo la frazione di Rapille, e poiché mio padre ci aveva sempre detto *"se anche vedete un aereo buttatevi a terra in un fosso"*, e lo avevamo già sperimentato in una occasione a Badia a Cornano, loro questo fecero, abbandonando il carro che rotolando finì rovesciato al bordo di un campo. Quando finita l'incursione, prendendo coraggio, andarono a recuperare il grano, il sacco si era aperto e il grano era a terra. Mia madre e mia nonna disperate, lo raccolsero con le mani e, rimesso in piedi il carro, lo portarono al mulino. Ma il mugnaio, vedendo le condizioni delle grano pieno di sassetti e polvere disse loro: *"ma che cosa mi avete portato"*. Le due donne disperate piangevano, e il mugnaio (non ricordo il nome), impietosito, dette loro un piccolo sacco della sua farina.

Ripensandoci, a mia madre e a mia nonna avrebbero dovuto dare almeno una medaglia, se non altro per aver assicurato per più giorni l'incolumità dei partigiani nella piccionaia, e invece non hanno avuto alcun riconoscimento. Mio padre che avrebbe pututo segnalarle all'ANPI come patriote è stato troppo cauto, sebbene potesse contare sull'appoggio degli altri capi partigiani.

Il 12 agosto 1944, mentre i tedeschi ultimavano i lavori di sistemazione delle mine, da rendere impossibile la circolazione nelle montagne, Castel Focognano fu sottoposta al tiro di artiglieria notturno da parte di batterie di medio calibro britanniche, che campirono alcune case del paese. Ciò costrinse a lasciare la nostra abitazione e a dormire assieme ai parenti, con coperte stese a terra, nei locali di piano terra ubicati presso l'uscio del palazzo, quello con la scala che portava al salone dove erano stati interrogati gli uomini il 4 luglio, e salendo ancora di un piano alla nostra abitazione. Eravamo letteralmente ammassati.

Una cannonata arrivata all'improvviso mi sveglio mentre stavo dormendo, e urlando risalì di corsa le scale verso il nostro appartamento. Fui subito raggiunto da mio padre che cercò di calmarmi. Ma la paura fu tanta. Furono colpite diverse case del paese. L'indomani con altri ragazzi amici andai nel campo prossimo al palazzo di abitazione, proprio il campo in cui il 4 luglio erano stati impiccati agli alberi di uva tre dei quattro partigiani, lato sud verso il torrente e la pineta, e recuperai moltissime schegge di proiettili esplosi, facendolo anche nei giorni successivi, dopo ogni bombardamento d'artiglieria notturno, con obiettivo il paese, ma sempre d'intensità e forza alquanto moderata. Di schegge ne recuperai un'intera cesta. Ripensandoci in quella ricerca di schegge potevamo incappare in qualche proiettile inesploso, e perdere la vita.

Il 15 agosto, la 1ª Compagnia del 3° Battaglione "Licio Nencetti", ricostituita con venti partigiani al comando di Luigi Lastrucci ("Rossi"), e armati dai britannici con mitragliatore Sten, si portò sul fronte di Talla, a disposizione del reggimento britannico "Skinner's Horse" (1st Duke of York's Own Cavalry) della 10ª Divisione indiana, con interprete presso il comando dell'unità il tenente Terzi, ufficiale italiano arruolato con i britannici. Dapprima la compagnia fu impiegata col compito di guida per la conoscenza del territorio, e poi partecipando, con uno dei reparti indiani a un combattimento e a ricognizioni informative nel territorio occupato dai tedeschi. L'indomani 16 agosto una pattuglia della 4ª Compagnia "Volante", inviata nella zona di Faltona per raccogliere informazioni durante la marcia fu attaccata presso la frazione Bagno da soldati tedeschi, e nello scontro rimase ferito il partigiano Valente Paperini.

17 agosto 1944, vi fu un nuovo rastrellamento tedesco in ogni casa di Castel Focognano, ma essendo gli uomini sempre nascosti trovarono soltanto vecchi, donne e bambini che minacciarono, puntando le armi, e chiedendo insistentemente dove si trovassero i ricercati. I soldati tedeschi ebbero dagli anziani soltanto risposte evasive secondo le quali gli uomini del paese erano già stati portati via dai loro camerati, mentre le donne facevano finta di non capire. A parte questo non vi fu alcuna violenza.

Il 18 agosto vi fu da parte dei britannici un pesantissimo bombardamento d'artiglieria sostenuto da mitragliamenti di cacciabombardieri della RAF contro la batteria contraerea tedesca di Rapille, ai cui cannoni da 88 mm avevano aggiunto anche mitragliere quadrinate da 20 mm. Dalla nostra casa si vedeva il fumo nero degli incendi, e in cielo un corollario di lampi, l'esplosione dei proiettili delle mitragliere. Sembrava l'accendersi di centinaia di stelle in pieno giorno. Una volta, procedendo lungo il torrente Soliggine verso il Molin del Forte, con mio padre mi trovai sotto uno sbarramento d'artiglieria contraerea; e mentre io volevo vedere contro chi i tedeschi stavano sparando mio padre, che comprese subito la situazione di pericolo, mi portò sotto i rami di una pianta per proteggerci dalle schegge che cadevano a terra. Io allora alle conseguenze dell'esplosione in aria delle granate con proiezione di schegge non ci avrei pensato!

Da parte tedesca, anche nella giornata del 19 agosto, vi furono requisizione dalle case e dalle stalle di oggetti, viveri e bestiame. Fu saccheggiata, per l'ennesima volta, la Fattoria Bonomi e, per evitare che bevande cadessero nelle mani dei britannici ormai vicini, furono sfondate le botti del vino, vinsanto e brandy che si dispersero al suolo. Sparsasi la voce la gente, donne vecchi e ragazzi, accorse alla fattoria con bottiglie e recipienti per poter recuperare una parte del vino, anche se a terra. Non c'era da fare gli schizzinosi, e anche mia nonna, che aveva nel suo secondo marito Ferdinando ("Nando") Carloni un grande bevitore, né raccolse una parte, e anche del brandy.

Mitragliera quadrinata da 20 mm della Flak sul fronte italiano, 1944.

Nel frattempo, subito dopo l'attacco aereo, la batteria d'artiglieria di Rapille fu spostata in altra zona, e il resto della giornata del 19 agosto fu tranquillo.

Nella tarda sera del 20 agosto i reparti tedeschi diressero verso nord, allontanandosi temporaneamente dal paese.

Il 21 e 22 agosto, pattuglie di soldati tedeschi con cani poliziotti rastrellarono minuziosamente ogni luogo le abitazioni, stalle e magazzini di Castel Focognano alla ricerca di uomini, da impiegare nei lavori della Linea Gotica, che si mantenevano nascosti, perché i tedeschi erano tutt'intorno al paese. Arrivano anche nella nostra cucina, dove era l'entrata alla piccionaia, ma i cani non percepirono nulla e, con nostra grande soddisfazione, i tedeschi non ebbero il sospetto che dietro al quadro della Madonna del Conforto, il cui originale si trova nel duomo di Arezzo, potesse esservi l'entrata a un altro locale. Sempre il 22 agosto i britannici erano arrivati a Ornina, sopra Salutio a pochi chilometri a sud di Castel Focognano e, superando la linea del fronte, si presentarono al loro comando la partigiana signorina Irma Tocchi, della Compagnia "I", con l'anziano signore Mugnai. Essi fecero presente la critica situazione esistente a Castel Focognano, dove non vi erano più i tedeschi, e chiedendo pertanto che fossero sospesi i cannoneggiamenti sul paese. La signorina Irma tornò a riferire, e tutti aspettammo con trepidazione l'arrivo dei "liberatori".[124]

Quando il mattino del 24 agosto fu avvistata una pattuglia di quattro soldati britannici diretta a Castel Focognano, avanzando lentamente seguendo la strada dalla parte di Rassina, mia madre e mia nonna, come facevano tutti agitando qualcosa in direzione dei "liberatori", stesero un lenzuolo alla finestra della cucina che da sulla

---

[124] Carteggio Maresciallo Antonio Mattesini.

piazza principale e lo agitarono. Mio padre, le fermo dicendo loro: "*Ma che fate. Toglietelo. Può essere un trucco dei tedeschi*". Quando poi incontro ai quattro soldati andò la signorina Irma Tocchi, si scatenò l'entusiasmo. Anch'io andai a vedere quegli uomini rossicci, con il basco col il pennacchio, ma molto sorridenti, cui veniva offerto abbondante vino. Quello stesso vino che prima era introvabile. Scene del film *L'Ultimo Ponte*.

    A questo punto mio padre decise di partire subito per Arezzo assieme alla famiglia dello zio Alessandro Bianchini. Eravamo in tutto sette persone. Superato a piedi la linea del fronte a Cimina, camminando per decisione di mio padre sulla strada per non incappare sulle mine, in quella zona in collina ci apparvero, appostati, diversi soldati britannici che si tenevano tranquilli distesi o a sedere presso una casa rurale, con pagliaio, dove vi erano anche posizionati due carri armati seminascosti sotto alcune piante. Nessuno ci disse nulla e proseguimmo, per scendere verso il paese di Salutio.

    A questo punto, per non dare nell'occhio, fissando l'appuntamento a Castelnuovo (dove avevamo i parenti di mia nonna), fu concordato di dividerci per due diversi percorsi. Mio zio, Alessandro, con la moglie Maria, sorella di mio padre, e la figlia Deanna di cinque anni, diresse per passare l'Armo e raggiungere la Strada Statale 71, che era quella più facile, anche perché asfaltata. Mio padre con mia madre io e mio fratello, seguimmo invece il percorso Salutio – La Zenna, per raggiungere con strada bianca Subbiano e di qui Castelnuovo, a circa 11 chilometri da Arezzo.

Carro pesante britannico Churchill nel luglio 1944 probabilmente del North Irish Horse, che era nel Valdarno durante l'avanzata su Firenze. Per la sua pesantezza era impiegato nell'appoggio alla fanteria. Ogni Divisione britannica aveva la sua efficiente componente di carri ed era qualcosa di incredibile per gli italiani che avevano sempre visto i loro soldati appiedati.

Scendendo dalla collina alla Zenna, sul punto in cui il ponte del torrente era distrutto, lo superammo bagnandoci i piedi. Arrivati dall'altra parte, sentimmo rumore di motori dietro di noi, e ci apparvero due Jeep britanniche. La prima, con due ufficiali che, effettuato il guado del torrente, non si fermò al cenno di mio padre; la seconda, con un capitano alla guida, che invece si arrestò. Mio padre, mostrando la sua tessera del SIM – Comando Supremo, e sostenendo che era sua intenzione di rientrare al più presto in servizio nel Regio Esercito (anche dal punto di vista finanziario che era drammatico), chiese al capitano se poteva portarci il più possibile vicino a Castelnuovo, poiché la moglie e i due ragazzi erano molto stanchi. L'ufficiale ci fece salire e proseguì per la strada che porta a Subbiano. Ma poi quando cominciò a parlare in stentato italiano con mio padre, che gli sedeva accanto, il capitano seppe che dovevamo andare ad Arezzo, dove lui era diretto, e pertanto ci portò a destinazione, facendoci scendere proprio all'ingresso dell'uscio di casa, in via Cavour n. 126. Un altro episodio di gentilezza che non posso dimenticare.[125]

---

[125] L'appartamento, al secondo piano, era occupato da numerosi sfollati, che nonostante l'intervento dei carabinieri, chiesto da mio padre, rifiutarono di andarsene. Abbiamo dormito in quella notte in un magazzino, sempre di via Cavour, dove si trovava il mobilio di mio zio Mario Cariaggi (fratello di mia madre), portato da Milano per salvarlo ai bombardamenti dell'estate 1943, che devastavano la città. Ma mio padre era una persona decisa, che sapeva farsi rispettare. L'indomani, 25 agosto, tramite ingiunzione del pretore gli sfollati e con la presenza dei carabinieri per far rispettare l'ingiunzione, con la rabbia addosso, gli abusivi furono costretti ad andarsene. In tal modo abbiamo ripreso possesso dell'appartamento, e dormito nei materassi e con le lenzuola prelevate dal magazzino. Soltanto molto più tardi, dopo che mio padre, tornato da Roma, dove aveva ripreso servizio l'8 settembre 1944 alla Segreteria SIM del Comando Supremo, poté disporre di un camion militare, accompagnato da me, (entrambi avevamo preso posto nella cabina assieme all'autista), poté tornare a Castel Focognano a riprendere il mobilio della nostra camera. E poiché il ponte di Rassina sull'Arno era distrutto, il camion dovette guadare il fiume più a sud per due volte, all'andata e al ritorno. Mio padre, con il camion stracarico, non mi permise di portare via la cesta con le schegge che avevo raccolto dopo i cannoneggiamenti.

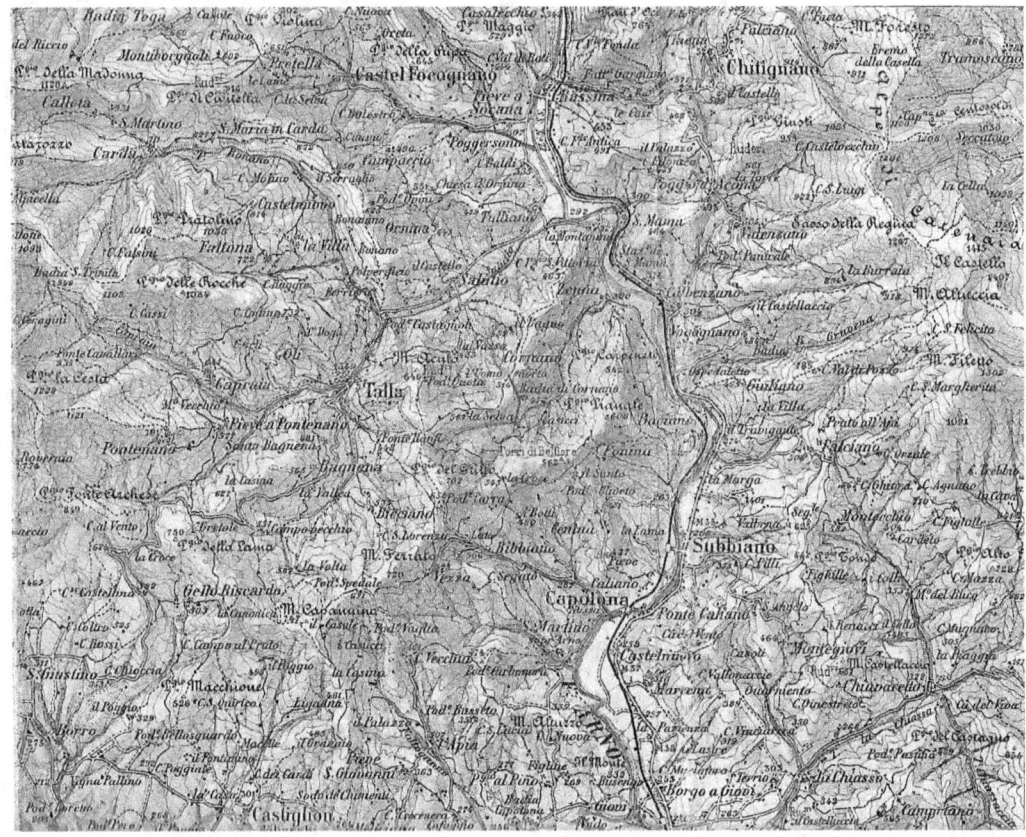

Zona da Castel Focognano a Subbiano e Castelnuovo.

Entrando nella piana di Arezzo per la Strada Statale 71, che avevamo incontrato a Subbiano, superato Ponte alla Chiassa la concentrazione dei mezzi da combattimento britannici, migliaia che occupavano i campi e ogni spazio disponibile, ci apparve incredibile, ed è rimasta indelebile nella mia memoria. Ricordo che mio padre disse a mia madre: *"Ma come potevamo vincere la guerra!"*.

Per concludere il 3° Battaglione "Licio Nencetti", che aveva sempre mantenuto la base di comando a Montebòrgnoli, continuò a combattere fino al 4 Ottobre 1944, quando tutta la vallata del Casentino, con la conquista fino agli Appennini, passò sotto il controllo delle truppe britanniche. Il 3° Battaglione, che aveva dato il suo prezioso contributo alle operazioni contro i tedeschi, fu sciolto a Bibbiena, dove nel corso di una cerimonia, avvenuta dopo discussioni, le armi furono consegnate al comando Alleato. Con la consegna delle armi i partigiani, che avrebbero voluto continuare a combattere, mentre ad alcuni fu soltanto concesso di svolgere qualche servizio di pattugliamento davanti alle linee tedesche e colpi di mano dietro di esse, si rendevano conto che ormai non servivano più. Vi erano nuovi padroni, come scrisse un partigiano sull'arrivo degli Alleati:[126]

---

[126] *Il Canocchiale – La resistenza in Provincia di Arezzo.*

" ... il mio risentimento ormai era tale che non li apprezzavo più quanto prima che arrivassero. Meditavo che, finita l'occupazione da parte di uno straniero, incominciava quella di altri stranieri. Alla prima avevamo risposto con le armi, alla seconda potevamo rispondere soltanto con la nostra dignità e la nostra fermezza"

Ha scritto mio padre che:[127]

L'armamento del tipo militare, venne interamente versato agli alleati, mentre quello privato (di proprietà personale), alcune pallottole e fucili da caccia, rimasero in possesso dei legittimi proprietari. Le pistole non versate appartenevano ai militari sbandati i quali ripresero regolarmente servizio militare con l'Esercito italiano operante al fianco degli alleati. Il munizionamento fu versato".[128]

Infine, un ultima considerazione. Sulle perdite umane subite dalla popolazione nella Provincia di Arezzo, Enrico Gori, in un saggio, postato in Accademia Edu fornisce le seguenti cifre:[129]

I tedeschi inviarono in Germania 5.578 tra operai e deportati comuni e trucidato, nella loro furia devastatrice, 1.093 persone, che si aggiungono alle 1.158 morte nei bombardamenti, per le mine e per altre cause. Si ha così l'agghiacciante totale di 2.251 morti, il 64,3% dei 3.500 morti in Toscana; se si accetta la seconda ipotesi, 1.867 morti, la percentuale è comunque molto alta, il 53,3%.

---

[127] Carteggio Maresciallo Antonio Mattesini.
[128] *"Nell'Ottobre del 1944, quando ormai la Provincia di Arezzo si poteva considerare fuori dalla guerra, centinaia di partigiani aretini si ritrovarono a S. Giovanni Valdarno e da qui partirono volontari per ricongiungersi con le forze della Resistenza del nord-Italia. Altri 350 partigiani partirono il 18 Febbraio 1945. La Provincia di Arezzo è stata decorata di medaglia d'oro al valor militare".* Cfr. *Il Canocchiale – La resistenza in Provincia di Arezzo.*
[129] Enrico Gori, *La Provincia di Arezzo dal 1900 al 1945. Guerra di Liberazione nell'Aretino (1943-1945)*, Accademia Edu.

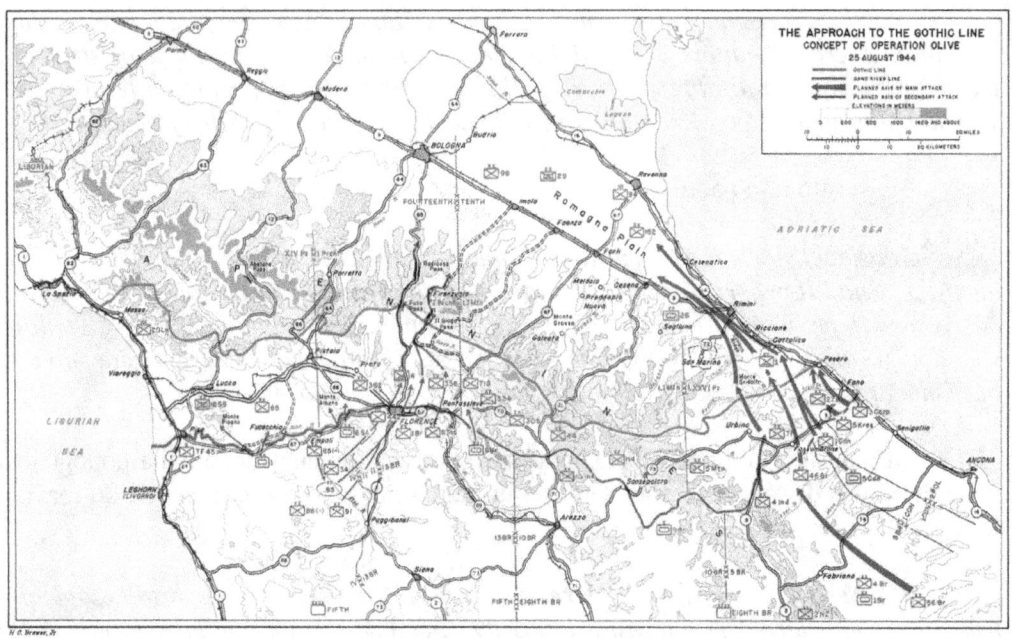

La linea del fronte il 25 Agosto 1944. Lo sfondamento in atto da parte del corpo d'armata canadese dell'8ª Armata britannica nel settore Adriatico, e lo sfondamento dei passi di Giogo e Futa fino ad arrivare a 15 km da Bologna da parte della 5ª Armata statunitense. Gli attacchi duramente contrastati dai tedeschi, furono poi arrestati per la mancanza di rimpiazzi e dall'ingrossamento dei fiumi nella stagione autunnale. Vi influì anche il fatto che sette divisioni (tre statunitensi e quattro coloniali francesi) furono tolte dalla penisola per partecipare il 15 agosto allo sbarco nella Francia meridionale (operazione Dragoon). In seguito dell'arresto del fronte, il maresciallo Harold Alexander, Comandante del 15° Corpo d'Armata e del fronte italiano, trasmise per radio ai partigiani nel Nord Italia di starsene a casa fino alla primavera del 1945, quando l'offensiva sarebbe ripresa. Secondo alcuni si trattò di un errore, ma in realtà Alexander con l'arresto delle operazioni salvò molte vite italiane, di partigiani, che nello loro azioni non sarebbero stati appoggiati dagli Alleati, e di civili per le rappresaglie.

Conclusioni – Luce e ombre sulla Guerra Partigiana

Riepilogando, in questo mio libro è stata trattata, e soltanto in parte, la guerra partigiana nella Provincia di Arezzo e in particolare nel monte Pratomagno dall'aprile 1944 fino all'agosto 1944, anche per le mie testimonianze.

Si è enfatizzato sulla liberazione di Arezzo, che fu conquistata dagli Alleati dopo la ritirata tedesca, e taciuto sulle operazioni dei partigiani a causa del loro carattere sostanzialmente e spontaneamente apolitico e interclassista, con le divisioni, le brigate e i battaglioni militarmente guidati da ufficiali del Regio Esercito.

La formazione partigiana paramilitare della provincia di Arezzo fu rappresentata fin dall'aprile 1944 dalla 23ª Brigata Garibaldina "Pio Borri", il primo caduto della resistenza aretina, comandata dal capitano dell'Esercito Siro Rossetti. Accanto ad essa vi erano varie bande operanti in modo scarsamente coordinato, alcune comuniste, che non si erano accordate con i paramilitari sui metodi di guerriglia. E da questo momento, con l'arrivo nel mese di marzo 1944 dei comunisti fiorentini della 22ª Brigata Garibaldi

"Lanciotto" (poi "Sinigaglia" della Divisione "Arno"), nel Casentino, in particolare sul Monte Pratomagno, ebbero inizio i contrasti sulle modalità e sulla condotta della guerra partigiana, anche sotto l'egida dei comandi che i comunisti del Comitato Liberazione Nazionale di Firenze volevano fossero in loro mano. E pertanto iniziarono anche i guai per le popolazioni civili della vallata, in particolare ai contadini per le continue requisizioni di viveri e bestiame (e non solo) e per i continui e sconsiderati attacchi ai tedeschi, nonché per la banditesca caccia ai civili disarmati considerati fascisti.

Ciò porto a dolorose rappresaglie, a iniziare da quella di Vallucciole (Stia) del 13 aprile con 216 morti tra la popolazione civile a opera dei soldati del 2° Battaglione Corazzato della Divisione Hermann Göring, per finire con la battaglia di Cetica del 29 giugno, fatta passare per una grande vittoria, in cui combattendo contro la 6ª e 7ª Compagnia del 3° Reggimento Brandenburg, la Brigata "Sinigaglia" perse quattordici partigiani (a cui si aggiunsero nelle rappresaglie ventitre civili del luogo) e ebbe parecchi feriti, contro soltanto due morti tedeschi e cinque feriti. Dopo questa decimazione la 22 "Brigata" dovette lasciare il Pratomagno per trasferirsi nella zona fiorentina per una ricostituzione, e la rimase fino alla conquista britannica di Firenze.

Per cui il 1° luglio 1944, in previsione della Liberazione di Arezzo da parte degli Alleati, quasi tutte le formazioni autonome furono riunite nella nuova 24ª Brigata "Bande Esterne", inquadrata nella neo costituita Divisione "Arezzo" del capitano Siro Rossetti, la cui bandiera, è bene ripeterlo per informare gli ignari non era quella rossa con falce e martello ma quella tricolore del 225° Reggimento Fanteria con lo stemma dei Savoia.[130]

Nel complesso, come ho già detto, si trattava di oltre 1.300 partigiani (ossia circa un terzo della forza di un solo reggimento degli Alleati, escludendo armi pesanti e mezzi da combattimento), presumibilmente tutti armati, oltre ai numerosi collaboratori attivi nella provincia. Con questa intelligente organizzazione paramilitare, trasformando i distaccamenti in battaglioni e le bande (o gli squadroni) in compagnie, mettendo a capo della 24ª Brigata Garibaldina "Bande Esterne" un ufficiale dell'Esercito nella persona del capitano paracadutista Enzo Droandi, si tentò, per quanto possibile di tener lontano dalla maggior parte della provincia di Arezzo le organizzazioni delle brigate rosse "Garibaldi", e nel contempo combattere nel modo migliore i nazi-fascisti, dando subito ordini, prevedendo un rapido arrivo degli Alleati, di attaccare i tedeschi con ogni mezzo, in particolare le loro colonne motorizzate di rifornimento, con il comando di divisione, le brigate e i battaglioni militarmente guidati da ufficiali del Regio Esercito e delle altre Forze Armate. Tuttavia, anche se nel movimento di liberazione di Arezzo vi erano i rappresentanti di sei partiti politici, che spesso discutevano animosamente, essi non prevalsero mai nella scelta delle decisioni con cui si doveva attuare la guerriglia, specialmente da parte dei comunisti che ne volevano la direzione, che invece fu sempre guidata dagli ufficiali in servizio permanente o di complemento delle altre organizzazioni, e sempre in forma unitaria.

---

[130] Ha scritto Enzo Droandi (capitano paracadutista e comandante della 24ª Brigata "Bande Estere"), senza essere stato smentito: *"Quando in primavera si costituì la Brigata «Pio Borri», «garibaldina» ma estranea alle «Garibaldi», non tutte le bande aderirono e le più delle affluite conservarono «la loro struttura (...) ed una parziale autonomia per cui l'unitarietà del comando (restò) solo un proposito"*. Cfr., *Storia Famiglia Droandi, Quel terribile gennaio del 1944 nell'aretino*, in Internet.

Nonostante la provincia di Arezzo, già martoriata dai bombardamenti aerei degli Alleati, sia stata quella che ha avuto, nella guerra civile in Toscana i maggiori lutti, per partigiani caduti e per popolazione trucidata nelle rappresaglie tedesche o uccisa nei bombardamenti degli Alleati, senza dimenticare le mine, e dove si è avuto anche una certa operabilità da parte delle milizie della Repubblica Sociale Italiana, vi è stato nelle pubblicazioni di sinistra e dei loro intellettuali una quasi completa dimenticanza.

Occorre anche dire, per la Verità Storica, che la popolazione di Arezzo era all'epoca di circa 250.000 persone. Pertanto il numero di combattenti impegnati nella guerra di liberazione aretina, che includevano anche centinaia di ex prigionieri di guerra di altre nazioni fuggiti dai campi di concentramento, appare molto modesto, cosi come altrettanto modesto fu il numero dei volontari o rispondenti alla leva nella Guardia Nazionale Repubblicana (GNR), e che in entrambi gli schieramenti, dopo le prime esperienze di guerra, si ebbero a verificare, per scoraggiamento o cambio di casacca, molte sedizioni.

Il resto della popolazione aretina, tra cui tantissimi ufficiali delle Forze Armate del Regno, considerati nella Relazione dei partigiani del Casentino *"assenteisti ... incoscienti"* per *"vigliaccheria quasi generale"*,[131] preferì restare estranea, nascosta, al pari della grandissima parte della popolazione civile. Anche se indubbiamente, in seguito alle sconsiderate rappresaglie tedesche sulla popolazione e da qualche fucilazione di partigiani da parte dei fascisti (gli altri in quella guerra civile facevano altrettanto), la simpatia andò aumentando in favore dei partigiani, per poi esplodere entusiasta all'arrivo degli anglo-americani perché tutti vedevano la fine di un incubo, non immaginando la punizione che gli Alleati, nel trattato di pace del 1947 a Parigi, avrebbero riservato all'Italia.

Seguendo le direttive fissate dal Governo e dallo Stato Maggiore Generale delle Forze Armate (Comando Supremo), nonché naturalmente dagli Enti partigiani indipendenti, veniva fatta una grande opera di propaganda in favore della *"resistenza"*. Tutto ciò allo scopo di dimostrare agli Alleati che l'Italia, con le sue magre forze militari che gli era permesso di possedere come unità combattenti dalle imposizioni degli Alleati, era veramente impegnata, e con successo nella lotta anti-fascista per la liberazione della Nazione; e si pensava, venendo poi smentiti, che gli anglo-americani ne avrebbero tenuto conto al momento del trattato di pace, che fu particolarmente punitivo e umiliante per l'Italia.

Dopo la conquista di Roma, il 4 giugno 1944 da parte degli Alleati, la guerra di liberazione nell'Italia centrale e settentrionale aveva assunto un carattere cinico, in cui forse non tutti si rendevano conto che più tedeschi erano soppressi dai partigiani con gli attacchi sconsiderati e più italiani innocenti erano uccisi nelle rappresaglie. Ma, nello stesso tempo, a causa delle rappresaglie si veniva a formare nell'opinione pubblica un

---

[131] Nella *Relazione su l'attività svolta dal Comitato di Liberazione Nazionale, Sezione S – Zona del Casentino"*, è scritto: *"La mancanza di ufficiali nelle formazioni e la loro vigliaccheria quasi generale nel voler criticare e nel voler rifiutarsi a prendere contatto e vivere quella vita* [partigiana]*, è una delle realistiche e più gravi responsabilità di questa categoria, che grava su di loro assenteisti incoscienti"*. Nel suo libro, al riguardo di questa dura sentenza, il generale Sacconi, già comandante del 3° Battaglione "Lucio Nencetti" della 23ª Brigata, ha scritto: *"Non condivido il giudizio espresso in maniera – mi sembra – alquanto sommaria, perché se è vero che molti ufficiali ignorarono la Resistenza, è anche vero che tanti vi parteciparono, con generoso sacrificio e entusiasmo"*. Cfr, Raffaello Sacconi, *Partigiani in Casentino e Val di Chiana*, p. 177.

minore consenso nei confronti del fascismo e un odio implacabile contro i tedeschi invasori. Che poi invasori non lo erano essendo venuti in Italia ad aiutarla in guerra, bene accolti nei momenti difficili della campagna di Grecia e dell'Africa settentrionale e dei blocchi navali britannici nel Mediterraneo, fin dal gennaio 1941 prima con l'Aviazione e l'Afrika Korps, poi con Marina e infine con Esercito. L'8 settembre 1943, la sola Luftwaffe aveva nelle basi italiane circa 100.000 uomini con un migliaio di aerei, la Kriegsmarine un numero considerevole di marinai sui suoi sommergibili, unità di superficie leggere e naviglio ausiliario, e la Wehrmacht ben diciassette divisioni, in parte corazzate o motocorazzate, e una brigata.

La frase della canzone "*una mattina mi sono svegliato e ho trovato l'invasore*" è quindi falsa, cosi come sono false molte foto, propagandistiche, in particolare quelle riprese ad Arezzo, Firenze e nelle città del Nord Italia, dove si vedono sempre folle plaudenti che accolgono i "liberatori", e civili (in piccola parte armati per dimostrare di mantenere già il controllo delle città stesse) che erano in trepida attesa dei medesimi "liberatori", o che addirittura si battevano nelle strade cittadine, mostrando combattimenti inesistenti in fotografie manipolate. E tutto ciò, assieme ad una grande opera di propaganda in favore della "*resistenza*", dove il Partito Comunista Italiano (PCI) con la sua grande organizzazione politica era all'avanguardia, contribuiva a generare un minor consenso al fascismo e odio ai tedeschi, formule che in certi ambienti contavano qualunque fosse stato il prezzo in vite umane da pagare.

Occorreva aumentare i meriti della resistenza al momento della resa dei conti sul tavolo dei vincitori. Ossia nelle discussioni del trattato di pace con gli Alleati, allo scopo di ottenere dagli anglo-americani per l'Italia, considerata "*Cobelligerante*" (una formula benevola che però la rendeva ancora nemica) condizioni di pace più favorevoli di quelle umilianti e punitive che già si conoscevano nel testo del Lungo Armistizio, portato a Roma ai primi di settembre 1943 dai generali Giuseppe Castellano e Giacomo Zanussi e firmato dal maresciallo Pietro Badoglio a Malta il successivo 29 settembre a bordo della corazzata britannica *Nelson*.[132] Occorrevano quindi più lutti per il bene dell'Italia (sic), che poi era la stessa formula di Mussolini nel dichiarare guerra all'Inghilterra e alla Francia il 10 giugno 1940, convinto che per ottenere pegni territoriali sedendosi al tavolo dei vincitori, ossia della Germania, necessitavano alcune migliaia di morti.

---

[132] Francesco Mattesini, *La Marina e l'8 settembre, I Tomo, Le ultime operazioni offensive della Regia Marina e il dramma della Forza Navale da Battaglia*; II Tomo, *Documenti* (in massima parte in fotocopia dall'originale), Ufficio Storico della Marina Militare, Roma, 2002.

Sfilata di popolo in una città dell'Italia dopo l'arrivo degli statunitensi, che nell'immagine si distinguono frammisti fra la folla esultante.

Per ottenere quest'agognato risultato, che avrebbe anche potuto salvare la monarchia, a Roma erano pronti a mandare la ancora consistente Flotta nel Pacifico a combattere contro i giapponesi, ma gli Alleati alla proposta mostrarono di non gradirla, soprattutto per le sue condizioni di inferiorità nell'armamento contraereo, mancanza di efficienti apparati radar, scarsa autonomia delle navi, ecc.[133] E poi, diciamolo francamente, per non averla tra i piedi, non volendo concedere nulla al cobelligerante. Ad esempio le poche divisioni che all'Italia era permesso di mantenere in servizio dalle imposizioni degli Alleati, essendo quasi disarmate e prive di mezzi di trasporto sequestrati dai vincitori, facevano servizio di facchinaggio per gli anglo-americani, come lo scarico delle navi, il trasporto delle merci, ecc. Decidevano i vincitori e noi italiani eravamo i perdenti, come ebbero subito a rilevare gli stessi partigiani che all'arrivo degli Alleati nelle loro zone erano subito disarmati.

Ciò appare nei documenti dello Stato Maggiore Generale (Comando Supremo), e dell'Ufficio Storico della Marina Militare, di cui ho copia, e la lotta armata di un popolo contro i tedeschi era un programma che, nello stato di disperazione, avevano pianificato concordemente Governo militari e i partiti politici, sebbene con scopi diversi. Molti volevano sinceramente soltanto il bene dell'Italia ed erano pronti a ogni sacrificio, altri non certamente con sistemi democratici ma anch'essi pronti a tutto per scacciare i tedeschi e conquistarne il potere. Pertanto in un modo o nell'altro gli italiani,

---

[133] Francesco Mattesini, *Da Cobelliganti ad Alleati? La Regia Marina e la Dichiarazione di Guerra al Giappone*, nei siti *Collana SISM* e *Academia Edu*.

almeno la maggior parte nelle regioni centro-settentrionali, qualunque fosse il costo di vite umane, dovevano contribuire a cacciare gli invasori.

Ma soprattutto lo scopo dei partiti politici era quello di anticipare, con la cacciata dei tedeschi, l'eliminazione del regime fascista, e acquistare meriti in questa direzione. Infatti, non ancora finita la seconda guerra mondiale, poiché gli Alleati continuavano a combattere contro il Giappone, che già si discuteva animosamente di quali erano stati i comportamenti e i meriti dei partiti politici in quella denominata guerra di liberazione; e in questo caso, minimizzando quanto fatto dai militari visti con fastidio, il partito comunista, con le sue formazioni Garibaldi dalla stella e bandiera rossa, che spesso con i loro attacchi ai tedeschi sconsiderati nei centri abitati, mediante i Gappisti del PCI (vedi le Fosse Ardeatine), fecero soltanto disastri a spese della popolazione civile, arbitrariamente né rivendicava il maggiore merito. Questo occorre non dimenticarlo mai.

Voglio fare, andando contro corrente, un'analisi di quella che è stata la conseguenza sui massacri indiscriminati di civili, partendo da quello che ne pensavano i tedeschi sugli attacchi altrettanto indiscriminati dei partigiani. Nelle cerimonie commemorative, il tedesco che aveva subito gli attentati da bande d'irregolari (perché questo era nonostante il carattere paramilitare che si erano date le varie brigate partigiane) è sempre considerato un barbaro spietato. Ma secondo la maggioranza dei tedeschi, ancora oggi i barbari erano coloro che, senza avere una divisa e quindi il regolare diritto di combattere, uccidevano i loro soldati. Nei libri di Curina, Sacconi, Droandi ecc, le azioni dei partigiani sono sempre considerate necessarie ed eroiche, e le ritorsioni, qualunque sia stato il numero delle vittime innocenti, deplorevoli, spesso affermando che i tedeschi erano spalleggiati da militi della Repubblica Sociale Italiana; cosa che quasi mai avveniva, soprattutto nel corso delle azioni contro i partigiani nella seconda metà del 1944 (luglio e agosto), dal momento che i militi fascisti di Arezzo e provincia fin dal maggio erano scappati in Lombardia.

Pertanto gli autori citati si compiacciono dei numerosi morti e feriti e della distruzione di mezzi da trasporto causati dai partigiani ai tedeschi, mostrando invece sorpresa che poi le rappresaglie aumentassero d'intensità fino a raggiungere gli eccidi più dolorosi. Poiché anche i soldati tedeschi, la maggior parte anch'essi giovani come i partigiani, avevano una madre, una famiglia, dei parenti, in Italia non è stata mai stato detto in una cerimonia, perché indesiderata, una parola di pietà per la loro morte, ne fatto erigere un monumento ai loro caduti, se non nei loro cimiteri di guerra. Se poi gli eccidi si ebbero a causa di atti sconsiderati di alcuni reparti di partigiani, che taluni tengono ancora a giustificare, spesso comunisti, non c'è da meravigliarsi se nei paesi martiri l'attuale popolazione, non più ignorante e credulona come quella degli anni '40, essendo ormai bene informata mal sopporta alle cerimonie commemorative i rappresentanti dell'ANPI e dei partiti.

In mancanza di una vera scena di guerra una sceneggiata. Due partigiani che simulano di essere fascisti, tenuti dai loro compagni sotto la minaccia delle armi.

Detto questo, occorre limitarci a sostenere che i partigiani hanno contribuito, per quanto potevano, alla "liberazione" dell'Italia (sebbene per gli Alleati il termine esatto sia invece "*conquista*" dell'Italia), anche con l'apporto delle Regie Forze Armate, seppur limitato, dapprima con il 1° Raggruppamento Motorizzato sul fronte di Cassino (5.000 uomini), e poi sul fronte terrestre dell'Adriatico con sei gruppi da combattimento ("Cremona", "Friuli", "Folgore", "Piceno", "Legnano" e "Mantova") ciascuno della forza poco superiore a una brigata, riarmati, addestrati e inseriti nelle divisioni britanniche, che fornivano l'appoggio di artiglieria pesante mezzi corazzati. Elemento che da alcune parti si tende sempre a dimenticare o minimizzare.[134]

---

[134] La forza combattiva di ogni Gruppo da Combattimento era di poco più di 9.000 uomini, con due reggimenti, uno di fanteria e l'altro d'artiglieria e servizi; l'armamento e equipaggiamento disponeva una compagnia con mortai da 76 mm, due compagnie con 36 cannoni controcarro da 57/50 e una 8 cannoni da 76/55, quattro gruppi con 32 cannoni obici campali da 88/27, un gruppo con 12 cannoni contraerei Bofors da 40/56, tre compagnie del genio e servizi vari. L'armamento leggero: 2513 mitragliatori Thompson, 502 fucili mitragliatori Bren, 201 lanciabombe controcarro PIAT (il corrispondente del Bazooka britannico e del Panzerschreck tedesco), 40 mortai leggeri da 76 mm e 140 da 50 mm.

Sfilata di militi della Repubblica Sociale Italiana.

L'87° Reggimento fanteria del Gruppo da Combattimento "Friuli". Il comandante generale Arturo Scattini fra i suoi uomini. Vi erano soldati di tutte le armi nei gruppi da combattimento, tra cui i Granatieri di Sardegna.

Il Capo del Governo Ivanoe Bonomi, che aveva sostituito il maresciallo Badoglio, passa in rassegna un picchetto d'onore di un reparto dei Gruppi da Combattimento.

Paracadutisti della Divisione "Nembo" che il 20 aprile 1945, decollando da Rosignano a bordo di velivoli C.47 "Dacota" statunitensi, furono impiegati nell'Operazione "Henring", per azioni di sabotaggio a sud del Fiume Po.

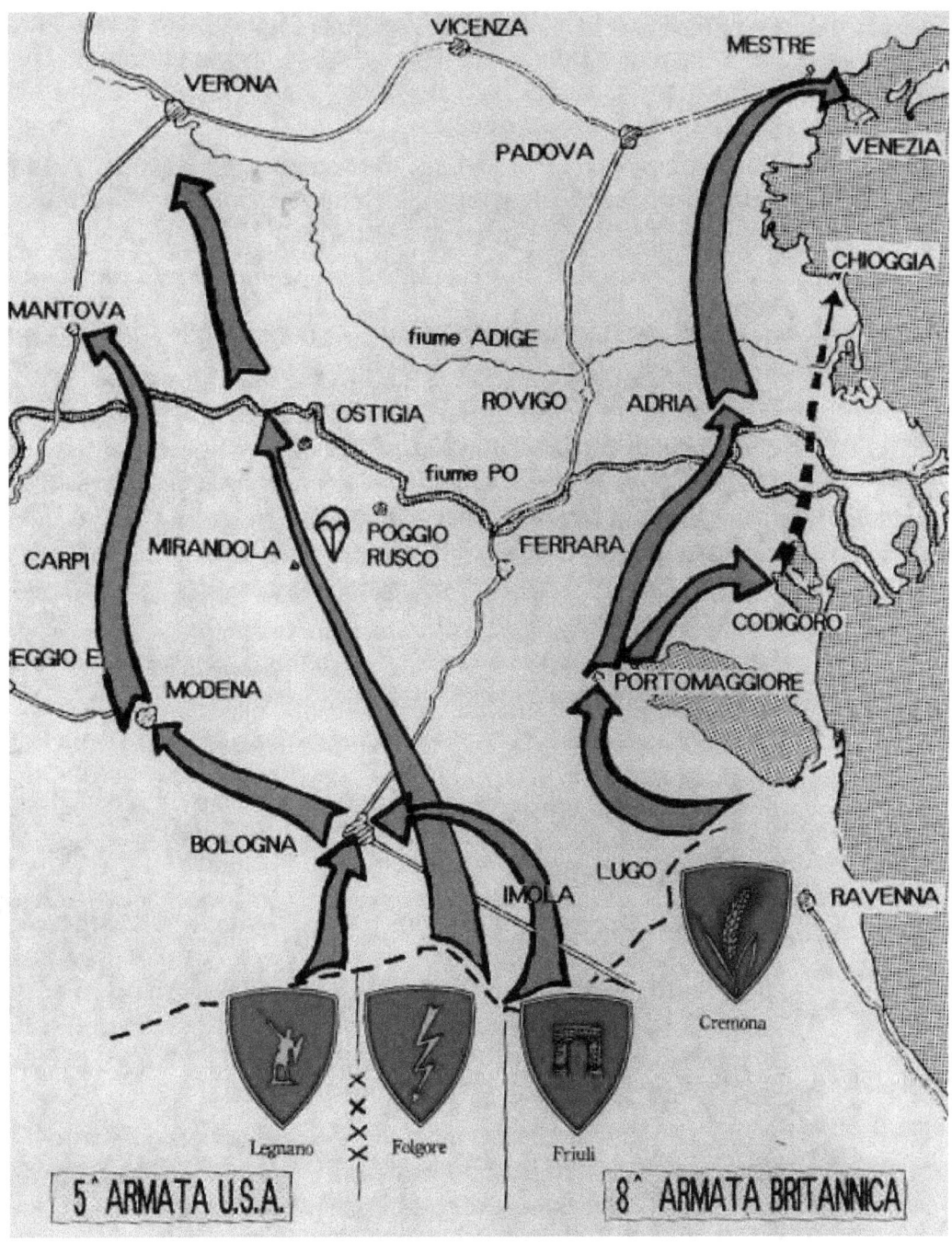

Aprile 1945. L'avanzata dei gruppi da combattimento italiani, inquadrati nelle divisioni anglo-americane e statunitense, in Emilia e nel Veneto. Da un articolo di Andrea Rossi - *Italiani contro italiani sulla Vena del Gesso*.

L'arrivo di fanti e bersaglieri del Gruppo da Combattimento "Legnano" a Bologna il 21 aprile 1945. Furono addestrati dai britannici che fornirono anche, divise e armamenti.

Il Principe Umberto di Savoia, Luogotenente Generale del Regno d'Italia e generale d'armata, conferisce con un ufficiale, studiando una carta, durante una visita al Corpo di Liberazione a Sparanise, presso Caserta.

Ed è bene conoscere che nessun fascista o prigioniero tedesco catturato è stato mai fucilato per ordine ricevuto dai nostri militari senza una sentenza, e che vi è stato il maggior rispetto nei confronti delle donne anche difendendole, tanto che a Siena, come sapemmo all'epoca (luglio 1944), i paracadutisti della 184ª Divisione paracadutisti "Nembo", trasferiti dalla Sardegna, si scagliarono contro gli stupratori Marocchini, che i francesi non riuscivano a controllare.

Non è corretto né onesto nei confronti dello sforzo compiuto nelle vaste operazioni degli eserciti Alleati, il continuare a dire stucchevolmente che con poche decine di migliaia di partigiani e collaboratori l'Italia è stata liberata. Gli anglo-americani hanno calcolato che nel 1944, per fare opposizione ai tedeschi, anche per evitare i bandi di arruolamento repubblicani, in tutto vi fossero in Italia, tra ex militari, formazioni cattoliche, liberali e comuniste, 10.000 partigiani che stavano realmente alla macchia e 90.000 collaboratori. Ma io dubito che si possa arrivare a queste cifre perché molti sono stati considerati partigiani e patrioti senza meritarlo, e molti di quei 10.000 partigiani erano di varie nazionalità straniere, in gran parte ex prigionieri di guerra.[135]

Gli stupri dei marocchini "Liberatori". Dal film *La Ciociara*. con Sophia Loren.

In questo contesto lo sforzo fatto per numero di uomini e di mezzi da parte delle Forze Armate del Regno d'Italia per contribuire, con Esercito, Marina e Aeronautica alla liberazione dell'Italia è stato, e di molto, nettamente superiore, a quello tanto decantato dalle varie organizzazioni partigiane, il cui maggior merito è stato quello di aver messo sotto pressione le retroguardie tedesche, generando loro qualche preoccupazione; ma a che costo di vite umane e senza riuscire, per mancanza di armi pesanti ed esplosivi adatti, a conseguire, se non in minima parte, la distruzione di caserme, centri e postazioni militari, grosse infrastrutture, ecc.

Come detto, una delle preoccupazioni del Governo italiano era quella di aumentare a dismisura il numero dei partigiani combattenti, da far conoscere agli Alleati quando si discuteva del trattato di Pace, anche mostrando immagini propagandiste o false. Non dimentichiamo che l'Italia era ancora considerata nemica, che secondo gli anglo-americani per avere condizioni di pace più favorevoli, doveva *"pagare il biglietto di ritorno"*, come disse Winston Churchill. Più sarebbe stato utile lo sforzo dell'Italia nella guerra contro i tedeschi, e più questo sforzo sarebbe stato tenuto in considerazione dagli anglo-americani, ciò che non avvenne se non in piccola parte, causando infine molta delusione.

Ad ogni sollecito dei marescialli Pietro Badoglio, Capo del Governo italiano, e Giovanni Messe, Capo del Comando Supremo, rivolto ai vertici militari e politici degli Alleati, britannici in particolare, per dare all'Italia la possibilità di aumentare il suo sforzo militare contro i tedeschi, la risposta era sempre la stessa: Gli italiani stanno *"cercando di trovare un espediente per togliersi dalla posizione di nemico sconfitto"*.

---

[135] Francesco Mattesini, *L'Armistizio dell'8 Novembre 1943*, Parte 3ª, in Bollettino d'Archivio dell'Ufficio Storico della Marina Militare, Dicembre 1994, p. 62, Nota 40.

Avrebbero dovuto essere *"richiamati duramente e con fermezza altrimenti, al momento opportuno, non saremo in grado di far valere le clausole territoriali del trattato di pace che alla fine concluderemo con l'Italia"*. Anche l'idea di una partecipazione italiana alla guerra contro il Giappone, probabilmente suggerita da Badoglio ottenne lo stesso rifiuto, giacché ciò avrebbe *"aumentato gli obblighi"* degli Alleati" *nei confronti dell'Italia e l'avrebbe posta in una posizione contrattuale migliore al tavolo della pace"*.[136]

Al centro il maresciallo d'Italia Giovanni Messe, Capo di Stato Maggiore Generale delle Forze Armate italiane. Gli è accanto un generale di brigata. A sinistra un ufficiale del Corpo Nazionale Liberazione, spiegando la situazione militare sul terreno, indica un punto sulla carta.

---

[136] Francesco Mattesini, *L'Armistizio dell'8 Novembre 1943*, Parte 3ª, in Bollettino d'Archivio dell'Ufficio Storico della Marina Militare, Dicembre 1994, p. 61.

Trasporto truppe Bren Carrier del Gruppo da Combattimento "Cremona" durante l'avanzata su Venezia

Essere inclusi nell'elenco dei partigiani è stato nel dopoguerra molto facile. Gran parte della popolazione, dove si svolgevano combattimenti, o era ritenuta operante in zona di guerriglia, o aveva vicini sedi di partigiani, o i parenti uccisi nelle rappresaglie nazi-fasciste, è stata inclusa negli elenchi. E questo senza mai aver dormito alla macchia, aver sparato un colpo di pistola o brandito un coltello contro i nazi-fascisti, anche perché di armi, se gli uomini ne avevano, tipo fucili da caccia, le nascondevano per non essere soggetti a rappresaglie, oltre a scappare o occultarsi alla prima vista di un tedesco. Come ho detto, furono accettati anche coloro che, provenienti da reparti della Repubblica Sociale, si ravvedevano disertando dai loro reparti, dopo la fuga dei vertici fascisti da Arezzo, e passando alla resistenza con le loro armi. Vi erano anche contadini o fattori che per le loro continue ruberie (chiamate requisizioni), i partigiani vedevano come il fumo negli occhi, e che in un certo senso s'intese risarcire, con le motivazioni più varie, tipo quella che avevano sfamato e prestato soccorso ai partigiani.

Chi è stato riconosciuto partigiano, ricevette 14.000 lire (soltanto 1.000 lire i patrioti) che era in quel momento di difficoltà una gran bella cifra, nonché dava la possibilità di poter usufruire con le campagne (una ogni anno di attività), uno scalo di carriera negli enti pubblici e sulla pensione. Pertanto tutti facevano la fila presso i conoscenti che contavano, per essere inclusi nell'elenco dei partigiani, oggi visibile da tutti nei siti dell'ANPI. Ritengo che almeno i due terzi di partigiani e patrioti quel titolo di combattente non lo meritassero. Tutto ciò avvenne, lo ripeto, per puro calcolo di convenienza, in base alla logica di aumentare smisuratamente il numero dei combattenti alla macchia, perché serviva anche per aumentare i meriti antifascisti e di collaborazione e di combattimento con gli Alleati, dai quali eravamo considerati nemici tollerati, perché ciò faceva comodo anche per la loro causa. Anche questo occorre non dimenticarlo mai.

Ma purtroppo gli Alleati non erano ingenui da cascarci, e conoscevano questo giochetto voluto dal Governo italiano e dallo Stato Maggiore Generale delle Forze Armate (Comando Supremo) e che, diciamolo francamente faceva comodo soprattutto ai partiti politici, specie quelli di sinistra, e all'ANPI ancora oggi in buona salute per mantenere il consenso con le ricorrenze, doverose, in onore ai caduti. Però è anche questo un modo di fare politica, come fanno politica i Sindaci e i Presidenti di Regione mostrandosi e parlando dei meriti degli antifascisti a ogni cerimonia commemorativa.

I rappresentanti del Comitato Liberazione Nazionale, che si sono assunti, come mandanti, la responsabilità della morte di Mussolini sfilano a Milano il 5 maggio 1945. Da sinistra, Gian Battista Stucchi, rappresentante delle Brigate "Matteotti", Ferruccio Parri capo dei partigiani comunisti, Generale Raffaele Cadorna comandante del Corpo Volontari della Libertà, Luigi Longo capo delle brigate Garibaldi, e Enrico Mattei della componente "Bianca" e poi capo della multinazionale dell'ENI, morto nel 1962 in un misterioso incidente al suo aereo.

Forse io sarò un eccessivo sentimentalista per la formazione culturale realizzata in una famiglia onesta e cattolica, con padre militare di carriera, ed io con quasi quarantuno anni di servizio trascorsi, dal 7 febbraio 1958 al 3 luglio 1998, allo Stato Maggiore dell'Esercito (4° Reparto, Ufficio Servizi, poi divenuto Programmi di approvvigionamento e infine Mobilità Tattica), con classifica di segretezza COSMIC Segretissimo, in cui ho affinato e approfondito la conoscenza della guerra scrivendo moltissime e importanti pubblicazioni, in cui tratto amici e nemici con la stessa obiettività; ma ritengo che un civile non armato e un prigioniero di qualsiasi nazionalità sono sacri, così come è sacra la gentilezza da riservare alle donne, anche se hanno sbagliato.

Uno dei ricordi della Guerra nell'aretino. Un caccia carri tedesco StuG III (Sturmgeschutz III Ausf G) a Castiglion Fiorentino, nella Val di Chiana, che doveva appartenere alla 15ª Divisione Panzergrenadier. Costruito sullo scafo del carro tipo III, andò perduto durante la ritirata tedesca dal Lago Trasimeno, per il crollo del ponte delle Capannacce, vicino al confine con Cortona. Rimasto celato nella vegetazione del torrente, sebbene la popolazione del luogo conoscesse la sua presenza, fu recuperato e portato presso un rivenditore di cimeli lungo la Strada Statale n. 71, dove rimase per molti anni. Io lo vidi per la prima volta passando in macchina per Castel Fiorentino negli anni '70, e mi fermai incredulo per osservarlo. Oggi lo StuG III, fatto restaurare all'inizio degli anni '90 per iniziativa della locale Sezione Carristi in Congedo, con la collaborazione del Ministero della Difesa che fornì i disegni, è dedicato alla memoria dei carristi caduti in tutte le guerre, Sistemato dapprima, come si vede dalla fotografia, lungo le mura cittadine, alcuni anni fa è stato esposto presso il posteggio della piazza principale del paese, in modo che tutti i turisti possano vederlo.

La nuova sistemazione dello StuG III restaurato , a cui è stata cambiata la mimetizzazione.

Gianpaolo Panza ha riportato il numero di almeno 20.000 i fascisti o ritenuti fascisti uccisi dai partigiani in una strage senza fine, e 2.365 le donne fasciste o presunte tali, quasi tutte giovanissime e uccise prima o dopo la liberazione spesso torturate o stuprate *dai partigiani*, che non furono fermati dai loro mediocri comandanti, e che oggi si continua a tendere a giustificare con l'imbecille motivazione che: *"Erano Fascisti"*.[137] E' come voler confermare che i fascisti, di qualsiasi età e sesso, senza aver commesso nulla nel corso di una guerra civile (perché come ha ben spiegato il Professor Renzo De

---

[137] Carlo Simiani, uomo della Resistenza, alla fine della guerra pubblicò, col titolo "*I giustiziati fascisti dell'aprile 1945*", un serio ed onesto studio, secondo il quale durante l'insurrezione le uccisioni ammonterebbero a circa 40.000, cifra che però appare eccessiva rispetto ai dati di Panza. Secondo altre fonti forse la cifra di 30.000 è quella che più si avvicina alla realtà . Le tombe di molti caduti durante la resistenza non sono conosciute, sebbene ricercate dalle famiglie, in particolare per la manifesta ostilità dimostrata da parte delle organizzazioni partigiane e cittadine (GAP e SAP) e dei partiti che parteciparono alla lotta antifascista. Inoltre il riconoscimento spesso era reso impossibile per il fatto che i militari e civili catturati dai partigiani venivano regolarmente privati dei documenti personali e sepolti alla meglio in fosse individuali o comuni, non facilmente rintracciabili. Gli assassini cercavano di cancellare ogni traccia dei loro misfatti, e gli assassinati sepolti frettolosamente nel più vicino cimitero, spesso senza possibilità di riconoscimento. Inoltre, fatto ancora più deprecabile, la ricerca dei propri cari da parte delle famiglie fu ostacolata in molti modi, incluse le minacce. Ancora oggi ci sono amministrazioni comunali amministrati dai partiti della sinistra che, in un clima di omertà inconcepibile per chi ha una carica pubblica, non permettono di far conoscere i nominativi degli uccisi, come è accaduto all'Autore di questo libro. Ho scritto, ma senza ricevere risposta.

Felice era una guerra civile), al massimo vestendo una divisa, come quella di un giovane avanguardista, oppure di avergli trovato una tessera del partito fascista non ancora distrutta, erano meritevoli di quel trattamento e della morte. Questo è ancora oggi il giudizio dell'AMPI ? Bene hanno fatto molti partigiani disgustati, tra cui i militari e i moderati, ad andarsene dall'AMPI, costituendo nel 1949 la Federazione Italiana delle Associazioni Partigiane (FIAP).

Si risponderà dall'altra parte che moltissimi stupri compirono anche i fascisti su donne partigiane. E vero, non si può negare, e non vedo perché da persona obiettiva dovrei negarlo e non sentire verso chi ha commesso il crimine, sentimento uguale e disgustoso, e pietà per chi lo ha subito.

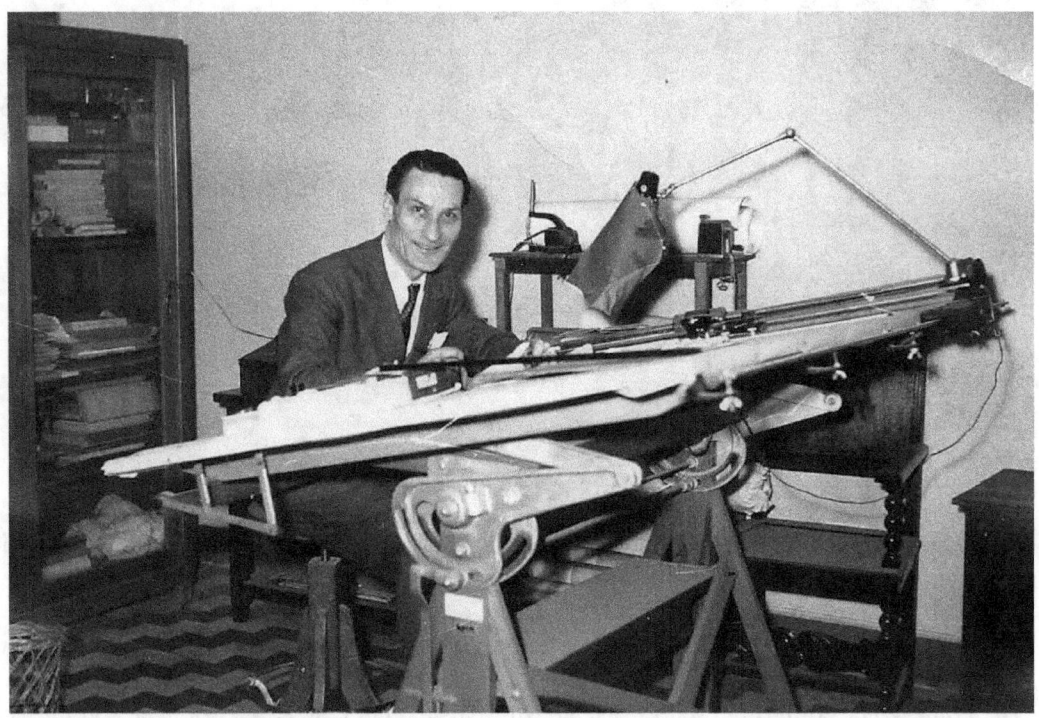

Il maresciallo maggiore Antonio Mattesini, sottotenente per i meriti acquisiti nella Guerra di Liberazione, con diploma d'onore firmato dal Presidente della Repubblica Sandro Pertini il 19 giugno 1984, al suo tavolo di lavoro all'Ufficio Ricerche e Studi del IV Reparto dello Stato Maggiore dell'Esercito, a Palazzo Caprara, Roma, alla fine degli anni '50. Poco distante vi era il mio posto di lavoro, all'Ufficio Servizi (2ª Sezione COSMIC), sempre del IV Reparto. All'epoca ai sottufficiali più anziani era consentito di andare al lavoro in borghese.

Per fortuna io non ho assistito a quelle scene raccapriccianti e disgustose. Nelle nostre formazioni partigiane paramilitari della Divisione Garibaldina "Arezzo", dove comandavano ufficiali e sottufficiali gentiluomini, che sapevano guidare i loro uomini in combattimento e stroncarne preventivamente gli eccessi, e dove non si accettavano le imposizioni del Comitato Toscano di Liberazione Nazionale di Firenze, controllato dal Partito Comunista, non avvenne mai nulla di simile. E nessuno di quei partigiani, veri sotto ogni profilo, stimati e sostenuti dalle nostre popolazioni dove avevano parenti e amici anche dall'altra parte, ha avuto la necessità di dover giustificare il loro comportamento.

Purtroppo non altrettanto si può dire per le brigate Garibaldi e delle bande autonome di razziatori della provincia, in particolare i fiorentini ma anche dei residenti del Valdarno votati alle vendette per le stragi naziste. E accadde che, tornando a casa al suo paese dell'aretino al termine della guerra, un sottufficiale della Guardia Nazionale Repubblicana fu massacrato di botte e poi arso vivo. Un altro milite al rientro a casa a Cavriglia fu circondato dalla folla e linciato a morte, e altri due assaliti sull'uscio di casa e uccisi a bastonate a Montevarchi. Ancora un milite ventenne della Guardia Nazionale Repubblicana, picchiato a sangue all'arrivo a Rassina, fu salvato dai carabinieri che per sottrarlo al linciaggio lo portarono nelle carceri di Arezzo. Lo stesso stava per capitare a Sirio Malatesti, già partigiano della compagnia "I" del 3° Battaglione della 23ª Brigata Garibaldini della Divisione paramilitare "Arezzo", e zio di mia moglie, che un bar di Bibbiena da alcuni esaltati fu accusato di essere un fascista (lo era stato fino al 25 luglio 1943 come tutti), malmenato e salvato soltanto per l'intervento dei carabinieri.

Questo era il clima del dopoguerra, proseguito fino al 1948, quando i rossi erano convinti, sbagliando, di poter arrivare al potere. Ma la chiesa cattolica e i moderati, compresi i membri della mia famiglia, fecero quadrato intorno alla Democrazia Cristiana, e il sogno dei rossi svanì, impedendo che l'Italia divenisse un paese satellite dell'Unione Sovietica.

FRANCESCO MATTESINI

Copia di una lettera che il generale di divisione Aldo Donnini, ex comandante del 1° Battaglione della 23ª Brigata "Pio Borri", scrisse al Presidente della Repubblica, Sandro Pertini, dopo una visita commemorativa ad Arezzo

Arezzo - P.za San Francesco - 29 set. 1984

Signor Presidente,

Le porgo il fiero ed orgoglioso saluto dei superstiti di quelle popolazioni che, quarantanni or sono, lottarono per la liberazione della Patria e delle quali gli ex combattenti aretini della Confederazione provinciale, nel cui nome parlo, si considerano parte integrante.
Quì, in questa terra, il contributo alla causa nazionale ebbe, infatti, peculiari caratteristiche; correttamente interpetrabili solo da locali protagonisti di quel momento che trassero essenziale motivo di azione da una storia, da oltre quindici secoli, sostanziata in solo due parole : DIO e LIBERTA'.
Storia di genti contadine e montanare; rudi, tenaci, unicamente volte al lavoro, con gli occhi sempre fissi alla torre campanaria dell'antica pieve. Attorno alla quale, fiduciose, usano raccogliersi quando si scatenano le forze della natura e le malvagità degli uomini.
Genti pacifiche, ma mai servili e ribelli al sopruso; pronte nel caso a morire con i loro vescovi in battaglia.
Così, invero, con Guglielmino degli Ubertini che a Campaldino unì al pastorale la spada.
Così, insorsero, al grido di Viva Maria, contro l'occupazione del Buonaparte.
Così, Emanuele Mignone, rimasto solo nella sua sede pastorale, fermo custode di una città distrutta e resa deserta da oltre centocinquanta bombardamenti aerei, a rappresentare, per gli aretini, il naturale simbolo, spirituale e politico, della più grande Italia nella quale ormai si riconoscevano; non più identificabile in uno stato resosi complice dello straniero.
In tale indiscutibile contesto, determinante fu l'apporto, volontario e incondizionato, della popolazione civile; senza distinzione di età, sesso e condizione sociale.
Nelle conseguenze, pagando, con serena e tenace sopportazione, un prezzo che non trova ragguaglio in quello sofferto da altre provincie: oltre tremila i caduti, ingenti sacrifici, immani distruzioni.
Le formazioni partigiane, propriamente aretine, espressione di così solidale impegno popolare, ed anche per consapevole indirizzo dei riemergenti partiti, si coagularono in una organizzazione prettamente militare.
Emblema di quella organizzazione, che si considerava distaccata temporaneamente dall'Esercito, fu il Tricolore di un reggimento di fanteria assunto a Bandiera di Guerra della Divisione partigiani "Arezzo".
Tale saldatura morale con le Forze Armate trovò del resto conferma nella partecipazione, con ugual spirito e abnegazione, di migliaia di aretini alla Guerra di Liberazione.
Combattenti nelle unità regolari delle Forze Armate, in specie nel glorioso Corpo di Liberazione e poi nei Gruppi di Combattimento, ai quali si unirono circa duemila volontari. Di questi, oltre ottocento, quasi tutti ex partigiani arruolatisi nel momento stesso in cui si scioglievano le formazioni, da niente altro spinti che dal sentimento di un dovere considerato ancora incompiuto.
Partigiani all'estero, di cui circa cinquecento (metà dei quali caduti), nella sola Divisione "Garibaldi".
Internati o prigionieri, sparsi in tutto il mondo, che nulla tralasciarono per restar fedeli al giuramento ed esser degni di chiamarsi soldati d'Italia.

Così, la massima ricompensa al valor militare, oggi conferita alla Provincia, seppur motivata con specifico riferimento alla attività partigiana, va di fatto a tutti gli aretini; ovunque in quel momento si trovarono partecipi di quella funzione militare nella quale l'unità dei cittadini si sublima nel tutto dare, senza nulla chiedere, per il bene supremo della Patria.

Un riconoscimento che accomuna anche, in una medesima tradizione di onore e di valore, i combattenti aretini dei due grandi conflitti che hanno travagliato questo secolo.

Nel primo, i fanti del glorioso 225° "Arezzo", la cui Bandiera, tra le più decorate, è qui presente.

Nel secondo, un intero popolo, a conferma dell'impegno con il quale le precedenti generazioni hanno servito l'Italia.

E, ciò accade che questo riconoscimento avvenga, non già nell'emozione del momento, ma proprio quando quei lontani eventi sono posti al vaglio critico di chi ormai si appresta a consegnarli alla storia.

Con la legittima soddisfazione di veder così compensato il tributo dato a far germinare l'Italia di oggi, libera, prospera e pacifica, vada però ai nostri figli e nipoti un monito perchè essi non abbiano a provare ciò che noi abbiamo sofferto.

Possa cioè, questa medaglia, ricordare loro, anche quando saremo scomparsi, che il fascismo da noi sconfitto costituisce ancora costante minaccia per la libertà fino a quando permanga, come fatto di costume, nella arroganza degli uomini; perfino di chi, pur richiamandosi ai valori della Resistenza, in concreto, sia pure inconsciamente, talvolta li disattende.

Ma, poichè senza la libertà non vi potrà mai essere vera pace tra gli uomini e tra i popoli, occorre difenderla, giorno per giorno, con la stessa unità di intenti che ci consentì di conquistarla; a che quel bene così prezioso si conservi a noi e alle future generazioni.

A Lei, Signor Presidente, simbolo di questa unità e custode delle nostre libertà, grazie di aver voluto confermare con la Sua presenza i nostri sentimenti; gli stessi che un poeta aretino, Francesco Petrarca, seicento anni fà, così esprimeva con esaltante passione :

"Io vò gridando Italia, Italia, Italia.

Gen.D. (r) Aldo Donnini

COMANDO XXIII ª BRIGATA PARTIGIANI
"PIO BORRI"

SCHEDA PERSONALE

Grado *Maresciallo* Arma *Fanteria* Ruolo *S.P.E.*

Casato *Mattesini* Nome *Antonio*

Paternità *fu Francesco* Maternità *Biondini Giuseppa*

Nato a *d Arezzo* il *28 Agosto 1905*

Residente a *d Arezzo* domiciliato *in Via Cavour N: 126*

Professione (civ.) *Capo Disegnatore Tec.º* Stato civile *Coniugato*

Coniugato con *la Sig.ra Cariaggi Giovanna* Figli N. *2*

Reparto presso il quale prestava servizio alla data dell'otto settembre 1943
Comando Supremo - Stato Magg.re Generale - S.I.M.

Ricompense al V. M.

Campagne *Albania 1939 - Attuale conflitto 1940-1941-1942-1943 (fino 8-9-43) 1944 (dall 1 ott.) - 1945 fino al termine del Conflitto è altresì decorato di 4 Croci di guerra al merito e di 1 Croce d'Argento a.s.*

Lingue conosciute

Data in cui ha iniziato l'attività partigiana *3 Dicembre 1943*

Zona nella quale ha operato *Provincia Arezzo*

Reparto presso il quale ha operato *Centro Milit. d'Informazioni Casentinese "Licio Nencetti" e alla Compagnia "Burroni"*

Carica ricoperta *Capo Centrale Informazioni - Comandante del 1º Plot. e Comandante interinale di Compagnia*

Ferite riportate

Stato di servizio

Sbandatosi l'8 settembre 1943 dal Comando Supremo S.I.M. raggiunse la famiglia ad Arezzo — il 16-9-1943

Sfollato a Castel Focognano, organizzò immediatamente un servizio clandestino apolitico in favore della causa alleata — li 2-12-1943

Formò a Castel Focognano, un Nucleo Informazioni partigiane assumendone il comando e la direzione — li 3-12-1943

Attivò quale Capo Nucleo — li 3-12-1943

Costituì un Centro "I." e 4 posti d'informazione — li 15-12-1943

Ampliò il raggio operativo, a 10 posti d'informazione — li 15-2-1944

Trasformò il Nucleo in Reparto — li 1-3-1944

Formò 1 Centrale "I." e 2 sottocentri "I." più 3 posti fissi d'informazione a carattere prettamente militare — li 1-4-1944

Portò a 5 i sottocentri "I." dislocati in provincia — li 15-4-1944

Formò 2 Squadre operanti con gli uomini attivi — li 15-4-1944

Prese accordi con "Burroni Libero" per formare una Compagnia operante — li 15-4-1944

Entrò nella Compagnia "Burroni" — li 15-4-1944

Nominato Comandante di Plotone — li 15-4-1944

Comandante del 1° Plotone operante, continuando nella mansione di Capo della Centrale "I." — li 15-4-1944

Assunse interinalmente il comando della Compagnia, perché temporaneamente assente il titolare — li 24-4-1944

Cessò di comandare la compagnia — li 10-6-1944

Assunse il comando titolare del 1° Plotone — li 10-6-1944

Approssimandosi la linea del fronte soppresse due dei sottocentri informazioni dislocati in provincia — li 26-6-1944

Organizzò quale consigliere militare, i lavori difensivi e di sbarramento anticarro, nella zona Castel Focognano-Pieve a Socana, nonché sabotaggi contro i tedeschi, partecipando inoltre con la Compagnia nei mesi di maggio e giugno 1944

Catturato dai tedeschi durante l'attacco alla Compagnia — li 4-7-1944

Riuscito a prendere la fuga, raggiungendo la montagna — li 4-7-1944

Prese parte all'azione tra partigiani e tedeschi in località Torri di Bel Fiore (zona Pomisa - il Santo - Bibbiano) — li 8-7-1944

Anche dopo lo scioglimento della Comp. "Burroni" (avvenuto in data 20-7-1944) continuò ad operare con altri compagni, fino al 24-8-1944 (data in cui clandestinamente varcò il fronte in località "Ornina") — li 24-8-944

Rientrato volontariamente in servizio militare presso lo Stato Maggiore Generale S.I.M. - P.Mil. N° 3800 operante col C.L.N. — li 1-9-1944

COMUNE DI CASTEL FOCOGNANO

PROVINCIA DI AREZZO

UFFICIO ANNONARIO

RISPOSTA AL FOGLIO N. di Protocollo
del 194   Categoria Classe Fascicolo
Div. Sez. N.

OGGETTO

Allegati N.

Li 194

IL SINDACO sottoscritto
DICHIARA

che dal 3 dicembre 1943 al 24 agosto 1944, operò in Castel Focognano la Centrale Clandestina d'informazioni Partigiane del Casentino, alle dirette dipendenze del Comando III° Btg. della 23.a Brg. "Pio Borri" e sotto la direzione del Maresciallo Mattesini Antonio. Dal 15 Aprile al 20 luglio 1944, operò nella stessa zona la compagnia "I", Comandata da Burroni Libero in cooperazione con la centrale I.

Tutti i reparti di cui sopra hanno lodevolmente operato nella zona senza dar segno di rimarchi di sorta, anzi soccorsero in opere di bene le famiglie di sfollati, sinistrati e meno abbienti.

Durante tale periodo le suddette formazioni effettuarono lavori anticarro e di fortificazione consistenti in trinceramenti e piazzuole per armi automatiche.

Il Maresciallo Mattesini Antonio e Burroni Libero meritano veramente lode per la loro onestà e per l'opera svolta prettamente patriottica ed apolitica.

Attesto quanto sopra quale componente la centrale suddetta.

In carta libera per uso amministrativo.

Castel Focognano, li 10 Settembre 1945.

IL SINDACO
(Olinto Sacconi)

COPY No. 009076

AWARDED TO

Maresc. capo Mattesini Antonio

of

Nucl. Mob. 15º Army Group

A MEMBER OF THE ITALIAN ARMED FORCES WHO FOUGHT
WITH THE ALLIED ARMIES FOR THE LIBERATION OF ITALY
AND WHO IS COMMENDED FOR HIS SERVICE UNDER THE
ALLIED COMMAND AND FOR HIS CONTRIBUTION TO THE
CAUSE OF FREEDOM.

H.R. Alexander

30 SEPTEMBER 1945

FIELD-MARSHAL
SUPREME ALLIED COMMANDER
MEDITERRANEAN THEATRE

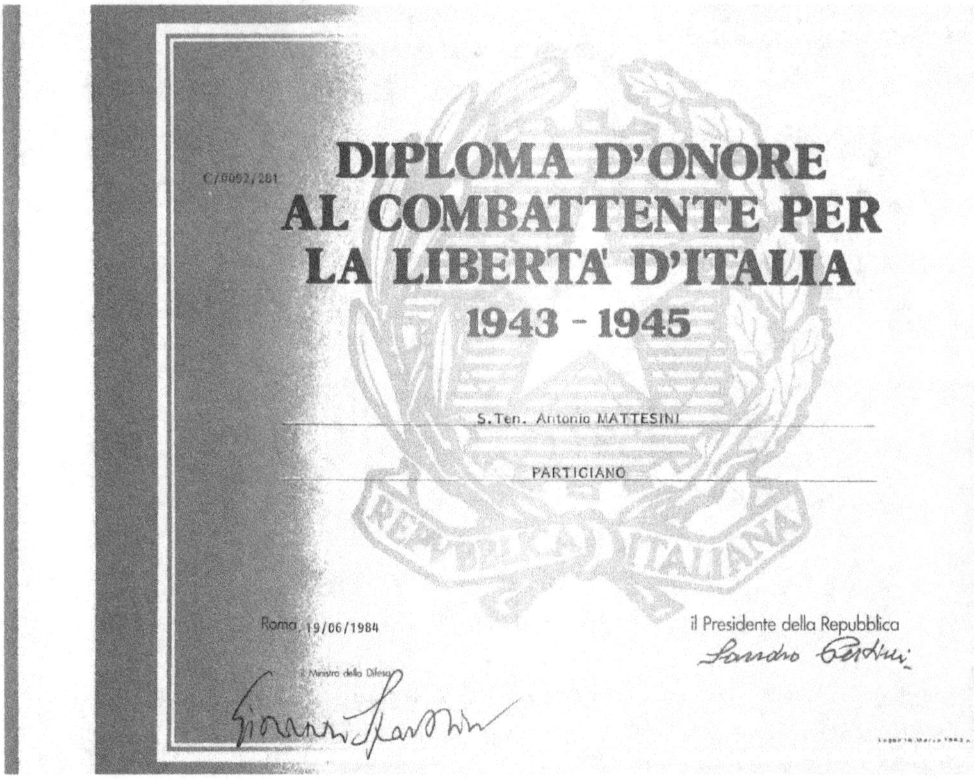

**DIPLOMA D'ONORE
AL COMBATTENTE PER
LA LIBERTÀ D'ITALIA
1943 - 1945**

S.Ten. Antonio MATTESINI

PARTIGIANO

Roma 19/06/1984

il Ministro della Difesa

il Presidente della Repubblica
Sandro Pertini

N° d'ordine _____

DISTRETTO MILITARE DI AREZZO
UFFICIO COMANDO

Il patriota Mattesini Francesco-Gianfranco di Antonio nato in Arezzo il 14 Aprile 1936

è autorizzato a fregiarsi del distintivo della "Guerra di Liberazione" di cui alla circ. N° 182 G.M. 1945.-

È altresì autorizzato ad apporre sul nastrino N° una stelletta.

Arezzo lì 29 Giugno 1948

IL COLONNELLO COMANDANTE
(Ulisse Bonfigli)

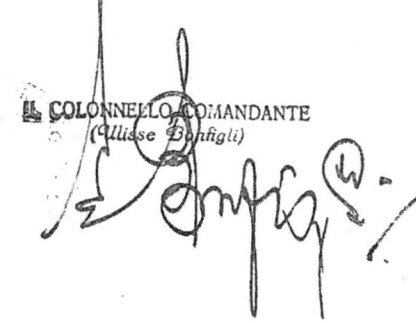

Avvertenza

La presente dichiarazione integrativa viene rilasciata ai sensi del dispaccio n. 55912 P in data 11-3-46 del Ministero Assistenza Post-Bellica, esclusivamente agli effetti amministrativi, per i pagamenti che devono essere effettuati dagli Uffici Prov. A.P.B.

Nessun pagamento è effettuato a chi non è in grado di esibire la presente dichiarazione che viene rilasciata in unico esemplare e deve rimanere in possesso dell'interessato.

Gli uffici di cui sopra apporranno gli estremi dei pagamenti effettuati, ma non dovranno trattenere la presente dichiarazione della quale potranno fare copia conforme.

Non si rilasciano duplicati.

PRESIDENZA DEL CONSIGLIO DEI MINISTRI
Commissione Regionale Toscana
Riconoscimento Qualifica Partigiano
FIRENZE

N° 5550 /B

DICHIARAZIONE INTEGRATIVA
AGLI EFFETTI AMMINISTRATIVI

Il *Mattirini Gianfranco*
nome di battaglia _____
figlio di *Antonio*
e di *Briggi Giovan...*
nato a *Arezzo* il _____
appartenente alla _____
" *Pio Borri* "

È stato da questa Commissione definitivamente riconosciuto PATRIOTA ai sensi del D.L.L. 21-8-945 n. 518 con inizio attività dal *5 Aprile 1944*
e termine della stessa il *20 Luglio 1944*
Località ove ha esplicato attività *Prov. Arezzo*

NOTE

Firenze, lì 5 OTT. 1947

IL PRESIDENTE
(Magg. A. Mazzi)

Pagamenti effettuati dagli Uffici
Provinciali del Ministero Assistenza Post-Bellica
(Premio di solidarietà Nazionale)
(Tale pagamento è effettuato dall'Ufficio della Provincia nella quale il patriota ha la propria residenza.)

Ufficio Provinciale Assistenza Post-Bellica
AREZZO
Foglio di premio di solidarietà nazionale
D.L.L. 21-8-945 n. 421
di L. 1.000= quale patriota
il 25-11-47
Il Direttore

Rilasciato ATTESTATO
N. *0809*

I componenti della brigata "Pio Borri"
ai quali è stato riconosciuto il titolo di "Partigiano" o "Patriota"

Con il suo Elenco n. 21 la Commissione Regionale Toscana per il riconoscimento della qualifica di "Partigiano" nominata dal Ministero della Assistenza Post-Bellica, ha riconosciuto a tutti gli effetti di legge tale titolo ai componenti della Divisione "Arezzo", 23 Brigata "Pio Borri", che raggrupperemo, onde facilitarne la consultazione, per località, principiando da coloro che sono residenti in Arezzo:

1.o Battaglione - Compagnia Comando: Matteini Silvano — Bindi Oscar — Severi Angiolo — Bindi Silvano — Caprini Ferdinando "Rocca" — Pofi Pertinace — Boschi Francesco — Soldini Gustavo — Gori Pietro "Brodo" — Rossi Rivalto — Borghini Marcello — Marmorini Ivo — Bargagli Bruno — Mugnaini Umberto "Berto" — Martini Neo — Maraghini Amerigo — Rossi Rinaldo — Croci Santi — Mineo Giovanni "Franchi Adolfo — Douglas Orazio "Biondo" — Botti Angiolo — Failli Rinaldo — Monticini Mario — Gambini Nello — Bobini Antonio — Fiorini Dino — Lebole Mario — Elidori Luigi — Gamberini Luigi — Polverini Luigi "Polvere" — Barbini Ivo "Tivo" — Gori Raffaello — Balestri Fosco "Folco" — Lebole Giannetto "Gianni".

1.o Battaglione - Seconda Compagnia: Bulletti Roberto "Primo" — Teci Pasquale "Alpino" — Squarcialupi Ezio "Medeo" — Zurli Severino — Sorini Nello "Occhio" — Teci Donato "Mosca" — Teci Donato "Turillazzi" — Bulletti Otello "Secondo" ri Arnaldo "Pinco".

1.o Battaglione - Terza Compagnia: Zuddas Giovanni "Tifone" — Casi Mori Giuseppe "Beppe" — (Padma-Ciro (Ciccio) — Maurizi Mario "Giorgio" — Rosadi Giuseppe "Morte" — Maurizi Dario "Barone" — Manneschi Italo "Ugellata" — Baldini Roberto "Drago".

1.o Battaglione - Quarta Compagnia: Giannini Luigi — Brochérei Pietro — Betti Giosuè — Severi Severo — Marmi Antonio — Mafucci Dario — Ciofini Ester — Romani Anna Maria — Ceccherini Agostino — Detti Angiolo "Lulo" — Grassi Dino — Crocini Piero — Nocentini Gino — Cherici Mario — Ciofini Antonio — Beucci Giorgio — Detti Quinto — Detti Giuseppe — Lisi Domenico — Peruzzi Piero "Piero" — Rubechini Francesco — Rossi Adelmo "Adelmo" — Girelli Amelio — Marcantoni Riccardo "Raffaello" — Chiappino Camillo — Malli Romeo "Rom" — Severi Severo — Lacrimini Amedeo — Tenti Vittorio — Sisi Siro — Fardelli Angiolo — Peruzzi Bruno — Daveri Carlo — Funai Remo Beucci Giorgio — Merli Duilio "Duilio" — Badii Angiolo — Toci Enzo "Bocca" — Burroni Rolando.

2.o Battaglione - Compagnia Comando: Mugnai Umberto "Berto" — Sandroni Amedeo "Bruno" — Brochérei Paolo — Matteini Ferdinando "Nandini" — Gori Ivo "F. 19" — Laurenzi Angiolo — Mugellini Roberto "F. 25" — Curina Maria Luisa — Rosadi Nello "F. 51" — Catocci Elda — Sguerri Rina (F. 33) — Brochérei Danilo — Cocci Anna — Piccolelli Lamberto "Bighinina" — Occhini Alfiero — Serafini Stelio — Bianchini Francesco — Adami Archimede — Boncompagni Santi — Paccamenti Piero — Greco Vincenzo — Paoletti Luigi — Giannini Alfredo — Romani Ermete "F. 39" — Brachetti Alamiro — Bruschi Angiolo "Bugnolo" — Verdelli Domenico "Vecchio" — Giovannini Giovacchino "Gnacchino".

2.o Battaglione - Prima Compagnia: Rosadi Matteo — Tacchini Guido — Alisi Alfredo — Bianchini Alberto — Valentini Luigi "Gigi" — Rosadi Alfredo — Rossi Mario — Scartoni Aldo — Gallorini Domenico — Forzini Edo — Scartoni Silvano — Barilli Oscar — Valentini Carlo — Capacci Luigi — Bartolini Dario — Camaiani Andrea — Peruzzi Giuseppe — Petruccioli Pietro — Morelli Giuseppe — Lepri Giuseppe "F. 118" — Galletti Angiolo — Guerri Luigi "F. 118" — Simoni Ansulto "F. 119" — Pulcinelli Valter — Silvestrini Spano — Simoni Augusto.

2.o Battaglione - Seconda Compagnia: Vestri Alfredo "Vestri" — Vignini Carlo "Notaio" — Perticai Gino "Pertica" — Tani Ivo — Innocenti Anna — Ciabattini Pasquale "Lino" — Innocenti Lidia — Di Pasquo dott. Mario "Pasquarello".

2.o Battaglione - Quarta Compagnia: Battistacci Giorgio — Palazzi Domenico — Fabbrini Valter — Fabbri Noè — Petruccioli Giuseppe.

3o Battaglione - Compagnia 1.a: Mattesini Antonio "Tonino" — Burroni Libero "Libero" — Boncompagni Leo "Gobbo" — Bianchini Alessandro "Sandro" — Careti Ubero Ubero.

3.o Battaglione - Compagnia Comando: Chiodini don Ettore.

3o. Battaglione - 1.a Compagnia: Continenza Gaetano.

3.o Battaglione - 4.a Compagnia: Biagini Nazzareno — Giusti Mario — Antonini Gabriele — Caporali don Carlo — Ciarpaglini Eva — Fedi Piero — Farsetti Antonio — Gori Francesco — Mori Sabatino — Mugnanini Adolindo — Marchese Antonio "Sergio" — Brizi Piero — Falsini Lorenzo "Renzo" — Falsetti Emilio — Marchetti Mario — Vagnetti Mario — Cerofolini Ugo — Spiganti Armando — Giusti Silvano — Giusti Enzo — Rossi Inaco — Mori Antonio — Bianchi Luciano "Ciccillo" — Masella Libero.

3.o Battaglione - 5.a Compagnia: Guffanti Andrea "Maggiore".

3.o Battaglione - 6a Compagnia: Tacconi Ferdinando — Nocentini Pietro — Malatesti Aldo — Romagnani Carlo — Bandelloni Emilia.

24.a Brigata Bande Estere - Distaccamento "Francini": Marcucci Mario "36" — Mordaci Mario — Luttini Corrado — Bianchini Giustino — Sbragi Donato.

24.a Brigata Bande Estere - Distaccamento "Bigi": Droandi Alberto — Basagni Dino.

Centro Collegamento "Poti": Romani Remigio — Livi Attilio — Ghezzi Radames — Rossi Giorgio — Mazzierli Giuseppe — Tavanti Francesco — Gallorini Dante — Burroni Francesco — Innocenti Cafiero "Farfallina" — Calamità Salvatore — Marzani Armando "Baco".

***

E' stato inoltre, con lo stesso elenco, riconosciuto il titolo di **Patriota** alle seguenti persone di Arezzo:

Masi Carlo — Battistelli Remo "Remo" — Beucci Virgilio — Martini Leonida — Fedeli Giorgio — Farsetti Ferdinando — Bistoncini Sergio "Flacca" — Badii Dino — Carboni Costante — Rsadini Luigi — Finocchi Eugenio — Giannotti Cesare — Giannotti Guido — Dindolini Angiolo "Nevischio" — Nappini Angiolo "Ciotta" — Davini Angiolo — Mameli Carlo — Detti Concetta — Baratti Giuseppe — Fabbrini Giuseppe — Beoni Lamberto — Severi Lorenzo — Salvi Giuseppe — Manetti Adrasto — Lanari Dante Gambassi Bruno — Lacrimini Antonio — Crocini Mario — Cherubini Bortolo — Valdambrini Corrado — Bonari Armando — Di Giacomo Giovanni — Buzzini Giustino — Conti Girolamo — Calderini Egidio — Orelli Antonio — Mugellini Alfredo — Borri Francesco — Oddo Antonio — Sbragi Ermanno — Castellacci Giuseppe — Sandroni Dollaro — Gabrielli Mario — Ducci Aldo — Del Borgia Gino — Mori Orazio — Maestrini Dario "Professore" — Benedettini Leno "Baffi d'aringa" — Marzani Francesco — Lilli Adelmo — Bigetti Piero — Pasqui Dante — Fracassi Guglielmo — Forzoni Luigi — Matteagi Enzo — Mermorino Aldo — Galeotti Francesco — Vettori Cittorio — Caprara Antonio "Padre" — Magnanensi Aldo "Tabaccaio" — Berbeglia Pietro — Ravera Acihle — Tanganelli Can. don Carlo — Severi Pietro — Rananelli Tommaso — Brocherel Romano — Rossi-Mattei Gildo — Patrucci Dino — Pulendoni Angiolo — Locci Gino — Boncristiano Franco — Porpora Giuseppe — Carboni Elia — Ciafini Giovanni — Casale Umberto — Carloni Francesco "Cecchini" — Burroni Emilio "n. 2" — Fini Dante "n. 4" — Carloni Santi "Santino" — Cinti Domenico — Gallo Salvatore — Mattesini Francesco Capitani Maggiore — Padelli Sabino — Vannino Vannini — Cesare Vannini — Raffaelli Aldo — Goti Guido — Brogi Alfredo — Tascone Niccola — Cutini Maria — Valeri Primett — Del Buono Piero — Nucci Ivo — Baldini Quinto — Bettocchi Armando — Migliorini Adriano — Trippi Adelmo — Ciarpaglini Giovanni — Baldi Dante — Trippi Manlio — Mori Orazio — Nocentini Giuseppe — Gualdani Angiolo — Camaiani Piero — Capacci Elio — Casi Italo — Pedone Vito Maria — Casi Lanzo — Castellacci Astesio.

***

Non sono stati riconosciuti né **Partigianti**, né **Patrioti**:

Neri Franco — Neri Mario — Bordoni Giuseppe — Fiorini Bruno — Rossi Simone — Caraglio Antonio — Giani Guido — Cariaggi Aldemaro — Celli Metello — Florenzi Bruno — Ctestellucci Pietro — Brini Evaso — Meacci Giuseppe — Ghezzi Giuliano Lisi Alberto Fratini Esméraldo — Ghezzi Astelio — Nappini Ernesto — Marcucci Luigi — Franzesi Aldo — Pela Marino — Manzo Saverio — Bruschi Dante — Ciofini Ernesto — Pellegrini Nerusco — Mazzi Pietro — Gherardi Guido — Salvi Pasquale — Buratti Mario — Sguerri Icilio — Tamania Angiolo — Patrussi Igino — Stocchi Romeo — Borgheresi Aldo — Ottonelli Luigi — Santini Mario — Luzzi Otello — Duranti Otello — Angioli Giuseppe — Cini Danno — Sbragi Santi — Frosini Bruno — Montocini Dino — Beucci Otello — Marini Curezio — Severi Angiolo — Roselli Osvaldo — Milani Luigi — Saveri Bruno — Giusti Vittorio — Borgheresi Otello.

***

Entro il 15 ottobre 1946 chiunque può ricorrere contro le suddette decisioni, facendo pervenire motivato

In questa fotografia del mio matrimonio con Rossana Malatesti (Rassina, 31 maggio 1964), ci sono, visibili, alcuni protagonisti della nostra storia a Castel Focognano, venti anni prima. Iniziando da sinistra in basso, Zelinda Biondini, la sorella di mia nonna Giuseppa, che ci ospitò a Castel Ficognano. Le è accanto Angela Malatesti, che ospitò la cognata Lidia e la sua famiglia a Bibbiena, con accanto il fratello Angelo Malatesti, padre di mia moglie e prigioniero in Eritrea, che ha alle spalle mio fratello Marcello, e poco accanto a destra suo figlio Franco. Poi c'è mia madre, Maria Giovanna Cariaggi, ci sono io e Rossana, con alle spalle a destra lo zio Sirio Malatesti e accanto la mamma Lidia Fenci, che ha alle spalle mio padre Antonio Mattesini. Le altre persone sono tutte parenti e amici degli sposi. Terzo da sinistra, mio fratello Silvano, nato nel 1950, oggi architetto e grandissimo esperto di Storia Romana, con parecchie pubblicazioni.

INDICE

Introduzione... pag. 3

L'inizio e la condotta della guerra partigiana nel Casentino ... pag. 21

Licio Nencetti... Pag. 48

Il primo eccidio a Castel Focognano... pag. 66

La Toscana e i comuni di Arezzo ... pag. 73

I lavori di fortificazione e la vita a Castel Fognano nel 1944 ... pag. 76

L'uccisione dell'autista Giuseppe Baldassarri da parte di "Wladimiro" ... pag. 98

L'incremento degli attacchi partigiani e le rappresaglie tedesche ... pag. 105

Gli ordini impartiti da Kesserling contro i partigiani ... pag. 128

Misure antipartigiane ... pag. 131

Il fallito tentativo di passare la linea del fronte per raggiungere Arezzo... pag. 150

La divisione corazzata britannica conquista Arezzo... pag. 157

La vita a Castel Focognano fino all'arrivo dei "Liberatori" ... pag. 180

I superstiti della compagnia "I" rimasti a Castel Focognano ... pag. 189

Conclusioni - Luci e ombre sulla Guerra Partigiana ... pag. 200

TITOLI PUBBLICATI - ALREADY PUBLISHING

BOOKS TO COLLECT

www.ingramcontent.com/pod-product-compliance
Lightning Source LLC
LaVergne TN
LVHW081540070526
838199LV00057B/3732